Horizonte

4

Geschichte · Gymnasium Hessen

Lösungen der Aufgaben im Schulbuch

Erarbeitet von
Martin Engelmann
Dr. Christina Stangl
Dr. Frank Skorsetz
Gregor Meilchen
Prof. Dr. Hans-Jürgen Döscher
Christian Vaterodt
Dr. Christopher Andres
Dr. Wolf Weigand

westermann

Druck A[1] / Jahr 2015
Alle Drucke der Serie A sind inhaltlich unverändert.

Redaktion: Christoph Meyer, Kirsten Wolter
Satz: KCS GmbH · Verlagsservice & Medienproduktion, Stelle/Hamburg
Druck und Bindung: westermann druck GmbH, Braunschweig

ISBN 978-3-14-**111715**-8

Inhaltsverzeichnis

Deutschland – Von der Teilung zur Wiedervereinigung

Die Deutsche Revolution

Lösungen der Aufgaben auf Seite 11

1. Die Novemberrevolution

a)

<table>
<tr><td colspan="3">Einander bedingende und sich überschneidende ...</td></tr>
<tr>
<td>I. politische Ursachen
– Demokratiedefizit des Deutschen Kaiserreiches: konstitutionelle Monarchie, preußisches (Dreiklassen-) Wahlrecht
– offener Gegensatz zwischen Oberster Heeresleitung und Reichstag führt zur Diktatur der OHL
– Beispiel der Oktoberrevolution in Sowjetrussland strahlt aus
– Friedenswillen der deutschen Bevölkerung und Kriegsmüdigkeit der Soldaten
– deutsche Eroberungsforderungen verhindern vorherigen Ausgleich mit Entente durch Verständigungsfrieden</td>
<td>II. ökonomische Ursachen
– wirtschaftliche Schwäche des Deutschen Reiches gegenüber der ökonomischen Stärke der Entente, insbesondere nach Kriegseintritt der USA
– Kosten der Materialschlachten des Stellungskrieges
– Munitionsarbeiterstreiks, später Generalstreik</td>
<td>III. militärische Ursachen
– starke Verschiebung des militärischen Kräfteverhältnisses durch Kriegseintritt der USA
– seit Sommer 1918 militärisch aussichtslose Lage des Deutschen Kaiserreiches im Westen; die Niederlage ist auch nach Einschätzung der OHL unabwendbar
– September 1918 Kapitulation der Verbündeten Bulgarien und Osmanisches Reich
– allgemeine Kriegsmüdigkeit der Soldaten
– Oktober 1918 Meuterei der Matrosen der deutschen Kriegsflotte gegen selbstmörderischen Einsatzbefehl</td>
</tr>
<tr><td colspan="3">... rufen hervor bzw. verschärfen letztlich revolutionsauslösende ...</td></tr>
<tr>
<td></td>
<td>IV. soziale Ursachen
– zu Not und Elend des überkommenen politischen Systems addieren sich die Leiden unter den Kriegslasten: Kriegstote, Versorgungsschwierigkeiten, Arbeitskräftemangel ...
– Solidarisierung/Schulterschluss von Soldaten und Arbeitern</td>
<td></td>
</tr>
</table>

b)

	Rätesystem	parlamentarische Demokratie
Definition	„Staatsform, die unterprivilegierte Bevölkerungsschichten (z. B. Arbeiter, Bauern, Soldaten) direkt an der Macht beteiligt. Gewählte Delegierte bilden einen Rat, der alle Entscheidungsbefugnisse besitzt und ausführende, gesetzgebende und richterliche Gewalt in seiner Hand vereinigt. […] Die Räte sind ihrer Wählerschaft direkt verantwortlich und jederzeit abwählbar. […] Gegenmodell zur parlamentarischen Demokratie." (Bode, D.: Lexikon Geschichte, Westermann 2005)	Gewählte Volksvertreter (Repräsentanten) treffen im Parlament politische Entscheidungen. Die Demokratie ist durch eine Verfassung gekennzeichnet, die auf dem Prinzip der Gewaltenteilung beruht. Die Regierung ist abhängig vom Parlament, dessen Opposition eine Kontrollfunktion ausübt.
Demokratieform	direkte Demokratie	repräsentative Demokratie
Abberufung von Politikern	jederzeit direkt durch die Wähler	(durch die eigene Partei) am Ende einer Legislaturperiode
Gewaltenteilung von Exekutive, Legislative, Judikative	nein	ja
gesellschaftlicher Elitenwechsel	Ablösung aller Eliten durch „Assoziation freier Produzenten"	nein
Perspektive	international (Fortsetzung der Revolution bis zur Weltrevolution)	national (Beendigung der Revolution)
Wirtschaftssystem	sozialistisch (Vergesellschaftung der Produktionsmittel)	kapitalistisch (keine Änderung der Eigentumsverhältnisse)

c)

Philipp Scheidemann: „Es lebe die Deutsche Republik!" (Z. 38–39).	**Karl Liebknecht: „Ich proklamiere die freie sozialistische Republik Deutschland" (Z. 7–8).**
Schuld an „Deutschlands Zusammenbruch" tragen „der Kaiser" und „seine Freunde", die Eroberungsforderungen gestellt und Reformen der Verfassung und des preußischen Wahlsystems verhindert haben (Z. 11–23).	Ursache des Krieges war der Kapitalismus (Z. 11–13).
Die sozialdemokratischen Parteien sollen eine „Arbeiterregierung" bilden (Z. 25–27).	Aufruf zur Mitarbeit beim Aufbau eines neuen Regierungssystems aus Arbeitern und Soldaten (Z. 14–16).
Die Revolution ist zu Ende: Aufruf, jetzt „pflichtbewusst" zu sein und „die Regierung nicht zu stören" (Z. 27–28, 36).	Die Revolution beginnt nun erst (Z. 1), sie ist Teil einer Weltrevolution (Z. 20–21). Aufruf zur Mitwirkung beim Aufbau einer neuen Ordnung (Z. 14–16).

Ziele: Frieden, Brot und Arbeit (Z. 29).	Ziele: Es soll „keine Knechte“ mehr geben, der Kapitalismus wird abgeschafft (Z. 9). Frieden, Glück, Freiheit auf der ganzen Welt (Z. 17–19).

d) Erläuterung der Rolle Friedrich Eberts:
Angesichts der Kriegsniederlage hatten sich die alten Eliten aus der politischen Verantwortung gestohlen. Die Sozialdemokratie unter Ebert übernahm es, die „Revolution in die Bahn der Evolution zu leiten“, um „Deutschland einen Bürgerkrieg und eine Verlängerung des großen Krieges zu ersparen“ (Heinrich August Winkler).
Friedrich Ebert verfolgte innenpolitisch eine Befriedung der Gesellschaft und eine Stabilisierung der Wirtschaft, um auf dieser Grundlage eine bürgerlich-parlamentarische Ordnung zu errichten. Vergesellschaftungen von Industrie und Landwirtschaft wurden verhindert, die bestehenden Eigentumsverhältnisse an Produktionsmitteln blieben ebenso bestehen wie die Besetzung von Schlüsselpositionen durch die alten konservativen Eliten. Ebert sorgte für eine Beendigung der Revolution und das Fortbestehen der alten wirtschaftlichen Machtverhältnisse. Die Vereinbarung zwischen dem Sozialdemokraten Friedrich Ebert und dem (faktischen) Chef der OHL Wilhelm Groener zum gemeinsamen Vorgehen gegen linksradikale Gruppierungen bzw. die Rätebewegung führte dazu, dass Sozialdemokraten auf revolutionäre Arbeiter schießen ließen. Dies machte Ebert für die Verfechter einer Fortsetzung der Revolution und einer Änderung der Wirtschafts- und Eigentumsverhältnisse zum „Verräter an der Revolution“.
Im Hinblick auf die Außenpolitik waren Waffenstillstand, Demobilisierung und Erhalt der Reichseinheit primär. Die Republik galt der Rechten als das „System der Sieger“. Mit seinem Eintreten für die Demokratie galt Ebert damit auch für die Rechte als Verräter („Novemberverbrecher“).
Zusatzinformationen:
„Ebert, Friedrich, Politiker, * Heidelberg 4.2.1871, […] ursprünglich Sattler, schloss sich 1889 der Sozialdemokratie an. […] Als Sekretär des Parteivorstandes der SPD (1905–13) in Berlin setzte er sich für eine enge Zusammenarbeit seiner Partei mit den Gewerkschaften ein und verfolgte innerparteilich eine auf Ausgleich bedachte Linie. Nach dem Tod A. Bebels (1913) wurde er neben H. Haase Vorsitzender der SPD; 1912–18 war er Mitglied des Reichstags. Während des Ersten Weltkriegs stieg Ebert zum maßgeblichen Politiker der SPD auf. Nach dem Rücktritt Haases war er alleiniger Vorsitzender der SPD. Innenpolitisch setzte er sich für die Politik des Burgfriedens (das heißt besonders die Einstellung parteipolitischer Auseinandersetzungen angesichts des Krieges) […] ein. […] Beim großen Ausstand der Munitionsarbeiter exponierten sich Parteiführer der SPD wie Friedrich Ebert in der Streikleitung, um dem Kampf ein schnelles Ende zu bereiten. Letztendlich hatten sie Erfolg, und die Oppositionellen erlitten eine empfindliche Niederlage. […] Am 9.11.1918 übergab Reichskanzler Prinz Max von Baden Ebert sein Amt […] Ebert betrachtete sich als Treuhänder des Deutschen Reiches […] Gestützt auf den Ebert-Groener-Pakt, bekämpfte er unter Bruch v. a. mit der USPD Umsturzversuche der radikalen Linken zur Aufrichtung eines Rätesystems in Deutschland. Er wurde deshalb von dieser Seite des Verrats an der Arbeiterschaft bezichtigt.“ (1)
„Ebert-Groener-Pakt. Vonseiten Eberts gedacht, um einen geordneten Übergang von der Monarchie zur Demokratie zu gewährleisten, führte er de facto zur blutigen Niederschlagung von Aufständen, die auf die Errichtung einer sozialistischen Gesellschaft abzielten. Der Pakt stabilisierte anfangs die aus der Revolution entstandene Weimarer Republik, verhinderte langfristig

aber auch eine demokratische Reform der monarchistisch und republikfeindlich geprägten Reichswehr, die auf Dauer einen Staat im Staate bildete.“ (2)
(1) Brockhaus Multimedial, Bibliographisches Institut, 2007
(2) Wikipedia (Stand Januar 2015)

e) Friedrich Ebert (SPD)
- breite gesamtgesellschaftliche Würdigung und Erinnerung: Zahlreiche Straßen und Schulen tragen Eberts Namen. Die Gedenkstätte Friedrich-Ebert-Haus in Heidelberg ist eine bundesunmittelbare Stiftung, die auf einen Beschluss des Bundestages zurückgeht.
- besondere Würdigung durch die SPD: Die Friedrich-Ebert-Stiftung e.V. ist die größte und älteste parteinahe Stiftung in Deutschland. Sie beschäftigt über 600 Mitarbeiter in zwei Hauptniederlassungen (Bonn und Berlin) sowie 14 Regionalbüros und zahlreichen Auslandvertretungen.

Philipp Scheidemann (SPD)
- gesamtgesellschaftliche Würdigung und Erinnerung: Es gibt eine Scheidemannstraße am Reichstag sowie in einigen anderen Städten. In Kassel ist das Bürgerhaus nach ihm benannt.

Karl Liebknecht (SPD/Spartakusbund/KPD)
- Würdigung und Erinnerung (fast) nur im Umfeld der Linken: Das Karl-Liebknecht-Haus in Berlin-Mitte beherbergt die Parteizentrale der Partei die Linke. Seit 1919 (mit Unterbrechung durch die NS-Herrschaft 1933 bis 1945) findet am Jahrestag der Ermordung von Liebknecht und Luxemburg am 15. Januar eine Demonstration statt.
- In der DDR trugen viele Straßen und Schulen den Namen Karl-Liebknechts. Nach der Wiedervereinigung erfolgten zahlreiche Umbenennungen, einige Benennungen blieben jedoch auch bestehen.

Rosa Luxemburg (SPD/Spartakusbund/KPD)
- Würdigung und Erinnerung überwiegend im Umfeld der Linken: Die Rosa-Luxemburg-Stiftung e.V. ist eine parteinahe Stiftung mit etwa 60 Angestellten. Seit 1919 (mit Unterbrechung durch die NS-Herrschaft 1933 bis 1945) findet am Jahrestag der Ermordung von Liebknecht und Luxemburg am 15. Januar eine Demonstration statt. Alljährlich gibt es eine internationale Rosa-Luxemburg-Konferenz linker Bewegungen und Organisationen.
- Darüber hinaus aber auch Würdigung und Berufung auf Rosa Luxemburg in weiteren gesellschaftlichen Kreisen (z. B. „antiautoritärer Sozialismus“, Frauenrechte; historisch u. a.: „neue Linke“, Achtundsechziger-Bewegung, Reformsozialismus, Prager Frühling). Am Landwehrkanal in Berlin existiert ein Rosa-Luxemburg-Denkmal.
- In der DDR trugen viele Straßen und Schulen den Namen Karl-Liebknechts. Nach der Wiedervereinigung erfolgten einige Umbenennungen, zahlreiche Benennungen blieben jedoch auch erhalten.

2. Die Leistungen der Übergangsregierung

a) Die Ergebnisse der Revolution
- Waffenstillstand (Meuterei der Flotte als wichtiger Schritt)
- Abschaffung der Monarchie
- Ausrufung einer Republik
- Schaffung der Grundlagen für Verfassunggebende Versammlung
- Schaffung der Grundlagen für allgemeine demokratische Wahlen
- Abschaffung der Zensur
- jedoch: keine grundlegende Änderung der alten wirtschaftlichen und sozialen Ordnung

Diese Ergebnisse wurden von vielen Akteuren der Revolution als unzureichend eingeschätzt. Der Grund, warum keine weiter reichenden Ergebnisse (z.B. Ablösung der alten Eliten, Vergesellschaftungen) erzielt wurden, lag in der Politik der Übergangsregierung, welche einen gemäßigten Kurs verfolgte. Die Leistungen und Versäumnisse der Übergangsregierung werden in den Quellen unterschiedlich gewertet:

Der Historiker Peter Longerich (M9a) würdigt die Leistungen der durch die Revolution an die Macht gelangten Provisorischen Regierung, weist aber zugleich auf die Versäumnisse dieser Regierung hin: Es wäre durchaus möglich gewesen, vorhandene „Handlungsspielräume" zu „grundlegenden Reformen" zu nutzen, um die Macht der konservativen, republik- bzw. demokratiefeindlichen Eliten zu beschränken. Mit mutigen Schritten in diese Richtung wäre keineswegs ein sozialistischer Umsturz verbunden gewesen – man hätte im Gegenteil der angestrebten bürgerlich-parlamentarischen Demokratie ein festeres Fundament bereiten können. Indem die Revolution – aus der gewichtigen Sorge um einen ausufernden Bürgerkrieg – zu früh von oben beendet wurde, wurde auch der Keim für die verbreitete Republikfeindschaft von rechts wie links und damit für das Ende der Republik gelegt.

Der Historiker Walter Mühlhausen (M9b) betont im Gegensatz dazu nicht die „Halbherzigkeit" der Übergangsregierung, sondern hebt die Leistung hervor, „angesichts der Rahmenbedingungen und einer Überlast an Problemen" Ruhe und Ordnung gesichert sowie die Voraussetzungen für eine Verfassunggebende Nationalversammlung geschaffen zu haben.

b) Um die revolutionäre Lage zu beruhigen, erklärte der vorherige Reichkanzler Max von Baden am 9. November 1918 eigenmächtig die Abdankung des Kaisers und übergab die Regierungsgewalt an den Sozialdemokraten Friedrich Ebert. Dieser führte als Vorsitzender den sogenannten Rat der Volksbeauftragten an, der bis zum 13. Februar 1919 die provisorische Regierung des Landes bildete. Ebert stand vor einer schwierigen Aufgabe, da sich die politische Landschaft in drei gegensätzliche Akteursgruppen gespalten hatte. Die alten konservativen Eliten des Kaiserreiches hatten sich mit der Regierungsübergabe an Ebert zwar vor der politischen Verantwortung für die Niederlage gedrückt, ihre wirtschaftliche und politische Macht hatten sie damit aber keineswegs abgegeben. Die monarchische bzw. autoritäre Rechte hielt weiterhin alle entscheidenden Stellen im Staate besetzt. Zu ihrem Machtblock gehörte überdies das Militär, mit dem Ebert ein Bündnis schloss (Ebert-Groener-Pakt, 10.11.1918), um die radikale Linke zu bekämpfen, die unter dem Ruf „Alle Macht den Räten!" eine Fortführung der Revolution bis hin zur Umgestaltung Deutschlands nach bolschewistischem Vorbild anstrebte. Eberts provisorische Regierung vertrat die breite Strömung einer gemäßigten Politik, die auf eine Verständigung zwischen Arbeiterpartei und den bürgerlichen Parteien in Form einer parlamentarischen Demokratie abzielte. Seine Politik der Bewahrung der bestehenden wirtschaftlichen und sozialen Ordnung sowie sein Bündnis mit Groener sollte zwar bürgerkriegsähnliche Zustände verhindern, es sorgte jedoch für eine tiefe Spaltung der Arbeiterbewegung (Gründung der KPD, 30.12.1918) und war keineswegs ein Zeichen für eine Loyalität der Reichswehr gegenüber der Idee der Republik, wie sich im Weiteren bei deren Haltung zum rechten Kapp-Putsch zeigen sollte („Reichswehr schießt nicht auf Reichswehr!"). Von rechts wie von links angefeindet, bemühte sich die provisorische Regierung neben den Themen Waffenstillstand und Demobilisierung um die Versorgung der Bevölkerung, Ruhe und Ordnung im Inneren und die Vorbereitung eines demokratischen Prozesses, der Deutschland zu einer parlamentarischen Demokratie machen sollte. Wie sehr sie diesem Ziel durch Versäumnisse im Hinblick auf die Beibehaltung der überkommenen Machtstrukturen selbst entgegenarbeitete, mag der provisorischen Regierung

aufgrund der schwierigen innen-, außen- und wirtschaftspolitischen Lage selbst nicht klar gewesen sein.
(vgl. auch oben 1d: Zur Rolle Friedrich Eberts im Verlauf der Revolution)

Die Gründung der Weimarer Republik

Lösungen der Aufgaben auf Seite 15

1. Die Gründung der Weimarer Republik
   a) Der Reichsrätekongress der Arbeiter- und Soldatenräte (16.–21. Dezember 1918) hatte den Beschluss gefasst, am 19. Januar 1919 Wahlen zur Nationalversammlung abzuhalten. Als die provisorische Regierung unter Ebert Ende Dezember 1918 gegen eine meuternde Volksmarinedivision reguläre Truppen einsetzt, kommt es jedoch wieder zu Kämpfen im Zentrum Berlins. Angesichts der Toten dieser sogenannten Weihnachtsunruhen treten die USPD-Vertreter – als Protest gegen Eberts gewaltsames Vorgehen – aus dem Rat der Volksbeauftragten aus. Die linkssozialistischen Kräfte, vor allem der Spartakusbund sowie Teile der USPD, formieren sich am 1. Januar 1919 in der neu gegründeten KPD. Die zwischen den unterschiedlichen politischen Lagern anwachsenden Spannungen kommen schließlich zum Ausbruch, als am 4. Januar 1919 der Berliner Polizeipräsident Emil Eichhorn (USPD) abgesetzt wird: „Massendemonstrationen gegen die Regierung verwandelten sich in einen offenen Bürgerkrieg. [...] Das Kabinett der Volksbeauftragten nahm die Herausforderung an. Anfängliche Vermittlungsbemühungen [...] änderten nichts an dessen Entschlossenheit, seiner Autorität mit militärischen Mitteln Nachdruck zu verschaffen. Gustav Noske [...] scheute nicht davor zurück, die eben erst gebildeten Freikorpsverbände, darunter [auch solche, die] eine Vereidigung auf die Regierung zurückgewiesen hatte[n], [...] einzusetzen. [...] Die emotionale Eskalation war nur zu begreiflich angesichts der auf die Innenstadt und die Arbeiterbezirke vorrückenden Freiwilligenverbände, die am 13. Januar das Standrecht verhängten. [...] Freikorpstruppen, die sich nicht scheuten, jeden, den sie mit der Waffe in der Hand antrafen, unverzüglich zu erschießen, verschafften dem Vorwurf, dass die Gegenrevolution marschiere, Plausibilität. Der Bürgerkrieg, den Ebert hatte vermeiden wollen, war Wirklichkeit geworden. Seine Stoßrichtung galt der revolutionären Arbeiterschaft. Die militärische Besetzung Berlins leitete eine wilde Hetzjagd auf die Anführer der Spartakisten ein“ (Hans Mommsen, Aufstieg und Untergang der Republik von Weimar, Berlin 2001, S. 55 ff.). Die schweren Kämpfe in Berlin vom 5. bis zum 12. Januar werden zugunsten der unter dem Einsatzbefehl von Gustav Noske (SPD) stehenden Freikorpsverbände entschieden. Am 15. Januar werden Karl Liebknecht und Rosa Luxemburg verhaftet, stundenlang misshandelt und schließlich ermordet.

      Am 19. Januar finden die Wahlen zur Nationalversammlung statt, zu denen erstmals auch Frauen zugelassen sind. Angesichts der vorangegangenen Ereignisse kommen die Delegierten zur Nationalversammlung überein, sich aus Sicherheitsgründen nicht im von Unruhen gezeichneten Berlin, sondern im thüringischen Weimar zu versammeln. Hier wird am 6. Februar die Nationalversammlung eröffnet, die mit der sogenannten Weimarer Koalition einen Kompromiss zwischen sozialdemokratischen und bürgerlich-liberalen Positionen findet.

b) Reichspräsident
- direkt vom Volk auf 7 Jahre gewählt
- sehr starke Stellung („Ersatzkaiser"): ernennt/entlässt Reichskanzler, Reichsminister/Reichsregierung (→ Exekutive); kann Reichstag auflösen (→ Legislative); ernennt Richter des Reichsgerichts (→ Judikative); Oberbefehlshaber der Reichswehr (→ Exekutive)
- zusätzlich besondere Vollmachten in Krisenzeiten: Notverordnungen (→ Judikative)

Reichstag
- im Verhältniswahlrecht nach allgemeiner, gleicher, unmittelbarer und geheimer Wahl gewählt
- Organ der Gesetzgebung (gemeinsam mit Reichsrat)
- stellt und kontrolliert Regierung
- von weltanschaulich gebundenen Parteien (anstelle von Honoratioren) geprägt
- keine 5%-Hürde: auch kleinste Parteien zugelassen und vertreten (schwierigere Mehrheitsbildung)

Reichsrat
- aus den 18 Länderparlamenten entsandt, welche nach allgemeiner, gleicher und geheimer Wahl gewählt werden
- Organ der Gesetzgebung (gemeinsam mit Reichstag)

Reichsregierung
- vom Reichspräsidenten ernannt und entlassen
- vom Parlament abhängig

c) Mit seinen o. g. Funktionen vereinte das Reichspräsidentenamt in der Weimarer Republik unter gegebenen Umständen alle drei Gewalten in einer Person: Exekutive, Judikative, Legislative. Die direkte Macht des Reichspräsidenten über Reichskanzler, Reichsregierung und Parlament sowie das Mittel der Notverordnungen, mit dem die genannten Instanzen komplett übergangen werden konnten, gestatteten eine Ausübung des Präsidentenamtes, die der Macht eines „Alleinherrschers" nahe kam.

d) Eine erfolgreiche Revolution? Die Lage vor und nach der Revolution

<table>
<tr><th>Vor der Revolution</th><th>Ergebnisse der Revolution</th></tr>
<tr><td>– Krieg
– Monarchie
– Reich
– ständisch geprägte Obrigkeitsordnung (Dreiklassenwahlrecht, preußische Gesindeordnung, Zensur etc.)
– eher machtloser Reichstag</td><td>– Frieden
– Demokratie
– Republik
– bürgerliche Freiheitsrechte (Frauenwahlrecht, Achtstundentag, Pressefreiheit etc.)
– Machtgewinn des Reichstages</td></tr>
<tr><td colspan="2">Mögliche Lösung: Die gesellschaftlichen Herrschaftsstrukturen der alten Ordnung blieben erhalten, an der Besetzung der wichtigsten Machtpositionen im Staat durch die alten Eliten änderte sich wenig. Eine Revolution auf wirtschaftlichem und sozialem Gebiet fand nicht statt – weder wurden Vergesellschaftungen in der Industrie durchgeführt noch kam es zu einer Bodenreform. Eine der bolschewistischen Umwälzung vergleichbare „Revolution von unten" wurde durch eine kontrollierte und begrenzte „Revolution von oben" (Admiral Paul von Hintze, Staatssekretär des Äußeren im „Kronrat" am 29.9.1918) verhindert. Die Spaltung der Sozialdemokratie sowie die Bündnisse der rechten (Mehrheits-)Sozialdemokratie mit dem Heer (Ebert-Groener-Pakt) sowie mit den Unternehmern (Stinnes-Legien-Pakt) stellten die Weichen für eine bürgerlich-parlamentarische Ordnung. Der vorherige Reichskanzler</td></tr>
</table>

Max von Baden zitiert in seinen Erinnerungen den Ausspruch Friedrich Eberts: ‚Ich will die soziale Revolution nicht, ja ich hasse sie wie die Sünde' (vgl. Heinrich August Winkler, Der lange Weg nach Westen, S. 368).
Die durch die Revolution erreichten Ergebnisse waren wichtige Schritte zu einer neuen politischen Ordnung Deutschlands, die auf eine innere Stabilität der Gesellschaft abzielte; aus der Sicht der ursprünglichen Träger der Revolution, der Soldaten und Arbeiter, war ihre auf eine neue wirtschaftliche und soziale Ordnung abzielende Revolution jedoch gescheitert.

2. Parteiprogramme – Informationsentnahme aus Textquellen
   a) KPD/Spartakusbund
   Ablehnung der Republik: Die bürgerlich-parlamentarische Republik ist keine echte Demokratie und also nur ein Übergangsstadium; die wahre Demokratie („Herrschaft des Volkes") ist eine Diktatur des Proletariats. Diese muss in einer proletarischen Revolution durchgesetzt werden.
   DVP – Deutsche Volkspartei
   (Taktische) Akzeptanz der Republik als Mittel zur Restauration: Mitarbeit im Rahmen der Republik, jedoch mit dem Ziel, durch den Volkswillen auf gesetzmäßigem Wege wieder ein Kaisertum zu errichten. Kaisertum als für die Deutschen „nach Geschichte und Wesensart geeignetste Staatsform".
   DDP – Deutsche Demokratische Partei
   Klares Bekenntnis zur Republik und zur Weimarer Verfassung: Volks- und Rechtsstaat, Reichseinheit bei zugleich starken regionalen Rechten.
   DNVP – Deutschnationale Volkspartei
   Ablehnung der Republik: Forderung der Wiedereinführung der Monarchie in Form einer parlamentarischen Monarchie. Volksvertretung durch allgemeine, gleiche, unmittelbare und geheime Wahlen inklusive Frauenwahlrecht.
   SPD – Sozialdemokratische Partei
   Hauptträger und -verfechter der Republik: demokratische Republik ist historisch unwiderrufliche Staatsform, die sich auch nicht von der Wirtschaft dominieren lassen darf.
   Zentrum
   Zustimmung zur Republik: Ablehnung aller Umsturztendenzen; keine Trennung Staat/Kirche, sondern religiöse Begründung („christliche Staatsauffassung"); „Unterordnung und Pflichterfüllung" in Tradition des Obrigkeitsstaates.
   b) KPD/Spartakusbund
   Diktatur des Proletariats als politische Herrschaftsform der Mehrheit des Volkes (Arbeiterklasse) über die Minderheit (Bourgeoisie), solange deren Macht noch nicht vollständig weltweit gebrochen ist („notwendige Übergangsperiode auf dem Weg in die klassenlose Gesellschaft").
   DVP – Deutsche Volkspartei
   Monarchie (Kaisertum) als „dem deutschen Volk wesensgemäße" und vom Volk gewollte Herrschaftsform
   DDP – Deutsche Demokratische Partei
   bürgerlich-parlamentarische Republik mit Verfassung und stark föderaler Struktur
   DNVP – Deutschnationale Volkspartei
   parlamentarische Monarchie als die „den Deutschen wesensgemäße Regierungsform"
   SPD – Sozialdemokratische Partei
   bürgerlich-parlamentarische Republik

Zentrum
bürgerlich-parlamentarische Republik mit religiös-fundiertem Gesellschaftsbegriff und deutlichem Obrigkeitscharakter

3. Wahlergebnisse zur Nationalversammlung und zum Reichstag von 1919–1932
   a) Individuelle Lösungen
   b) Individuelle Lösungen
   c) Die Kurve der Sitzverteilung entspricht (in etwa) der Kurve der prozentualen Wählerschaft. Auch Parteien mit geringen Stimmenzahlen (z. B. KPD 1920: 2 % = 4 Sitze; DVP 1932: 1,9 % = 11 Sitze) sind im Reichstag vertreten, da es im Wahlrecht keine untere Hürde gibt.
      Die Wahlbeteiligung ist in den Jahren 1924 und 1928 am geringsten. Dies ist die Periode der „Goldenen Zwanzigerjahre", die von einem relativen wirtschaftlichen Aufschwung und einer kulturellen Blüte gekennzeichnet war. In dieser Zeit sinken die Wählerzahlen der extremen Parteien NSDAP und DNVP; SPD sowie KPD verzeichnen Zuwächse.
      Die NSDAP ist bis 1928 von marginaler Bedeutung; mit der Weltwirtschaftskrise 1928 erfolgt aber ein sprunghafter Aufstieg, der mit einem Abstieg von SPD, DVP und DNVP einhergeht.
   d) Als „Weimarer Koalition" wird das 1919/20 und 1921 regierende Bündnis aus SPD, Zentrumspartei und DDP bezeichnet. Alle drei Parteien erleben zwischen 1919 und 1920 einen Abstieg. Bis 1920 stabilisieren sich SPD und Zentrum dann wieder, wohingegen die linksliberale DDP weiter fällt.
      Der Abstieg der SPD zwischen 1919 und 1920 (Revolution) ist durch den zeitgleichen Aufstieg der USPD zu erklären. Die KPD wächst (fast) über den gesamten beobachteten Zeitraum hinweg langsam aber kontinuierlich an.
      Das Zentrum besitzt eine beharrliche, gleichbleibende Stammwählerschaft. Die DDP verliert über den gesamten beobachteten Zeitraum hinweg langsam aber kontinuierlich an Stimmen.

Der Versailler Vertrag

Lösungen der Aufgaben auf Seite 21

1. Der Versailler Vertrag
   a) Gründe für die Unterzeichnung des Friedensvertrages
      - militärisch aussichtslose Lage, drohende Niederlage des Reiches und seiner Verbündeten
      - Kapitulation der Bündnispartner (Bulgarien, Osmanisches Reich)
      - angedrohte militärische Besetzung Deutschlands durch die Alliierten
      - notwendige Konzentration auf Befriedung der Lage im Inneren (Revolution)
   b) Die wichtigsten Bestimmungen des Versailler Vertrages über Deutschland

juristische Bestimmungen	a. Festlegung der Alleinschuld Deutschlands und seiner Verbündeten (Kriegsschuldartikel 231) b. Auslieferung von Kriegsverbrechern c. Anklage gegen Kaiser Wilhelm II.

wirtschaftliche Bestimmungen	a. Reparationszahlungen in noch nicht fixierter Höhe b. Verkleinerung der dt. Handelsflotte c. Elbe und Donau wurden zu internationalen Schifffahrtsgewässern erklärt
territoriale Bestimmungen	• Gebietsverluste: – Gebietsabtretungen ohne Volksbefragung (Elsass-Lothringen, Westpreußen, Posen) – Gebietsabtretungen nach Volksbefragung (Nordschleswig, Ostpreußen, Oberschlesien) – Danzig (als Freie Stadt), Saargebiet und Memelland unter Völkerbundaufsicht gestellt a. befristete Besetzung des Rheinlandes durch die Alliierten b. Verlust aller Kolonien
militärische Bestimmungen	a. Entmilitarisierung des Rheinufers b. Abschaffung der Wehrpflicht, stattdessen Berufsheer mit 100 000 Mann c. Ablieferung von Kriegsgerät, insbesondere drastische Reduzierung der Flotte d. Verbot von Chemiewaffen (Gas)

c) Artikel 231: „Die alliierten und assoziierten Regierungen erklären, und Deutschland erkennt an, dass Deutschland und seine Verbündeten als Urheber für alle Verluste und Schäden verantwortlich sind, die die alliierten und assoziierten Regierungen und ihre Staatsangehörigen infolge des Krieges, der ihnen durch den Angriff Deutschlands und seiner Verbündeten aufgezwungen wurde, erlitten haben."

Beurteilung mithilfe von Zusatzinformationen: Der „Kriegsschuldparagraf" stellte keine abschließende historische Analyse der Kriegsursachen dar – diese wäre zu diesem Zeitpunkt auch gar nicht möglich gewesen –, sondern vielmehr die juristisch erforderliche Begründung für die dem Deutschen Reich auferlegten Bedingungen. Hierzu ist insbesondere auch Folgendes zu berücksichtigen: „In der deutschen Diskussion über Versailles kommt grundsätzlich zu kurz, dass die Deutschen ihrerseits beim Friedensschluss von Brest-Litowsk Anfang 1918 Russland ungleich härtere Bedingungen auferlegt hatten" (Heinrich August Winkler, in: Die Welt, 08.11.2008, www.welt.de/kultur/article2689636/Was-bei-der-Revolution-von-1918-versaeumt-wurde.html). Liest man den „Kriegsschuldparagrafen" dahingehend, dass nicht das deutsche Volk, sondern dessen wirtschaftliche, politische und militärische Eliten „als Urheber für alle Verluste und Schäden verantwortlich sind", ist sein Erregungspotenzial eher begrenzt. Gleichwohl sorgte der „Kriegsschuldparagraf" für große Empörung in der deutschen Bevölkerung und trug im Weiteren wesentlich dazu bei, anstelle von einem friedlichen Miteinander der europäischen Staaten Feindschaft und Revanchepläne zu nähren. Das deutsche Auswärtige Amt richtete Anfang der 1920er-Jahre sogar eine „Zentralstelle für Erforschung der Kriegsursachen" ein, die sich in propagandistischer Absicht und mit revisionistischen Zielsetzungen bemühte, das Deutsche Reich von der Kriegsschuld reinzuwaschen. Von tatsächlichem wissenschaftlichem Wert war hingegen das Standardwerk des Historikers Fritz Fischer „Griff nach der Weltmacht" (1961), das die historische Verantwortung des Deutschen Reiches für den Ausbruch des Krieges zweifelsfrei nachwies. Die aggressiv auftrumpfende „Weltpolitik" des militaristischen Deutschen Kaiserreiches, die Aufkündigung der bismarckschen Bündnispolitik, die Flottenpoli-

tik Wilhelms II. und der „Blankoscheck" waren durch expansive außenpolitische Zielsetzungen motiviert.
Aktuell wurde die Fachdiskussion durch das Buch „Die Schlafwandler" von Christopher Clark wieder in die öffentliche Debatte getragen, das anlässlich des 100. Jahrestages des Kriegsbeginns ein großes Medienecho hervorgerufen hat. Besonders in Deutschland fand die rechtfertigende These, dass niemand den Krieg gewollt habe, sondern dass vielmehr alle einfach „hineingeschlittert" seien, großen Anklang. Blickt man jedoch „darauf, welche Macht am stärksten an der Eskalationsschraube gedreht [und] welche Macht am ehesten Möglichkeiten für eine Deeskalation besessen hat", so ist festzustellen: „Der Schlüssel zu Letzterem lag eindeutig bei den Akteuren in Berlin" (Volker Ulrich, in: Die Zeit, 17.9.2013, www.zeit.de/2013/38/sachbuch-christopher-clark-die-schlafwandler-europa-erster-weltkrieg).

2. Der Versailler Vertrag kontrovers
   a) Der französische Ministerpräsident Georges Clemenceau am 7.5.1919:
   Die die Friedensbedingungen formulierenden Mächte tragen keine Schuld, der Krieg ist ihnen aufgezwungen worden (Z. 7). Sie haben immense Opfer gebracht, für die sie Kompensation verlangen (Z. 15/16, 22–26).
   Der deutsche Reichspräsident Philipp Scheidemann am 12.5.1919:
   Die Situation stellt einen Wendepunkt in der Geschichte des deutschen Volkes dar (Z. 2). Die Friedensbedingungen sind für Deutschland unannehmbar (Z. 30/31). Sie entwürdigen das deutsche Volk (Z. 12/13). Sie gehen einseitig zulasten Deutschlands (Z. 10/11) und sind mörderisch für das deutsche Volk (Z. 6, 11).
   b) Thomas Theodor Heine (1867–1948) war ein deutscher Maler, Zeichner und Karikaturist mit jüdischen Wurzeln, der vor allem für seine sozialen und politischen Karikaturen in der Zeitschrift „Simplicissimus" bekannt wurde.
   Szenerie: Guillotine, Hinrichtungsszene, drei formell gekleidete „Täter" mit deutlich abgestufter Rollenverteilung; ein hilfloses Opfer, halb nackt, gefesselt, aber gleichwohl noch aufrecht stehend.
   Bildunterschrift: „Auch Sie haben noch ein Selbstbestimmungsrecht: Wünschen Sie, dass Ihnen die Taschen vor oder nach dem Tode ausgeleert werden?"
   Dargestellte Personen (*von links nach rechts*): US-Präsident Wilson, französischer Ministerpräsident Clemenceau; „Deutschland" (Rückansicht); britischer Premierminister Lloyd George.
   Interpretation: Wilson scheint zu erklären/zu begründen; Clemenceau ist der aktive Scharfrichter; Lloyd George steht passiv daneben und hält eine Papierrolle fest. Es ist eine „Drei-gegen einen"-Situation. Die „Täter" scheinen deutlich älter zu sein als ihr „Opfer".
   Der Zeichner wählte eine kontrastreiche, dramatische Farbgestaltung in schwarz und rot (Blut-Assoziation). Er ergreift eindeutig Partei für das „Opfer".
   c) Scheidemanns in der Quelle zum Ausdruck kommende Position entspricht der Aussage der Karikatur: Deutschland ist das hilf- und wehrlose Opfer der ausländischen Siegermächte. Die Verantwortung der deutschen Eliten wird damit nicht thematisiert. Eine undifferenzierte Festlegung auf die Opferrolle (die z. B. auch die eigenen Friedensbedingungen von Brest-Litowsk ignoriert, vgl. Aufgabenlösung 1c) bereitete den Boden für Revanchegedanken. Das Verschweigen der Verantwortung der OHL, die sich aus der Verantwortung gestohlen und den Friedenschluss der zivilen Revolutionsregierung überlassen hatte, passte ebenfalls in die Strategie der alten Eliten. Die von ihnen in Umlauf gesetzte Dolchstoßlegende, die die linken

deutschen Revolutionäre für die Niederlage verantwortlich machen wollte, trieb einen Keil in die Gesellschaft.

d) Zu den Positionen Clemenceaus und Scheidemanns vgl. 2a).
Die Einschätzung Wolfgang Michalkas (M6)
Der Krieg hatte eine neue Mächtekonstellation geschaffen. Ziel des Versailler Vertrages war eine europäische Friedensordnung. Dabei konkurrierten unterschiedliche Vorstellungen miteinander. Der Vertrag stellte schließlich einen unausgewogenen, nicht tragfähigen Kompromiss dar:
Frankreich war tendenziell eher sicherheitspolitisch motiviert – es strebte die Hegemonie auf europäischem Festland an und wollte militärische Sicherheit vor dem Deutschen Reich. Der Weg dazu waren territoriale Forderungen und hohe Reparationsforderungen.
Großbritannien war tendenziell eher wirtschaftspolitisch motiviert – es strebte danach, Deutschlands weltweite Machtausbreitung zu verhindern. Der Weg dazu waren Deutschlands Verlust der Kolonien und die radikale Begrenzung der deutschen Flotte.
Deutschland wurde durch den Vertrag „von vornherein in eine revisionistische Gegenposition gedrängt" (Z. 54/55). Gleichwohl behielt es den größten Teil seines Staatsgebietes und verblieb „nach wie vor die wirtschaftlich und potenziell auch politisch und sogar auf lange Sicht militärisch [...] stärkste Macht des europäischen Kontinents" (Z. 66–69).
Fazit
Der Historiker Wolfgang Michalka schätzt den Versailler Vertrag deutlich anders ein als die Zeitgenossen Clemenceau und Scheidemann. Er wertet die von Clemenceau als „Kompensation" bezeichneten Forderungen im Sinne eines französischen Hegemoniestrebens, das darauf abzielte, die Gefährdung durch den alten Rivalen ein für alle Male auszuschalten. Die von Scheidemann vertretene Position der deutschen Opferrolle wird von Michalka relativiert: Deutschland blieb auch nach dem Versailler Vertrag stark und es hatte auch alle Mittel dazu, rasch wieder politische und wirtschaftliche Geltung zu erlangen (Z. 58–62).

3. Der Völkerbund

a) Arpad Schmidhammer (1857–1921) war ein deutscher Karikaturist und Illustrator, der u. a. für die Zeitschrift „Jugend" arbeitete. Im Ersten Weltkrieg veröffentlichte er das propagandistische Kriegsbilderbuch „Lieb Vaterland magst ruhig sein!" Besonders bekannt wurde er mit antiklerikalen Karikaturen.
Szenerie: Die Karikatur ist zweigeteilt, sie stellt ein Gegensatzpaar dar. Das linke Bild zeigt eine idyllische Szene. Auf weitem, sonnenbeschienenen Feld spielt ein gelockter Engel Flöte. Er sitzt mit einem Palmwedel im Schoß inmitten einer kleinen Herde von Schafen, die sich friedlich an ihn anschmiegen. Das rechte Bild stellt einen starken Kontrast zur bukolischen linken Szene dar: Eine kleinkindliche Engelsgestalt kauert einsam in der Mitte des Bildes, einen dürren Zweig in den Händen. Ringsum wird die Gestalt durch wilde (Raub-)Tiere aller Gattungen bedroht (zu erkennen sind u. a. Krokodil, Hund, Panther, Wolf, Schlange, Geier). Die beiden Bilder unterscheiden sich nicht nur inhaltlich, sondern auch in den künstlerischen Mitteln: links lineare Strichzeichnung, rechts auch flächige Gestaltung mit deutlichen Schwarzwerten.
Bildunterschrift: „Der Völkerbund ... und wie er in Wirklichkeit aussieht"
Dargestellte Person/Institution: Die Deutung des Engels in beiden Bildern als Personifizierung des Völkerbundes ist aufgrund der Bildunterschrift eindeutig. Die die Engel umgebenden Tiere (Schafe, Raubtiere) sind demzufolge die Mitgliedstaaten des Völkerbundes.

Interpretation: Die Karikatur verbildlicht in einem groben Positiv-/Negativ-Schema die Diskrepanz zwischen der intendierten und der tatsächlichen Rolle des Völkerbundes. Anstatt die Staaten als guter Hirte (christliche Symbolik: Engel, Palmwedel, Hirte = Jesus) friedlich um sich zu versammeln, ist der Völkerbund eine schwache, hilf-, schutz- und machtlose Institution, die von einer Vielzahl mächtiger Staaten bedroht wird.

b) Fäßler würdigt den Völkerbund als „konzeptionell neuartigen Versuch [..], das internationale Krisenmanagement auf ein kooperatives Fundament zu stellen". Dieser Versuch fand seine Begründung in der durch den Krieg gewonnenen Erkenntnis, dass eine künftige Weltfriedensordnung „auf oberster Ebene" nicht durch Nationalstaaten, sondern nur durch eine supranationale Einrichtung gewährleistet werden kann. Er nennt zwei Aufgaben des Völkerbundes: Sicherung des Weltfriedens und Beförderung des Welthandels. Die Realität des Völkerbundes war nach Fäßlers Einschätzung jedoch ernüchternd: „Strukturelle Defizite" wie das kaum zu praktizierende Einstimmigkeitsprinzip und „nationale Egoismen" ließen den Völkerbund im Großen und Ganzen gesehen scheitern. Die Hauptursache der mageren Bilanz war nach Fäßler das „nicht zu kompensierende Fehlen der ökonomischen und militärischen Hegemonialmacht USA". Unterm Strich lag nach Fäßler die Bedeutung des Völkerbundes in seiner Vorläuferfunktion für die spätere UNO, die aus den Defiziten des Völkerbundes gelernt habe.
Fäßlers Ausführungen zum Völkerbund sind folgerichtig entwickelt und überzeugend begründet.

4. Die Dolchstoßlegende

a) Dolchstoßlegende: nach dem Ersten Weltkrieg verbreitete These, dass Teile der deutschen Heimatbevölkerung, besonders aber Gruppen der sozialistischen Linken oder sogar die ganze Sozialdemokratie, durch ihre revolutionäre Tätigkeit das „im Felde unbesiegte" deutsche Heer „von hinten erdolcht" und dadurch den Zusammenbruch Deutschlands verschuldet hätten. Die Dolchstoßlegende entwickelte sich schon 1919 zur Kampfparole der politischen Rechten. Obwohl bald durch Untersuchungen (Dolchstoßprozess 1925) entkräftet, wurde sie propagandistisch von den Nationalsozialisten gegen die Weimarer Republik und ihre Regierungen gebraucht. In der Forschung gilt die Dolchstoßlegende als widerlegt.
(Brockhaus Multimedial – Bibliographisches Institut & F. A. Brockhaus AG, 2007)

b) Die in M12 wiedergegebenen Behauptungen Hindenburgs, dass die militärische deutsche Niederlage durch eine im Reich selbst fehlende „strenge Zucht und strenge Gesetzgebung" herbeigeführt worden sei, was schließlich sogar zur Revolution geführt habe, sind bewusste Falschaussagen. Die Quelle M11 belegt, dass die militärische Niederlage auch nach Hindenburgs Auffassung auf der Überlegenheit der Alliierten beruhte. Berücksichtigt man weiterhin, dass die OHL unter Hindenburg eine Quasi-Diktatur (Hindenburg als „Schattenkaiser") errichtet und damit auch alle Mittel für „strenge Zucht und strenge Gesetzgebung" selbst in der Hand gehabt hatte, so entlarvt sich Hindenburgs Dolchstoß-These als reine Schutzbehauptung.

Die Krisenjahre 1919–1923

Lösungen der Aufgaben auf Seite 29

1. Der Kapp-Putsch
   a) Internetquellen:
   www.dhm.de/lemo/kapitel/weimarer-republik/innenpolitik/kapp/
   http://geschichte.verdi.de/jahrestage_gedenktage/1920-03-13
   Anlass:
   Artikel 160 des Versailler Vertrages bestimmte die Auflösung der Freikorpsverbände und die Reduzierung der deutschen Reichswehr. Dies sollte durchgesetzt werden.
   Akteure:
   Eine rechtsextreme, republikfeindliche Verschwörungsgruppe („Nationalklub") aus von der Entlassung bedrohten Offizieren und rechten Kreisen, insbesondere:
   Wolfgang Kapp – ranghoher Verwaltungsbeamter, Gründer der rechtsradikalen Deutschen Vaterlandspartei (DVLP), Verfechter der Dolchstoßlegende.
   Walther von Lüttwitz – ranghöchster Reichswehrgeneral, leitete schon die Niederschlagung des Spartakus-Aufstandes.
   Erich Ludendorff – im Hintergrund agierend, zuvor Chef der OHL, Miterfinder der Dolchstoßlegende, später Hauptakteur im Hitler-Ludendorff-Putsch.
   Hermann Ehrhardt – Freikorpskommandant, war bereits an der Niederschlagung der Münchner Räterepublik beteiligt.
   Verlauf:
   13.3.1920 – Marinebrigade Ehrhardt (6000 Mann mit Hakenkreuz-Helmen) besetzt das Berliner Regierungsviertel und proklamiert Wolfgang Kapp als Reichskanzler. Die rechtmäßige Regierung fordert von der Reichswehr Unterstützung durch regierungstreue Truppen, welche von deren Chef Hans von Seeckt abgelehnt wird („Reichswehr schießt nicht auf Reichswehr!"). Die Regierung flieht zunächst nach Dresden, dann nach Stuttgart. Noch am selben Tag Aufruf von Regierung, SPD, Gewerkschaften und KPD zum Generalstreik.
   13. bis 17.3.1920 – Der größte Generalstreik der deutschen Geschichte, an dem sich auch weite Teile der Beamtenschaft beteiligen, legt das Land lahm. Im ganzen Land erheben sich bewaffnete Arbeiter gegen die Putschisten (u. a. Rote Ruhrarmee). Am 17.3. flieht Kapp nach Schweden, der Putsch ist gescheitert. Die Regierung kehrt zurück.
   b) mögliche Bewertung:
   Die in der Aussage Seeckts „Reichswehr schießt nicht auf Reichswehr" zum Ausdruck kommende Haltung der Reichswehrführung zeigte deutlich, dass die gewählte Regierung der Weimarer Republik – trotz Ebert-Groener-Pakt – keinen Rückhalt im von den alten Eliten dominierten Militär besaß. Die Reichswehr war und blieb antidemokratisch: Gegen revoltierende Arbeiter bzw. linke Aufstände (Spartakus) bestanden keinerlei Bedenken der Reichswehrführung zum hemmungslosen Gewalteinsatz. Standen in diesen Fällen Reichswehr und Freikorps bedingungslos an der Seite der sozialdemokratischen bzw. sozialdemokratisch geprägten Regierung, so ließ die Reichswehrführung Letztere im Falle des Kapp-Lüttwitz-Putsches nur allzu gerne im Stich in der Hoffnung auf einen Sieg der Konterrevolutionäre. Rückblickend erscheint das Vertrauen der Weimarer Koalitionsregierung auf Unterstützung durch die Reichswehrführung naiv – man hätte eigentlich wissen müssen, mit wem man es hier zu tun hatte.

2. Der Hitler-Putsch
   a) „Der Herbst des aktuellen Jahres 1923 sieht die Republik in einer schweren Krise. Die Hyperinflation hat Geld als Zahlungsmittel nahezu wertlos gemacht, und zahlreiche deutsche Länder befinden sich im Zustand des Aufruhrs. München hat sich zu einem Sammelbecken derjenigen Feinde der Weimarer Republik entwickelt, die von einer rechten Diktatur träumen. Am 8. und 9. November hat hier nun der 34-jährige Adolf Hitler, Vorsitzender der rechtsextremen, antisemitischen und antidemokratischen NSDAP, gemeinsam mit dem vormaligen OHL-Chef Erich Ludendorff einen Putschversuch unternommen, dessen Verlauf im Folgenden kurz nachgezeichnet werden soll:
   Am Abend des 8. November 1923 stürmten Adolf Hitler, Hermann Göring und mehrere ihrer NSDAP-Gefolgsleute eine bürgerlich-nationalistische Kundgebung in der Münchener Bierhalle „Bürgerbräukeller“. Sie behaupteten, die „nationale Revolution“ wäre ausgebrochen, und forderten die Versammlung zur Unterstützung auf. Sie erklärten die Reichsregierung im knapp 600 Kilometer entfernten Berlin für abgesetzt und riefen – in Nachahmung des sogenannten „Marsches auf Rom“ der italienischen Faschisten – zu einem „Marsch auf Berlin“ auf. Am darauffolgenden Tag zogen dann Hitler und Ludendorff an der Spitze ihrer Anhänger durch die Straßen Münchens. Auf Flugblättern und Plakaten behaupten die Putschisten, dass die Reichsregierung in Berlin abgesetzt und eine „deutsche Nationalregierung“ aus Ludendorff, Hitler und Seißer eingerichtet worden wäre.
   Der „Marsch auf Berlin“ kam bis zur Münchner Feldherrenhalle, wo die Polizei den Spuk gegen 12:40 Uhr beendete. In einem kurzen Schusswechsel starben vier Polizisten, ein Passant und 16 Putschisten. Ludendorff wurde verhaftet, aber noch am selben Tag gegen Ehrenwort wieder auf freien Fuß gesetzt. Hitler konnte zunächst fliehen, wurde aber einige Tage später entdeckt und verhaftet.“
   b) Wortlaut:
   (1) „Proklamation an das deutsche Volk!
   (2) Die Regierung der Novemberverbrecher in Berlin ist heute für abgesetzt erklärt worden.
   (3) Eine provisorische deutsche Nationalregierung ist gebildet worden, diese besteht aus
   (4) Gen. Ludendorff, Ad. Hitler, Gen. v. Lossow, Obst. v. Seisser“
   Der Aufruf ist in einem typografischen Wirrwarr gestaltet, und zwar hinsichtlich Schrifttypen (Überschrift und Namensliste mit Serifen/Egyptienne-Schrift; Rest serifenlos), Schriftschnitten (sprunghafter Wechsel von normal, fett und condensed) und Schriftgrößen (ca. 5–8 verschiedene Schriftgrößen). Diese dilettantische äußere Form deutet sowohl auf Eile als auch auf eine kleine – nur unzureichend mit Typen ausgestattete – ausführende Druckerei hin.
   (1) Das Blatt bezeichnet sich selbst als „Proklamation“, also als amtliche Verkündigung, die zugleich ein Aufruf an das gesamte „deutsche Volk“ sein will. Wer hier proklamiert, ist nicht eindeutig zu erkennen, es ist aber davon auszugehen, dass es die unten verzeichneten Personen selbst sind. Da diese Personen keine demokratisch legitimierte Funktion besitzen, gründet ihre Proklamation in einer bloßen Selbstermächtigung.
   (2) Die Bezeichnung „Novemberverbrecher“ war in rechten Kreisen beliebt. Sie diente dazu, die Reichsregierung zu diffamieren. Die passivische Formulierung „ist heute für abgesetzt erklärt worden“ soll suggerieren: „ist abgesetzt worden“. Tatsächlich aber heißt dies nur: „Jemand hat gesagt, die Regierung sei abgesetzt.“ (Zur logischen Struktur vgl. die Aussage „Die Erde ist heute für eine Scheibe erklärt worden“, welche keinesfalls sagt, dass die Erde auch tatsächlich eine Scheibe sei.)

(3) Auch hier fällt wieder die passivische Konstruktion auf: „Eine provisorische deutsche Nationalregierung ist gebildet worden." Ins Aktivische übersetzt bedeuten (2) und (3): Hitler und Ludendorff haben von einem Münchener Bierkeller aus die Regierung in Berlin für abgesetzt erklärt und sich selbst zur neuen Regierung ernannt. In dieser aktivischen Form wirken die Aussagen (2) und (3) natürlich grotesk.
(4) Als treibende Kräfte sind Hitler und Ludendorff zu sehen, die sich aber hinsichtlich eines Rückhaltes durch die nationalkonservativen Kreise verschätzt hatten. Die Rollen von Lossows und von Seißers sind komplizierter; Hitler hatte beiden ihre Zustimmung zum Putsch zunächst wohl abgepresst, beide gingen bald darauf jedoch wieder auf Distanz zu Hitlers Vorhaben.

3. Die Inflation
   a) In|fla|ti|on, die; -, -en; lat.: „das Sichaufblasen; das Aufschwellen":
      1) (wirtsch.) mit Geldentwertung u. Preissteigerungen verbundene beträchtliche Erhöhung des Geldumlaufs im Verhältnis zur Produktion; Ggs. Deflation;
      2) Zeit, in der eine Inflation stattfindet.
      (Duden – Das Fremdwörterbuch, Mannheim 2005)
      Inflation [lateinisch „Aufblähung"], die: anhaltender Prozess der Geldentwertung, der seinen Ausdruck in einem Anstieg des Preisniveaus findet (Gegensatz: Deflation). Die Inflation wird gemessen am Anstieg eines das allgemeine Preisniveau am besten widerspiegelnden Preisindex (z.B. Verbraucherpreisindex). Der prozentuale Anstieg des Preisindex in einem bestimmten Zeitraum wird als Inflationsrate bezeichnet. [...] Nach dem Ausmaß des Anstiegs wird unterschieden zwischen schleichender Inflation (etwa 5–10 %), trabender Inflation (bis 2 %), galoppierender Inflation und Hyperinflation (über 50 %) [...] Inflation ist häufig mit schweren wirtschafts- und gesellschaftspolitischen Störungen verbunden, da das Geld aufgrund des schwindenden Vertrauens seine Wertaufbewahrungsfunktion verlieren kann. Daneben ist die Einkommens- und Vermögensverteilung betroffen, da der Realwert des Geldvermögens sinkt, während der Wert des Sachvermögens erhalten bleibt.
      (Bibliographisches Institut & F. A. Brockhaus AG, 2007)
   b) Auswirkungen der Hyperinflation auf verschiedene Bevölkerungsgruppen:
      (1) Vermögenslose
      - bildeten die große Mehrheit der deutschen Bevölkerung
      - besaßen keine relevanten Sparguthaben, die sie verlieren konnten, besaßen aber auch keine beständigen Sachwerte
      - ihr Reallohn (Kaufkraft) sank beständig, da auch eventuelle Lohnsteigerungen immer hinter der Inflation zurückblieben
      - Folge: „von der Hand in den Mund" leben müssen, Verelendung

      (2) Mittelschichten
      - oft über Jahrzehnte angesammelte kleine Sparguthaben lösten sich durch die Inflation vollständig auf
      - vielfach Rückfall in Naturalwirtschaft – Eintausch von familiären Sachgütern (Wertgegenständen) gegen Lebensmittel
      - Bankrott zahlreicher kleiner Geschäftsleute oder Beteiligung an Schwarzmarkt (siehe Punkt 4)
      - Folge: Verarmung

      (3) Oberschichten/Unternehmer
      - Konzernführungen, Fabrikbesitzer, Landbesitzer

- große Vermögen waren zumeist nicht in Geld, sondern in Sachwerten (Aktien, Immobilien etc.) angelegt
- erhielten billige Kredite
- erzielten überdurchschnittliche Profite, weil die Löhne immer deutlich hinter den rasant steigenden Preisen zurückblieben
- Folge: Inflationsgewinner (z. B. der Großindustrielle Hugo Stinnes als „König der Inflation")

(4) Sonderfälle

- Schuldner profitierten von der Hyperinflation, da sie ihre Schuld mit dem entwerteten Papiergeld abtragen konnten.
- Spekulanten profitierten von der Hyperinflation, manche kamen durch sie zu immensen Vermögen.

4. Politische Morde

a) Die Rechte schürt durch Diffamierung der Reichsregierung („Ententekommission") und durch Aufruf zu deren Sturz eine Atmosphäre des Mordes, des Zornes, der Vergiftung und der Verwilderung der Sitten. Der Feind der Republik steht nicht links, sondern rechts. Ihn gilt es zu bekämpfen.
Außenpolitisch müssen die Beziehungen zwischen den Völkern Europas erneuert werden; die zerrissenen Völker müssen einander wieder näher kommen.

b) Die Tabelle „Vier Jahre politischer Mord" zeigt ein erschreckendes Bild der Justiz in der Weimarer Republik. Die Zahl rechts motivierter Morde war sechzehnmal so hoch als die Zahl links motivierter Morde (rechts: 354, links: 22).
Zwar war die (polizeiliche) Aufklärungsquote rechtslastiger Morde deutlich höher, deren juristische Ahndung war jedoch im Vergleich zu linkslastigen Morden verschwindend gering: Geht man davon aus, dass die Begriffe „gesühnt" und „teilweise gesühnt" für eine erfolgreiche Aufklärung stehen, so kommen auf 5 aufgeklärte links motivierte Morde 38 rechtskräftige Verurteilungen, also rechnerisch pro Mord knapp 8 Verurteilungen. Auf die 353 aufgeklärten rechts motivierten Morde folgten hingegen nur 24 rechtskräftige Verurteilungen, also rechnerisch pro Mord 0,069 Verurteilungen.
Die Justiz der Weimarer Republik stand eindeutig auf der Seite der Rechten, war „auf dem rechten Auge blind". Dass dies sogar angesichts der Ermordung führender Politiker der Fall war, zeigte die in der Justiz vorherrschende Einstellung zur Weimarer Republik: Ebenso wie das Militär war auch die Justiz zutiefst antidemokratisch. Die dritte Gewalt im Staat stellte keine Stütze der Republik dar.

5. Das Krisenjahr 1923

a) Wichtige Ereignisse des Jahres 1923

11.1.	Besetzung des Ruhrgebietes durch französische und belgische Truppen
13.1.	Reichskanzler Cuno verkündet den „passiven Widerstand" gegen die Besatzung
18.1.	Kurs US-Dollar/Reichsmark beträgt 1:23 000
27.–29.1.	erster Parteitag der NSDAP, Anstieg der Mitgliederzahlen von 6000 auf 55 000
22.3.	Verbot der rechtsextremen Deutschvölkischen Freiheitspartei (DVFP)
29.4.	Verbot der NSDAP in Hessen
11.5.	Kurs US-Dollar/Reichsmark beträgt 1:40 500
29.5.	kommunistischer Bergarbeiterstreik im besetzten Ruhrgebiet
13.6.	Kurs US-Dollar/Reichsmark beträgt 1:100 000

11.7. bisherige Bilanz der Ruhrbesetzung: 92 Tote, 70 000 Ausgewiesene
30.7. Kurs US-Dollar/Reichsmark beträgt 1:1 Mio.
10.8. Notverordnung Eberts verbietet verfassungsfeindliche Publikationen
12.8. Rücktritt des Reichskanzlers Cuno, Vereidigung Stresemanns als Kanzler und Außenminister, Bildung einer großen Koalition aus DVP, DDP, Zentrum und SPD
7.9. Kurs US-Dollar/Reichsmark beträgt 1:53 Mio.
17.9. Kurs US-Dollar/Reichsmark beträgt 1:200 Mio.
24.9. Beendigung des passiven Widerstandes
26.9. Putschgefahr von rechts in Bayern führt zur Verhängung des Ausnahmezustandes in der gesamten Republik
2.10. Kurs US-Dollar/Reichsmark beträgt 1:242 Mio.
3.10 Rücktritt der Reichsregierung und anschließende Neubildung
10.10. Kurs US-Dollar/Reichsmark beträgt 1:2,9 Mrd.
11.10. Verbot der KPD-Zeitung
13.10. Ermächtigungsgesetz
16.10. Beschluss zur Einführung der Rentenmark; KPD/SPD-Koalitionsregierungen in Thüringen und Sachsen
19.10. Kurs US-Dollar/Reichsmark beträgt 1:12 Mrd.
21.10. Ausrufung einer unabhängigen Rheinischen Republik (scheitert im November)
22.10. gegen die kommunistische Regierung gerichtete Reichswehrtruppen rücken in Sachsen ein
23.10. kommunistischer Thälmann-Aufstand wird in Hamburg blutig niedergeschlagen
24.10. konkrete Putschplanungen bayerischer Militärs unter Gen. Lossow gegen Berlin
29.10. auf Grundlage der sogenannten Reichsexekutive verfügt Ebert (SPD) die Absetzung der KPD/SPD-Regierung in Sachsen
2.11. Regierungskoalition zerbricht, es verbleibt ein „Rumpfkabinett"
5.11. Reichswehrtruppen marschieren in das von einer linken Koalition regierte Thüringen ein
8./9.11. Hitler-Putsch in München
11.11. Kurs US-Dollar/Reichsmark beträgt 1:631 Mrd.
16.11. Beginn der Ausgabe der Rentenmark
20.11. Kursfestsetzung US-Dollar/Rentenmark auf 1:4,2
23.11. Misstrauensvotum gegen die Reichsregierung wegen deren ungleichen Verhaltens gegen rechts (Bayern) und links (Sachsen/Thüringen), Rücktritt Stresemanns
28.11. bürgerliche Minderheitsregierung unter Wilhelm Marx
8.12. Verabschiedung eines Ermächtigungsgesetzes (mit SPD-Zustimmung) zur Übertragung der gesetzgebenden Gewalt vom Parlament auf die Regierung
23.12. Wiederabschaffung des 8-Stunden-Tages, Verlängerung der Arbeitszeit

b) Das Jahr 1923 brachte schwerste Herausforderungen für die Weimarer Demokratie mit sich. Aufs Engste miteinander verknüpfte außen- und innenpolitische Entwicklungen erschütterten und entzweiten die Gesellschaft auf vielfältige Art und Weise. Die Frage der Reparationen und die Ruhrbesetzung samt passivem Widerstand sorgten für Spannungen mit den Alliierten. Der Ruhrkampf forderte Menschenleben und trieb die Inflation in die Höhe, welche starke Auswirkungen auf die Bevölkerung hatte (vgl. oben 3b). Die sozialen und wirtschaftlichen Verwerfungen führten zu einem Ansehensverlust der Demokratie. Politische Morde insbesondere von rechts und deren milde Behandlung durch die Justiz (vgl. oben 4) schufen ein Klima des Terrors und der Angst. Ständige Regierungswechsel und -umbildungen verhinderten Stabilität. Im Hinblick auf die Vielfalt und die Größe dieser Probleme ist es berechtigt, das Jahr 1923 als „Krisenjahr“ zu bezeichnen.

Außenpolitik der Weimarer Republik 1919–1929

Lösungen der Aufgaben auf Seite 33

1. Deutsche Außenpolitik bis 1925
   a) Die Bestimmungen des Versailler Vertrages (440 Artikel in 15 Teilen):
   Teil I
   Satzung des Völkerbunds.
   Teil II–III
   Gebietsabtretungen, Grenzfestlegungen.
   Teil IV
   Übergabe der Kolonien als Mandate an den Völkerbund.
   Teil V
   militärische Bestimmungen: Begrenzung des Heeres auf 100 000 Mann, der Marine auf 15 000 Mann mit reduzierter Flotte; Abschaffung von Wehrpflicht, Generalstab und Kriegsakademie.
   Teil VIII–IX
   Reparationen, begründet mit Alleinschuld-Artikel 231.
   Teil X–XII
   Konfiskation deutschen Eigentums im Ausland; Beschränkung der deutschen Eisenbahnhoheit; Privilegierung der Alliierten in der Luftfahrt und in den deutschen Häfen; Internationalisierung der deutschen Flüsse.
   Teil XIV
   Rückzug der deutschen Truppen aus den russischen Gebieten; alliierte Besetzung des Saargebietes sowie des linken Rheinufers.
   Außenpolitik, die Gestaltung der Beziehungen eines Staates zu anderen Staaten und zu internationalen Organisationen, besonders die Herstellung [...] politischer, militärischer, wirtschaftlicher, rechtlicher oder kultureller Beziehungen. Die Außenpolitik wird durch geografische Lage, Größe und strategische Position eines Staates im internationalen Kräfteverhältnis, v. a. aber durch seine innenpolitische Verfassung und Organisation bestimmt. Zu den Mitteln der Außenpolitik gehören Diplomatie, Verträge, Bündnisse, Außenwirtschaftspolitik, aber auch Androhung oder Einsatz militärischer Gewalt.
   (Bibliographisches Institut & F. A. Brockhaus AG, 2007)

   Versteht man unter Außenpolitik alle diplomatischen, wirtschaftlichen, militärischen aber auch kulturellen Handlungen eines Staates, mit dem dieser seine Interessen außerhalb des eigenen Staatsterritoriums verfolgt, fördert oder durchsetzt, so zeigt sich, dass Deutschland auf den beiden wirkmächtigsten Gebieten Wirtschaft und Militär durch den Versailler Vertrag so gut wie keine Handlungsspielräume mehr besaß: Das Bedrohungspotenzial der deutschen Militärmaschinerie war durch die Kriegsniederlage erledigt worden. Die deutsche Wirtschaftskraft hingegen wurde durch die Reparationen schwer belastet. Die kulturelle Wiederannäherung der Völker war im Klima der propagandistisch erzeugten Feindbilder auf die privaten Bemühungen einer kleinen, gebildeten Minderheit begrenzt. Als wichtigste Option der deutschen Außenpolitik verblieb damit die Diplomatie, mit deren Hilfe man eine schrittweise Verbesserung der Beziehungen und damit auch eine Lockerung bzw. Revision der Vertragsbedingungen zu erlangen hoffte.

b) Rapallo-Vertrag, deutsch-sowjetischer Vertrag (16.4.1922), in dem das Deutsche Reich und die Russische Sozialistische Föderative Sowjetrepublik (im November 1922 auf die anderen Sowjetrepubliken ausgedehnt) auf Ersatz ihrer Kriegskosten und -schäden verzichteten, die sofortige Aufnahme diplomatischer und konsularischer Beziehungen vereinbarten und wirtschaftliche Annäherung nach dem Meistbegünstigungsrecht beschlossen.
(Bibliographisches Institut & F. A. Brockhaus AG, 2007)

In politischer Hinsicht befand sich das Deutsche Reich 1920 in einer international isolierten Situation, nicht zuletzt durch die im Kriegsschuldparagrafen des Versailler Vertrages vorgenommene Beurteilung der deutschen Rolle bei der Entstehung des Krieges. Nicht anders war es auf dem Gebiet der Wirtschaft, auch hier war das Deutsche Reich ab 1920 vollständig auf sich allein gestellt. Die Wirtschaftspolitik wurde durch die im Versailler Vertrag festgelegten Reparationen dominiert. Ein Außenhandel auf der Basis von Export-/Import-Vereinbarungen gleichberechtigter Partner fand faktisch nicht statt. Durch den Rapallo-Vertrag mit der Sowjetunion beabsichtigte die deutsche Außenpolitik, diese wirtschaftliche und politische Isolation zu durchbrechen: Der gegenseitige Verzicht auf Kriegsentschädigungen und die Aufnahme diplomatischer und wirtschaftlicher Beziehungen zu Sowjetrussland sollten dem Deutschen Reich zugleich eine größere politische Bewegungsfreiheit gegenüber Großbritannien und Frankreich verschaffen. Der Separatvertrag mit der Sowjetunion war zum Zeitpunkt seiner Unterzeichnung innerhalb der deutschen Regierung umstritten. Dabei standen der vertragschließende liberale Außenminister Walther Rathenau (DDP) und der Reichskanzler Karl Joseph Wirth (Zentrum) in Opposition zum Reichspräsidenten Ebert (SPD), welcher durch Rapallo die Westorientierung des Deutschen Reiches gefährdet sah.
Die heutige Forschung ist sich in der Beurteilung der Folgen des Vertrages weitgehend einig: „Der konkrete Vertragsinhalt stellte für Deutschland nur einen Wechsel auf die Zukunft dar. [... Mit ihm] handelte sich das Deutsche Reich [...] eine nachhaltige Beeinträchtigung seiner Beziehungen zu den Westmächten ein" (Hans Mommsen, Aufstieg und Untergang der Republik von Weimar, München 2001, S. 161).
„Der Vertrag von Rapallo war ein Rückfall in wilhelminische Risikopolitik [...]" (Heinrich August Winkler, Der lange Weg nach Westen – Deutsche Geschichte 1806–1933, Bonn 2002, S. 425).

2. Die Locarno-Verträge

a) Locarno-Verträge, die auf der Konferenz von Locarno (5.–16.10.1925) ausgehandelten Verträge über ein Sicherheitssystem in Westeuropa. In dem am 1.12.1925 in London unterzeichneten Hauptvertrag (West-, Rheinpakt) verpflichteten sich das Deutsche Reich [...], Frankreich und Belgien unter Garantie Großbritanniens und Italiens, die im Vertrag von Versailles festgelegten deutschen Westgrenzen und die entmilitarisierte Rheinlandzone zu achten.
(Bibliographisches Institut & F. A. Brockhaus AG, 2007)

FRANKREICH
BELGIEN

= Westgrenzen lt. Versailler Vertrag werden anerkannt; Verpflichtung, keine gewaltsame Revision anzustreben

POLEN
TSCHECHOSLOWAKEI

= Ostgrenze lt. Versailler Vertrag werden von deutscher Seite nicht garantiert; lediglich eine friedliche Streitregelung wird vereinbart

DEUTSCHES
REICH

– wird Mitgleid im Völkerbund
– hält sich Revision der Ostgrenze offen

GROSSBRITANNIEN
ITALIEN

= Garantiemächte: stehen demjenigen Vertragspartner zur Seite, dessen Grenzen verletzt werden sollten

b) Die Locarno-Verträge wurden in der Regierungszeit des (rechten) bürgerlichen Kabinettes Luther verhandelt, dem DVP-, DNVP-, DDP-, Zentrums- und BVP-Mitglieder angehörten. Die stärksten Parteien im Reichstag waren (der Reihenfolge nach) SPD, DNVP, Zentrum, DVP, KPD.
Innenpolitisch hatte es Stresemann mit Ablehnung durch die starken rechten und linken Parteien zu tun: Nationalkonservative (DNVP) und nationalsozialistische Kreise nannten die Verträge ein „Spiel mit dem Feuer“ (vgl. M4a, M4c); ihr Hauptwiderstand richtete sich jedoch gegen die Preisgabe deutscher Gebiete im Westen. Die KPD hingegen befürchtete durch die Verträge ein Bündnis zu einem Krieg der Westmächte gegen die Sowjetunion samt Kriegsdienstverpflichtung der deutschen Bevölkerung (vgl. M4b).
Außenpolitisch war das Eis für Stresemann sehr dünn, da er einer Garantie der deutschen Ostgrenzen ausweichen und eine klare Westorientierung vornehmen, dabei aber gleichwohl das mit dem Rapallo-Vertrag gegenüber der Sowjetunion etablierte Verhältnis nicht (allzu sehr) gefährden wollte. Sein strategisches Ziel war ein Wiedererstarken Deutschlands als Großmacht.
Schließlich konnten die Verträge nur aufgrund der Zustimmung der oppositionellen SPD ratifiziert werden.

c) Die Locarno-Verträge brachten die Gefahr mit sich, aufgrund ihrer Einseitigkeit bzw. Westbezogenheit den Rapallo-Vertrag und damit die Beziehungen des Deutschen Reiches zur Sowjetunion zu riskieren. In der Tat wurden Befürchtungen laut, Deutschland könnte durch sie zur Schwungmasse der Westmächte in einem Krieg gegen die Sowjetunion werden. Die Schiedsverträge mit Polen und der Tschechoslowakei erhielten keinen Schutz durch eine (in diesem Fall: französische) Garantiemacht; für beide östlichen Nachbarn des Deutschen Reiches bedeutete Rapallo also keine sichere Aussicht auf friedliche Beziehungen zum großen Nachbarn, sondern eher im Gegenteil eine Schwächung ihrer Positionen. Anders war die Lage im Westen: Die durch Garantiemächte abgesicherten Verläufe der bestehenden Westgrenzen trugen zur Beruhigung in Frankreich und Belgien bei. Die deutschen Grenzgarantien und Deutschlands Aufnahme in den Völkerbund wurden als Zeichen einer beginnenden (west-)europäischen Friedensordnung gewertet („Geist von Locarno“), die auf Vertrauen und Gleichberechtigung gründen sollte. Das diplomatische Klima verbesserte sich für Deutschland mit den Verträgen grundlegend. Weil sich das Deutsche Reich jedoch eine Revision seiner Ostgrenzen vorbehielt, können die Locarno-Verträge nicht uneingeschränkt als friedenssichernd bezeichnet werden, vielmehr waren sie dem Interesse des Deutschen Reiches verpflichtet, „die volle nationalstaatliche Souveränität und mit ihr die Kraft zur militärischen Selbstbehauptung" wiederzuerlangen (Hans Mommsen, Aufstieg und Untergang der Republik von Weimar, München 2001, S. 258).

3. Die Locarno-Verträge im Widerstreit
   a) b) <u>KPD</u>
   Ablehnung der Locarno-Verträge, denn diese bedeuteten in erster Linie die Gefahr eines Krieges der Entente gegen die Sowjetunion unter Einbeziehung Deutschlands und auf deutsche Kosten (Ein- und Durchmarsch durch Deutschland, Kriegsdienstverpflichtung der deutschen Bevölkerung für die Entente, Entrechtung, verschärfte Ausbeutung und Unterdrückung, Not und Elend).
   <u>DNVP</u>
   Ablehnung der Locarno-Verträge, denn diese bedeuteten in erster Linie eine Preisgabe der deutschen Westgebiete (nicht im vorliegenden Textauszug enthaltene Argumentation). Weiterhin werde das waffenlose Deutschland durch Locarno in die Mitte des West-Ost-Gegensatzes zwischen den Westmächten und der Sowjetunion („Russland") geworfen, wo es „nur die Rolle des furchtbar Leidenden spielen" könne (= „Sonderrolle" Deutschlands).
   <u>SPD</u>
   Zustimmung zu den Locarno-Verträgen unter Betonung einer neuen, europäischen Perspektive: Solidarität, Allgemeininteressen, Frieden (= Westorientierung Deutschlands mit dem Ziel einer langfristigen Integration).
   <u>Zentrum</u>
   Zustimmung zu den Locarno-Verträgen mit dem Ziel einer „Wiederaufrichtung Deutschlands" als Großmacht in kleinen Schritten (= Westorientierung Deutschlands als Mittel zum Wiedererstarken des Nationalstaates).
   c) Die Locarno-Verträge waren ein wesentlicher Erfolg für die deutsche Diplomatie: „Die völlige Gleichbehandlung [der Deutschen] stellte einen nicht zu unterschätzenden Prestigegewinn [...] dar" (Hans Mommsen, Aufstieg und Untergang der Republik von Weimar, München 2001, S. 257). Die mit ihnen verbundene Wiederanerkennung vonseiten der Westmächte und der Eintritt Deutschlands in den Völkerbund bedeuteten einen beträchtlichen Gewinn an Souveränität und eine spürbare Verbesserung der deutschen Position im Hinblick auf die angestrebte Beendigung der Reparationen. Da die Locarno-Verträge nur im Hinblick auf den Westen eine „Friedensoffensive" darstellten, konnte sich Deutschland mit ihnen sogar eine zukünftige Revision der Ostgrenzen zu Polen und zur Tschechoslowakei offenhalten – der politische Handlungsspielraum des Deutschen Reiches hatte sich durch Locarno bedeutend erweitert.

4. Der Young-Plan
   a) Young-Plan, internationales Abkommen zur Regelung der deutschen Reparationsverpflichtungen nach dem Ersten Weltkrieg, von einer internationalen Sachverständigenkonferenz unter Vorsitz des amerikanischen Managers Owen D. Young [...] ausgearbeitet. Der Young-Plan löste 1930 den Dawes-Plan ab und war de facto bis 1932 [...] in Kraft.
   (Bibliographisches Institut & F. A. Brockhaus AG, 2007)

Der Young-Plan verbesserte die Situation Deutschlands erheblich. Er erstellte – im Unterschied zum Dawes-Plan – die wirtschaftspolitische Souveränität des Deutschen Reiches wieder her. Zwar wurde mit dem Young-Plan Reparationszahlungen bis zum Jahr 1988 (!) vereinbart, aber dies wurde durch zahlreiche günstige Durchführungsbestimmungen und Zusatzvereinbarungen flankiert: Der bisherige Einfluss des Auslandes auf die deutsche Wirtschaft, das Bankenwesen und die Verwaltung wurde restlos beseitigt. Es gab fortan keine ausländische Kontrolle der deutschen Finanzen mehr. Eine Pfändung von Reichseinnahmen wurde ausgeschlossen. Die Verantwortlichkeit für den Zahlungstransfer lag fortan bei der Reichsregierung selbst. Die Reparationen konnten durch Deutschland selbst in „geschützte" und „ungeschützte" unterteilt werden: Erstere mussten fristgerecht geleistet werden, für Letztere konnte ein Aufschub beantragt werden. Als zentraler Empfänger aller deutschen Zahlungen wurde eine Bank in der Schweiz vereinbart. Bei Zahlungsschwierigkeiten war eine weitere Revision des Young-Planes durch eine internationale Expertenkommission möglich und vorgesehen. Schließlich verpflichtete sich Frankreich zugleich zu einem Entgegenkommen in der Rheinland-Frage (vorzeitige Räumung).

b) Der Young-Plan war in Deutschland höchst umstritten. Vor allem die rechten Parteien und die großen Wirtschaftsverbände machten gegen den Plan mobil. Der Reichsausschuss der deutschen Landwirtschaft bezeichnete den Plan als „wirtschaftlich unannehmbar", und der schwerindustrielle Langnamverein urteilte, der Plan bürde der deutschen Wirtschaft untragbare Lasten auf. Man unterstellte der Reichsregierung sogar Landesverrat. Alldeutscher Verband (Claß), Stahlhelm (Seldte), DNVP (Hugenberg) und NSDAP (Hitler) riefen gemeinsam zum Kampf gegen den Young-Plan auf und kündigten ein Volksbegehren an. Vom 16. bis zum 29. Oktober 1929 wurden Unterschriften gesammelt, wobei mit etwas über 10 % der Wahlberechtigten das Quorum knapp erfüllt wurde: Das Begehren hatte Erfolg, sodass sich der Reichstag damit beschäftigen musste. Als jedoch die Mehrheit der Abgeordneten den Entwurf der Young-Plan-Gegner am 30. November ablehnte, beantragten die Initiatoren die Einleitung eines Volksentscheids am 22. Dezember 1929. Dieser scheiterte an der geringen Beteiligung von nur knapp 15 % der Stimmberechtigten.

Bei „Wikipedia" findet sich das folgende Urteil: „Volksbegehren und Volksentscheid waren gleichwohl von Bedeutung für die politische Entwicklung der folgenden Jahre. Der von der politischen Rechten geführte Propagandafeldzug war eine der größten Kampagnen dieser Art während der Weimarer Republik. Das Regierungslager reagierte seinerseits mit einer beträchtlichen Gegenpropaganda. Zum ersten Mal agierte die traditionelle Rechte wie die DNVP gemeinsam mit der NSDAP."

Die ruhige Zwischenphase der Weimarer Republik

Lösungen der Aufgaben auf Seite 39

1. Die wirtschaftliche und politische Entwicklung

a) Die Jahre von 1923 bis zum Ausbruch der Weltwirtschaftskrise 1929 waren für die Weimarer Republik eine Phase der Ruhe und Blüte. Die erreichte *wirtschaftliche Stabilisierung* führte auch zu einer Abschwächung der politischen Kämpfe. Ausschlaggebend für den ab 1923 ein-

setzenden wirtschaftlichen Aufschwung war zum einen die Währungsreform, welche mit der Rentenmark die Inflation beendete, zum anderen traten mit dem Dawes-Plan 1924 gewisse Entlastungen bei den Reparationszahlungen in Kraft. Der Dawes-Plan führte zu Krediten und Investitionen, die das deutsche Produktionsvolumen deutlich erhöhten.
Die *Stabilisierung der politischen Lage* stellte eine direkte Folge des wirtschaftlichen Aufschwungs dar: Waren die Jahre zuvor von Streiks, Aufständen, politischen Morden und Putschversuchen gekennzeichnet, so kehrte nun Ruhe ein. Wenngleich die Regierungen häufiger wechselten – die politische Gewalt ging zurück. Milde Urteile gegen die Hitler-Putschisten und gegen rechts motivierte Gewalt trugen dazu bei, die nationalistischen und nationalsozialistischen Kräfte zu besänftigen (vgl. M8, S. 29). Der beginnende Rückzug französischer Truppen aus den besetzten Gebieten führte ebenfalls zu einer Beruhigung der Lage. Nicht zu unterschätzen sind wohl auch die kulturellen Neuerungen, die vor allem das Großstadtleben bereicherten: Neu entstehende Medien wie Film und Massenpresse waren von den verschiedenen politischen Richtungen noch nicht in dem späteren Maße als wirksame Propagandamittel erkannt und instrumentalisiert. Es ist also davon auszugehen, dass die Bevölkerung anstelle politischer Debatten und Versammlungen nun gerne und ausgiebig die neuen Ablenkungen und Zerstreuungen nutzte.

b) Regierungskoalitionen zwischen 1923 und 1930

Amtszeit	**Name des Kabinettes**	**Dauer (in Tagen)**	**Zusammensetzung**
22.11.22 – 12.8.23	Cuno	263	3 Z, 2 DDP, 2 DVP, 1 BVP, 4 parteilos
13.8.23 – 6.10.23	Stresemann I	51	4 SPD, 3 Zentrum, 2 DVP, 2 DDP, 1 parteilos
6.10.23 – 30.11.23	Stresemann II	48	3 Z, 3 SPD, 2 DDP, 1 DVP, 3 parteilos
30.11.23 – 26.5.24	Marx I	177	3 Z, 3 DDP, 2 DVP, 1 BVP, 3 parteilos
27.5.24 – 15.1.25	Marx II	195	3 Z, 2 DVP, 3 DDP, 2 parteilos
16.1.25 – 20.1.26	Luther I	223	3 DNVP, 2 Z, 2 DVP, 1 DDP, 1 BVP, 2 parteilos
20.1.26 – 18.5.26	Luther II	112	3 Z, 3 DDP, 3 DVP, 1 BVP, 1 parteilos
18.5.26 – 1.2.27	Marx III	214	4 Z, 3 DDP, 3 DVP, 1 BVP
1.2.27 – 28.6.28	Marx IV	499	4 DNVP, 3 Z, 2 DVP, 1 DDP, 1 BVP
28.6.28 – 27.3.30	Müller II	636	4 SPD, 2 DVP, 2 DDP, 1 Z, 1 BVP, 1 parteilos

c) Die relative Stabilisierung der Weimarer Republik führte dazu, dass sich politische Auseinandersetzungen und Kämpfe von der Straße und den Betrieben zunehmend auf das geistige Gebiet verlagerten. Als Beispiel dafür kann die Auseinandersetzung um das Bauhaus dienen, dessen neuartige Impulse auf fast allen Gebieten der Massenkultur und Kunst schärfsten Angriffen von rechter Seite ausgesetzt waren. Heinrich August Winkler schreibt in seinem Buch „Der lange Weg nach Westen – Deutsche Geschichte von 1806 – 1933“ (Bonn 2002): „… weniger als je zuvor stimmten die politischen Trennlinien mit den gesellschaftlichen überein“ (ebd., S. 468). Es waren also nicht so sehr über ihre Stellung im Produktionsprozess zu definierende gesellschaftliche Gruppen als vielmehr Milieus und Geistesströmungen, die sich feindlich gegenüberstanden. Gleichwohl wiesen diese in sich selbst wiederum ein gewisses Spektrum auf. Es können drei einander feindlich gegenüberstehende gesellschaftliche Hauptströmungen betrachtet werden:

1. Ablehnung der Weimarer Republik von rechts:
Die unter dem Schlagwort der „konservativen Revolution" versammelten Nationalisten bis Nationalsozialisten waren dezidiert antiparlamentarisch, antiliberal, antimarxistisch, antisemitisch und monarchisch bzw. diktatorisch orientiert. Ihr Ziel war eine radikale Abkehr von der liberalen („englischen") Demokratie; an die Stelle des „zersetzenden Pluralismus" wollte man Autorität, an die Stelle der Gesellschaft wollte man das nationalistisch bis rassistisch definierte „Volk" stellen. Das Feindbild dieser Kreise war zum einen die Weimarer Republik, zum anderen und noch viel stärker aber vereinte sie die Ablehnung all dessen, was sie als „jüdisch-marxistisch" etikettierten. Winkler schreibt dazu: „Generell war die Judenfeindschaft in der Zeit der relativ ‚guten' Weimarer Jahre zwischen 1924 und 1929 nicht mehr ganz so breit gestreut und so intensiv wie im ersten Jahrfünft der Republik. [...] Wer jüdischen Geist mit zersetzender Intellektualität und dekadenter Großstadtzivilisation in Verbindung brachte, durfte rechts von der Mitte, ja selbst im Zentrum mit Zustimmung rechnen ... Antisemitismus war im Deutschland der Weimarer Republik alltäglich, und er galt in konservativen Kreisen als gesellschaftsfähig [...]" (ebd., S. 466).
Zu den Trägern dieser Ideologie gehörten die alten Eliten (Monarchisten, Adel, Militär), die Großbourgeoisie (1927 erzielte die deutsche Industrie die höchsten Gewinne in der Geschichte der Republik, vgl. ebd. 473), rechte Intellektuelle wie Carl Schmitt und Oswald Spengler sowie tendenziell das Kleinbürgertum und weite Kreise der Landbevölkerung.
2. Kritik bis Ablehnung der Weimarer Republik von links:
Winkler schreibt: „Da die Weimarer Gesellschaft aber vom Zustand der Gleichheit weit entfernt war, konnte die Republik die Linke nicht zufriedenstellen" (ebd., S. 466 f.). Kommunisten, linke Intellektuelle und zahlreiche Kulturschaffende besaßen keine innere Bindung an die bürgerliche Republik, in der die wichtigsten Machtpositionen noch von den alten Eliten besetzt waren oder wieder übernommen wurden (Hindenburg). Insbesondere griff man die reformistische SPD an, die sich einer sozialen Revolution verweigert hatte. Die Ablehnung von links wurde von Künstlern und Intellektuellen (Tucholsky, Brecht oder Arnold Zweig) sowie nicht unbeträchtlichen Teilen der Arbeiterklasse getragen, welche in sich gespalten war: „Beide Arbeiterparteien [SPD und KPD] benutzten teilweise noch dieselben marxistischen Begriffe, aber sie verstanden darunter höchst Unterschiedliches" (Winkler, S. 468).
3. Befürworter der Weimarer Republik:
Als Träger der Republik sind Liberale, SPD und Zentrum zu nennen, die sich auf loyale Teile der Beamtenschaft stützen konnten (1927 Anhebung der Beamtengehälter). Anstelle einer von links geforderten Änderung der Eigentumsverhältnisse wurde eine reformistische Befriedung der Gesellschaft versucht (z. B. 1927 Umwandlung der Erwerbslosenfürsorge in eine Arbeitslosenversicherung). Trotz der Schmähungen von konservativer Seite, die parlamentarische Demokratie wäre eine dem „deutschen Wesen" fremde Regierungsform, machte man der Rechten zahlreiche Zugeständnisse, wodurch manche gemäßigte Konservative zu „Vernunftrepublikanern" wurden.

d) Die Bezeichnung der Jahre 1923 bis 1929 als „Goldene Zwanziger" ist in wirtschaftlicher Hinsicht sicherlich zu einem großen Teil aus dem Kontrast zu den Zeiten davor (Inflation) und danach (Weltwirtschaftskrise) zu erklären. Im Vergleich zu den die „Goldenen Zwanziger" einrahmenden Zeitabschnitten ist die Bezeichnung sicher verklärend. Dasselbe gilt für das politische Gebiet, dessen zweifellos weiter vorhandene Spannungen jedoch nicht mehr in gewalttätige Auseinandersetzungen mündeten, die den inneren Frieden der Republik bedrohten. Verglichen mit den desaströsen, instabilen und gefährlichen Verhältnissen vor 1923 und nach 1929 mögen die relativ ruhigen Jahre von 1923 bis 1929 manchem „golden" erschienen sein, tatsächlich wäre auf den Gebieten Wirtschaft und Politik aber eher von „Normalität“ zu sprechen. Anders sieht es auf den Gebieten Kunst und Kultur aus: Im Hinblick auf die Vielfalt und Geschwindigkeit der hier zu verzeichnenden Entwicklungen kann man mit vollem Recht von einer „goldenen Zeit“ sprechen, die weit über ihre eigene Epoche hinausragt. Bedeutsam ist dabei, dass es sich bei dieser Explosion der Kreativität, die eine ganz neue, urbane Massenkultur erzeugte, um eine globale (westliche) Erscheinung handelte, die neben Berlin vor allem die Großstädte der USA sowie London und Paris betraf und auch als „Roaring Twenties“ („stürmische/tolle/wilde/brüllende Zwanziger“) bezeichnet wird.

2. Die veränderte Rolle der Frau

a) Der Anteil berufstätiger Frauen an der Gesamtzahl der Erwerbstätigen

	1. Erwerbstätige insgesamt	**2. erwerbstätige Frauen**	
		absolut	**in % von 1.**
1907	28.092.000	9.493.000	33,8
1925	32.009.000	11.478.000	35,8
1933	32.296.000	11.479.000	35,5

b) In den Zwanzigerjahren der Weimarer Republik erlangten Frauen durch das aktive und passive Wahlrecht eine gewisse politische Freiheit. Aufgrund der Kriegsverluste, aber auch aufgrund von neuen Strukturen der Arbeitswelt wie Großraumbüros nahm die Erwerbstätigkeit von Frauen zu, was diesen auch eine gewisse ökonomische Freiheit und Unabhängigkeit bescherte. Das Alltagsleben erfuhr durch eine Technisierung des Haushaltes (Kühlschrank, Waschautomaten, Staubsauger) Erleichterungen, die den Frauen in der von ihnen besorgten Haus- und Familienarbeit zugutekamen. In dem Maße, wie dies jedoch nur auf die bürgerlichen Mittelschichten zutraf, die sich derartige Dinge leisten konnten, waren die Veränderungen im Leben der Frauen gesamtgesellschaftlich gesehen eher begrenzt. Das Rollenmodell der wirtschaftlich und damit auch sozial unabhängigen Frau konnte nur von einer kleinen Schicht gelebt werden. Frauen blieben trotz staatsbürgerlicher Gleichheit und formaler ehelicher Gleichberechtigung vielfach benachteiligt: Jede zehnte erwerbstätige Frau war „als Hausgehilfin ohne soziale Sicherung und mit überlangen Arbeitszeiten“ tätig, „Hilfsarbeiterinnen und Facharbeiterinnen erhielten in der Industrie im Durchschnitt nur zwei Drittel der Männerlöhne.“ Mehr noch: „Da die geltenden Gesetze nur zum Teil an die Verfassung angepasst wurden [...] durften verheiratete Frauen wie schon im Kaiserreich nur mit Genehmigung des Ehemannes berufstätig sein. [...] Weibliche Erwerbstätigkeit galt allgemein als Übergangsstadium bis zur Ehe, in der dann Hausarbeit und Kindererziehung Sache der Frau waren“ (Weimarer Republik, in: Informationen zur politischen Bildung 261, bpb 2002, S. 37). Das von der Werbung propagierte neue Bild einer selbstbewussten und unabhängigen Frau wies allerdings über die tatsächlich weiter vorherrschende klassische Rollenverteilung hinaus, sodass mit ihm ein langsames gesellschaftliches Umdenken eingeleitet wurde.

3. Kunst und Kultur

a) „Metropolis“ (1926)

Das in den Zwanzigerjahren noch relativ junge Science-Fiction-Genre war erst wenige Jahre zuvor durch Autoren wie Jules Verne oder H.G. Wells populär geworden. Deren – oftmals illustrierte – literarische Werke, die sich mit möglichen Zukunftsversionen auseinandersetzten, beflügelten Fantasien und erzeugten auch Ängste. Der Film als neu aufsteigendes Medium hatte gleichwohl noch keine Erwartungshaltungen oder Sehgewohnheiten zu bedienen oder zu unterlaufen – was immer ein Science-Fiction-Film darstellte, es war dem Publikum optisch neu. Das Filmplakat greift wider Erwarten, aber in der damals üblichen Gestaltungsweise, auf eine grafische Darstellung zurück, anstatt eine fotografierte Filmszene zu präsentieren: Man sieht eine futuristische Stadtsilhouette aus Wolkenkratzern, die vom zeitgenössischen New York inspiriert sein könnte. Darunter ist der Kopf eines Maschinenwesens zu erkennen, ein der menschlichen Gestalt nachgebildeter Roboter. Das Plakat ist auf die Farben Braun und Gelb reduziert. Im Betrachter wird die Assoziation einer fremden, ästhetischen, technischen Welt erzeugt, wobei im Plakat offen bleibt, ob es sich um eine Utopie oder um eine Dystopie handelt.

„Der blaue Engel" (1930)

Das ebenfalls grafisch, aber Gemälde-Stil gestaltete Filmplakat zum „Blauen Engel" zeigt zwei Köpfe: unten links den eines älteren, würdevollen Mannes mit Bart und Brille, darüber oben rechts den Kopf einer jungen Frau. Das Frauengesicht ist deutlich heller, die Frau ist geschminkt, sie trägt einen zylinderartigen Hut mit blauer Krempe und lächelt verführerisch. Die auch in ihrem Halstuch wiederkehrende Farbe Blau lässt darauf schließen, dass sich der Filmtitel auf sie bezieht. Da das Plakat nur zwei Figuren präsentiert, wird der Filmbesucher erwartet haben, dass es sich um die Beschreibung einer Beziehung handelt. Der Mann könnte vom Alter her der Vater der jungen Frau sein, deren Blick und Aufmachung jedoch auf eine erotische Komponente der Geschichte hinweist.

b) „Metropolis"

Deutschland, 1927

Regie: Fritz Lang

210 Minuten (Premierenversion), s/w, Stummfilm

Darsteller: Brigitte Helm, Gustav Fröhlich, Alfred Abel, Rudolf Klein-Rogge, Heinrich George u. a.

Der Stadtstaat „Metropolis" ist zweigeteilt: Es gibt eine finstere Unterstadt, in der die Arbeitssklaven leben, und eine helle, luxuriöse Oberstadt der Reichen. Über allem herrscht der Industriemagnat Fredersen mithilfe einer großen Maschine. Fredersen hatte einen Sohn: Freder. Eines Tages taucht in den Gärten der Oberstadt Maria auf, die schöne Anführerin der Arbeitssklaven aus der Unterstadt, die die Unterdrückten zu einem Aufstand führen will. Freder verliebt sich in Maria, rebelliert gegen seinen Vater und flieht mit seiner Braut in die Unterstadt. Fredersen lässt daraufhin von seinem Wissenschaftler Rotwang einen Roboter mit dem Gesicht Marias bauen, der die revoltierenden Arbeiter in die Irre führen soll. Die Arbeiter stürmen die Maschinen, woraufhin es zu einer Überflutung der Unterstadt kommt. Die Arbeiter erkennen nun, dass sie einer falschen Maria gefolgt sind, und sie zerstören den Roboter. Freder tötet den gewissenlosen Rotwang. Am Ende erfolgt eine Versöhnung von Arbeitern und Oberschicht und Freder heiratet Maria.

Der Film kann auf vielfältige Weise als Metapher auf die moderne deutsche Gesellschaft gelesen werden, z. B. im Hinblick auf die Spaltung der Arbeiterklasse in eine „echte" Befreiungsbewegung (Maria) und eine falsche, die mit der Oberklasse im Bündnis ist und von jener gesteuert wird (Roboter-Maria). Einer allzu schlichten derartigen Interpretation als „KPD/USPD" und „SPD" steht jedoch das versöhnliche Ende entgegen. Dass der Film mit diesem und mit vielfältigen weiteren Bezügen (Urbanisierung, Technikfolgen, Wissenschaftsethik, Gerechtigkeit usw.) eminent politisch ist, ist seinem Plakat nicht zu entnehmen.

„Der blaue Engel"

Deutschland, 1930

Regie: Josef von Sternberg

Musik: Friedrich Hollaender
Darsteller: Emil Jannings, Marlene Dietrich, Kurt Gerron, Rosa Valetti, Hans Albers u. a.
107 Minuten, s/w, Tonfilm
„Der blaue Engel“ ist die Verfilmung des Romans „Professor Unrat“ von Heinrich Mann. Der Bildungsbürger Immanuel Rath ist Professor in einer deutschen Kleinstadt. Sein strenger Unterricht wird durch in der Klasse kursierende Fotos einer Nachtklubsängerin gestört, die im Lokal „Der blaue Engel“ auftritt. Ihr Künstlername ist Lola Lola. Unter dem Vorwand, seine Schüler zu beschützen, besucht Rath das Lokal. Er erliegt Lolas Charme, wobei er von seinen Schülern beobachtet wird. Dem Spott seiner Schüler ausgesetzt, fühlt er sich gemäß seinen bürgerlichen Moralvorstellungen verpflichtet, Lola einen Heiratsantrag zu machen. Sie akzeptiert. Als ihr Ehemann zieht Rath fortan mit der Künstlertruppe durch die Lande, wobei er seine bildungsbürgerliche Identität und seine Selbstachtung verliert und schließlich sogar als Clown auftritt. Als die Künstlertruppe einige Jahre später wieder im „Blauen Engel“ auftritt, betrügt Lola ihn hinter der Bühne mit einem Artisten, während Rath vorn auf der Bühne als Clown von seinen ehemaligen Schülern und Nachbarn gedemütigt wird. Als Rath seine Frau und ihren Liebhaber entdeckt, stürzt er sich auf sie, wird aber überwältigt. Er flieht aus der Schaustellertruppe, irrt umher, bricht in seine ehemalige Schule ein und stirbt hier am Lehrerpult.
Der Film kann als bitter-tragische Analyse der Doppelmoral und des Selbstbetruges des wilhelminischen Bildungsbürgertums verstanden werden. Auch hier sind die politischen Implikationen nicht am Plakat erkennbar.

c) Fritz Lang

5.12.1890 als Sohn des Architekten Anton Lang und dessen Frau Paula in Wien geboren.
ab 1907 Bauingenieurstudium an der Technischen Hochschule in Wien, Wechsel zum Malerei-Studium der an die Wiener Akademie der Grafischen Künste, Studium an der Kunstgewerbeschule München, Reisen, Parisaufenthalt, lernt französisches Kino kennen.
1914 Rückkehr nach Wien, Kriegsfreiwilliger im Ersten Weltkrieg, Kriegsverletzungen.
1918 Übersiedlung nach Berlin als Dramaturg.
1919 Regiedebüt mit Stummfilm „Halbblut“.
1921 Stummfilm „Der müde Tod“, Lang wird international bekannt.
1922 Hochzeit mit Thea von Harbou, die fortan Drehbücher für seine Filme schreibt, „Dr. Mabuse, der Spieler“.
1924 Stummfilm „Die Nibelungen“.
1927 Stummfilm „Metropolis“, Lang begründet das Genre des Science-Fiction-Films in Deutschland.
1928 Stummfilm „Spione“.
1929 „Die Frau im Mond“ als letzter Stummfilm.
1931 Tonfilm „M – Eine Stadt sucht einen Mörder“ (Realismus, Neue Sachlichkeit).
1933 Scheidung von Thea von Harbou, „Das Testament des Dr. Mabuse“ wird kurz vor der Uraufführung von den Nationalsozialisten verboten, ebenso „M – Mörder unter uns“ und „Die Frau im Mond“. „Die Nibelungen“ gehört hingegen zu den Lieblingsfilmen Hitlers. Als Goebbels Lang einen Posten als Reichs-Filmintendant anbietet, beschließt dieser noch am selben Tag, nach Paris zu gehen, da er seine künstlerische Arbeit unter dem NS-Regime nicht fortsetzen will.
1933/34 Lang dreht in Paris „Liliom“.
ab 1934 in Hollywood, wo er insgesamt 22 Filme produziert.
1935 Lang erhält die amerikanische Staatsbürgerschaft.

1936 „Fury“, Lang ist Mitbegründer der „Anti-Nazi League“.
1942/43 Lang arbeitet mit Bert Brecht am Anti-Nazi-Film „Auch Henker sterben“.
1952 Western „Engel der Gejagten“ mit Marlene Dietrich.
1956–1960 wieder in Deutschland, „Der Tiger von Eschnapur“, „Das indische Grabmal“ und „Die 1000 Augen des Dr. Mabuse“.
1960 Rückkehr in die USA, beginnende Erblindung.
1963 Bundesfilmpreis.
1966 Großes Bundesverdienstkreuz.
2.8.1976 Fritz Lang stirbt in Los Angeles.
(www.dhm.de/lemo/biografie/fritz-lang)

Josef von Sternberg

29.5.1894 Josef von Sternberg (eigentlich Jonas Sternberg) wird als zweiter Sohn des österreichischen Geschäftsmanns Moses Sternberg und dessen Frau Serafina in Wien geboren.
1901 Umzug der Familie nach Amerika.
1904 Rückkehr der Familie nach Wien.
1909 Sternberg geht wieder nach Amerika, Einbürgerung als amerikanischer Staatsbürger.
ab 1911 Arbeit für eine Filmreparaturwerkstatt.
ab 1914 Sternberg ist bei der World Film Corporation (WFC) in New Jersey angestellt.
1917 mit dem Eintritt der USA in den Ersten Weltkrieg wird er für zwei Jahre eingezogen und in Washington stationiert.
1923 Übersiedlung nach Hollywood, Regieassistenz beim Film „By Divine Right“, legt sich den Künstlernamen „von Sternberg“ zu.
1924 erste Regiearbeit nach eigenem Drehbuch: „The Salvation Hunters“, schlagartige Bekanntheit in Hollywood, Kontakte zu Charlie Chaplin.
1925 „The Salvation Hunters“ läuft erfolgreich, Vertrag mit Metro-Goldwyn-Mayer (MGM), hier Filme „The Exquisite Sinner“ und „The Masked Bride“, dann aber Beendigung der Zusammenarbeit.
1926 Hochzeit mit Riza Royce.
ab 1927 Arbeit für Paramount, „Underworld“ als einer der ersten Gangsterfilme.
1928 „The Last Command“ mit dem deutschen Charakterdarsteller Emil Jannings, „The Drag Net“ und „The Docks of New York“.
1929 „Thunderbolt“ als erster Tonfilm, danach Reise nach Deutschland, um hier auf Wunsch von Jannings für Universum-Film (Ufa) den ersten deutschen Tonfilm zu produzieren.
1930 Sternberg verfilmt unter dem Titel „Der blaue Engel“ in Zusammenarbeit mit Carl Zuckmayer den Roman „Professor Unrat“ von Heinrich Mann, die Hauptrolle besetzt er gegen den Widerstand des Produktionsteams mit der noch unbekannten Marlene Dietrich, die durch den Film Weltruhm erlangt, Scheidung von Riza Royce.
1931–1932 zurück in Hollywood, es entstehen in Zusammenarbeit mit Marlene Dietrich die Welterfolge „Marokko“ (1931), „Die Blonde Venus“ (1932) und „Shanghai Express“ (1932); als beiden ein Verhältnis nachgesagt wird, beendet Sternberg die Zusammenarbeit.
1933 Sternberg reist kurz vor der nationalsozialistischen Machtübernahme nach Berlin; da Alfred Hugenberg, der Finanzier des „Blauen Engels“, jedoch Hitler und dessen NSDAP unterstützt, reist Sternberg wieder ab.
1938 Sternberg bekommt von der österreichischen Regierung eine Stelle als Filmbeauftragter angeboten; er hofft, so das Land gegen das NS-Regime zu stärken, aber der „Anschluss“ verhindert dies. Sternberg erleidet einen gesundheitlichen Zusammenbruch.

1939 „Sergeant Madden“.
1941 „Shanghai Gesture“, gesundheitliche Probleme.
1943 im Auftrag des Office of War Information entsteht der Dokumentarfilm „The Town“.
1945 Hochzeit mit Jean Avette McBride.
1947 Sternberg lehrt am Cinema Department der Universität von Kalifornien, Scheidung von Jean Avette McBride.
1948 Umzug von Hollywood nach New York, Distanzierung vom bisherigen Werk als „unreife Versuche“, Hochzeit mit Meri Otis Wilner, ein Sohn.
1949 Sternberg lässt seine Kunstsammlung zur Finanzierung eines eigenen Films versteigern.
1952 Sternberg dreht in Japan „The Saga of Anathan“, welcher kein Erfolg wird.
1960 Sternberg begleitet Marlene Dietrich auf ihrer Tournee durch die Bundesrepublik, Aufnahme in die Akademie der Künste.
1963 Bundesfilmpreis, obwohl er nur einen Film in Deutschland gedreht hat.
22.12.1969 Sternberg stirbt in Hollywood an Herzversagen.
(www.dhm.de/lemo/biografie/josef-sternberg)

Marlene Dietrich

27.12.1901 Marie Magdalene Dietrich wird als zweite Tochter des Polizeileutnants Louis Dietrich und dessen Ehefrau Wilhelmine in Berlin-Schöneberg geboren. Sie erhält in der preußischen Offiziersfamilie eine standesgemäße Erziehung samt musikalischer Ausbildung.
1907 Tod des Vaters, der neue Gatte der Mutter Edouard von Losch fällt später im Ersten Weltkrieg.
1918–1921 Internat in Weimar, Ausbildung zur Konzertgeigerin.
1921/22 Studium an der Berliner Hochschule für Musik, nach einem Jahr Abbruch wegen Sehnenentzündung.
1922 Unter dem Namen Marlene Dietrich Vorsprechen an der Schauspielschule des Deutschen Theaters, erste Theaterrolle bei Max Reinhardt in „Der Widerspenstigen Zähmung“.
1923 Hochzeit mit Regieassistenten Rudolf Sieber, erste Filmrollen in „Der Mensch am Wege“ und „Tragödie der Liebe“.
1924 Geburt der Tochter Maria.
1930 Hauptrolle (Lola Lola) in „Der blaue Engel“ von Josef von Sternberg, internationaler Durchbruch, siebenjähriger Vertrag mit Paramount in den USA; Zusammenarbeit mit Sternberg bis 1935: ihre Rolle in „Morocco“ löst einen Skandal aus (sie tritt in Männerkleidung auf, ihr Hosenanzug wird von zahlreichen Frauen kopiert), „Shanghai Express“, „The Devil Is a Woman“.
1936 Goebbels bietet Dietrich 200 000 Reichsmark bei freier Wahl des Stoffes, des Produzenten und des Regisseurs an, wenn sie in Deutschland drehe; sie lehnt ab.
1936–1939 Dietrich dreht in den USA Filme unter der Regie von Ernst Lubitsch, Billy Wilder, Alfred Hitchcock und Orson Welles.
1937 letzter Besuch in Deutschland bis 1945, Ablehnung aller deutschen Filmangebote.
1939 US-amerikanische Staatsbürgerschaft.
1943/44 Auftritte vor amerikanischen Truppen in Nordafrika, Italien und Frankreich.
1945 nach Kriegsende Suche nach ihrer älteren Schwester Elisabeth, die im KZ Bergen-Belsen die Kantine für die Wachmannschaften geleitet hat.
1947–1950 Medal of Freedom (höchster Orden des amerikanischen Kriegsministeriums).
1950–1975 weltweiter Showstar.
1960 Europatournee, in Deutschland bewundert, aber auch wegen „Landesverrats“ geschmäht.
1961 letzte große Rolle in „Judgement at Nuremberg“.

ab 1976 zurückgezogen in Paris.
1978 letzter Filmauftritt in „Schöner Gigolo, armer Gigolo“.
1983 Filmporträt „Marlene“ von Maximilian Schell.
1987 Memoiren: „Ich bin, Gott sei Dank, Berlinerin“.
6.5.1992 Marlene Dietrich stirbt in Paris und wird in Berlin-Friedenau beigesetzt.
(www.dhm.de/lemo/biografie/marlene-dietrich)

Emil Jannings

23.7.1884 Emil Jannings wird als Theodor Friedrich Emil Janez in Rorschach am Bodensee (Schweiz) geboren, Vater ist der amerikanische Kaufmann Emil Janez, die Mutter ist Deutsche; er wächst als deutscher Staatsbürger in der Schweiz, in Leipzig und in Görlitz auf.
1900 Jannings verlässt vorzeitig die Schule, um als Schiffsjunge anzuheuern.
1901 Volontär am Stadttheater Görlitz.
ab 1901 unter dem Pseudonym Baumann Rollen an verschiedenen Theatern, u. a. in Nürnberg, Leipzig und Königsberg.
1914 Engagement am Deutschen Künstlertheater in Berlin, erste kleinere Filmrollen.
1915 Vertrag am Deutschen Theater, unter Max Reinhardt Profilierung als Charakterdarsteller.
1916 filmische Zusammenarbeit mit Ernst Lubitsch.
1918 großer Bühnenerfolg am Schauspielhaus in Berlin in Kleists „Zerbrochenem Krug“; filmischer Durchbruch in Deutschland und in den USA mit Lubitschs Historienfilm „Madame Dubarry“.
ab 1920 bedeutendster Filmschauspieler der Weimarer Republik, u. a. „Die Brüder Karamasoff“ (1920), „Anna Boleyn“ (1920), „Danton“ (1921), „Quo Vadis“ (1923).
1926 Mephisto in Murnaus „Faust“; Angebote aus den USA, Übersiedlung nach Hollywood.
1926 – 1929 als international anerkannter Star in den USA.
1929 Oscar (im ersten Jahr der Oscar-Verleihung) als bester Hauptdarsteller für „The Way of All Flesh“ (1927) und Josef von Sternbergs „The Last Command“; aufgrund der Umstellung von Stumm- auf Tonfilm Rückkehr nach Europa; Hauskauf in Ströbl am Wolfgangsee (Österreich).
1930 erster Tonfilm „Der blaue Engel“ – Jannings als Professor Rath an der Seite von Marlene Dietrich.
ab 1930 Vertrag mit Universum (Ufa) macht Jannings zum bestbezahlten deutschen Filmschauspieler.
ab 1933 nach der Machtübernahme stellt Jannings seine Kunst in den Dienst des NS-Regimes und bekennt sich öffentlich zur NS-Ideologie; verkörpert fortan in zahlreichen Filmen den von der NS-Propaganda idealisierten „Herrenmenschen“.
1937 Hauptrolle in der Kleist-Verfilmung „Der zerbrochene Krug“.
1938 Jannings übernimmt Leitung der Tobis-Filmgesellschaft; Goebbels verleiht ihm den „Adlerschild“, eine der höchsten kulturellen Auszeichnungen des NS-Regimes.
1939 Jannings übernimmt Hauptrolle in „Robert Koch, der Bekämpfer des Todes“.
1941 anti-englischer Propagandafilm „Ohm Krüger“; Verleihung des Titels „Staatsschauspieler“.
1941 – 1945 Historienfilm „Die Entlassung“ (1942), Filmkomödien „Altes Herz wird wieder jung“ (1943) und „Wo ist Herr Belling?“ (1945).
1945 die Alliierten verhängen nach der Kapitulation ein lebenslanges Berufsverbot; Jannings konvertiert vom Protestantismus zum Katholizismus.
2.1.1950 Emil Jannings stirbt im österreichischen Strobl.
(www.dhm.de/lemo/biografie/emil-jannings)

d) Der in der Weimarer Republik auf nahezu allen Gebieten der Kunst einsetzende kreative Aufschwung bedeutete zweifellos eine Erweiterung des Horizontes des Publikums, gleichwohl, ob es die jeweiligen künstlerischen Ausdrucksformen schätzte oder ablehnte. Nach der muffigen Enge des Wilhelminismus sorgte die neue Kunst für einen frischen Wind vielfältiger Emanzipationen ästhetischer, politischer, gesellschaftlicher und auch sexueller Art. Der kulturelle Aufschwung fand internationale Anerkennung und trug dazu bei, Toleranz und Weltoffenheit in die deutsche Gesellschaft zu tragen. Allerdings darf die Wirkung der Kunst auf die Gesellschaft auch nicht überschätzt werden. Vieles Neue stieß rasch auf erbitterte Feindschaft (vgl. z. B. die Bauhaus-Kontroversen), anderes verblieb in kleinen intellektuellen Kreisen. Von der Massenwirkung des Films einmal abgesehen, handelte es sich bei der kulturellen Blüte der Goldenen Zwanzigerjahre zudem um ein ausschließliches Metropolenphänomen, das seine Relevanz zum allergrößten Teil aus der Hauptstadt Berlin bezog und auch hier verblieb.
„Politik und Kunst entwickelten sich quasi parallel: Der krisenreiche Übergang vom Kaiserreich zur Republik 1918/19 bis 1923 war die Zeit des zu Ende gehenden Expressionismus. Im selben Maße, wie sich der Staat von Weimar zwischen 1924 und 1929 stabilisierte und ein Teil seiner Gegner zu ‚Vernunftrepublikanern' wurde, breitete sich die Neue Sachlichkeit aus. Schließlich fand ab 1930 die politische Polarisierung und die immer autoritäreren Regierungsformen ihre Entsprechung in proletarisch-revolutionären, vor allem aber in nationalistischen bis hin zu nationalsozialistischen Inhalten und Formen der Kunst. […] Die politischen Auseinandersetzungen wurden also auch mit den Mitteln der Kunst ausgetragen" (Weimarer Republik, in: Informationen zur politischen Bildung 261, bpb 2002, S. 44).

Die Weltwirtschaftskrise

Lösungen der Aufgaben auf Seite 43

1. Die Weltwirtschaftskrise
   a) Lösung mit Zusatzinformationen:
   Die Weltwirtschaftskrise von 1929 nahm ihren Ausgang in den USA. Hier hatte es infolge des Ersten Weltkrieges einen rasanten Wirtschaftsaufschwung mit großen Aktienemissionen gegeben. Neben den Wirtschaftsunternehmen legten auch zahllose Kleinanleger ihr Geld in Aktien an, beteiligten sich an Börsenspekulationen oder nahmen Kredite auf. Die Warenproduktion stieg unaufhörlich an, der Absatz aber nicht in demselben Maße. Stattdessen entstand ein wahres Spekulationsfieber, das die Aktienkurse rasant in die Höhe schnellen ließ (Verdreifachung von 1925 bis 1929). Es bildete sich eine enorme Spekulationsblase auf dem Aktienmarkt. Nachdem der Konjunkturabschwung eingesetzt hatte, blieben weitere Kursgewinne aus. Mit der Nachfrage nach Wertpapieren ging ab dem 14. Oktober 1929 ein stetiger Rückgang der Aktienkurse einher. Innerhalb weniger Tage führte dies zu einer Panik der Anleger. Am 24. Oktober erfolgte der große Kurseinbruch: „Die führenden New Yorker Banken versuchten, einem Zusammenbruch der Märkte durch Stützungskäufe und durch die Übernahme von aufgekündigten Krediten entgegenzuwirken. Da diese Maßnahmen erfolglos blieben, setzten sich in der nächsten Woche die panischen Verkäufe fort und führten zum weiteren Kursverfall. Innerhalb einer Woche verlor der Dow-Jones-Index über 50 Prozent seines Wertes. Weltweit war man bemüht,

sein Geld von der Wall Street abzuziehen. Die amerikanische Zentralbank (Fed) pumpte kein zusätzliches Geld in den Kapitalmarkt, um die Liquidität des Marktes aufrecht zu erhalten. Dieses passive Verhalten gilt als eine der Hauptursachen, dass sich der Crash an der New Yorker Börse zur Großen Depression in den USA ausweitete: Vom Kleinanleger bis zum Großinvestor verloren Millionen US-Amerikaner ihr Geld" (www.dhm.de/lemo/rueckblick/lemo-rueckblick-der-boersenkrach-von-1929.html).
Aufgrund der weltweiten finanziellen Verflechtungen erfasste die amerikanische Rezession alle Industriestaaten. Für Deutschland bedeutete der „Schwarze Freitag" eine enorme Beschleunigung des ohnehin seit 1928 bestehenden wirtschaftlichen Abschwunges. Deutschland als größte europäische Volkswirtschaft war durch die enge Verflechtung mit der US-Wirtschaft besonders betroffen: Der Dawes-Plan hatte die deutschen Reparationszahlungen begrenzt und einen internationalen Kapitalverkehr begünstigt. Amerikanische Banken hatten nach 1924 bedeutende Summen in die deutsche Wirtschaft investiert; Deutschland galt als „Kolonie der New Yorker Börse". Nach dem New Yorker Börsenkrach wurden die Kredite aus Deutschland abgezogen. Die deutschen Banken besaßen aber zu wenig Eigenkapital, um die dadurch fehlenden Kredite und Investitionen zu übernehmen. Als Folge davon kam es zu Massenentlassungen und drastischen Lohnkürzungen in Deutschland. Die resultierende mangelnde Nachfrage führte zu einem Preisverfall; die sich selbst verstärkende Abwärtsspirale war nicht mehr aufzuhalten.

b) Die Stabilität der wirtschaftlichen Lage in Deutschland vor 1929 war nicht substanziell, sondern nur relativ. Dies lag zum einen daran, dass die Wirtschaft zu einem bedeutenden Teil von amerikanischen Investitionen angetrieben wurde und von diesen folglich auch abhängig war. Selbst die deutschen Kommunen verfuhren in ihren Investitionen auf diese Weise, indem sie nämlich ausländische Kredite zweckentfremdeten. Zum anderen hatten es auch die Goldenen Zwanzigerjahre nicht geschafft, einen sich selbst tragenden Aufschwung zu generieren, der wesentlich einer starken Inlandskaufkraft bedurft hätte. Diese war nicht gegeben. Zum Dritten lasteten auch immer noch die Sanktionen des Versailler Vertrages auf der deutschen Wirtschaft.

c) Zwischen 1928 und 1930 verdoppelte sich die Arbeitslosigkeit, besonders betroffen waren die Arbeiter von Baugewerbe und Schwerindustrie sowie Angestellte. Langzeitarbeitslosigkeit führte zur schrittweisen Verelendung großer Bevölkerungsteile. Die Selbstmordrate stieg aufgrund der ausweglos erscheinenden wirtschaftlichen Lage sprunghaft an (M6a, b). Arbeitslosigkeit breitete sich sowohl in der Stadt als auch auf dem Land aus. Zwangsräumungen führten zu Obdachlosigkeit; zahllose entwurzelte Familien zogen im Land umher (M5, M6a). Schließlich löste sich der innere Zusammenhalt der Gesellschaft mehr und mehr auf; Unsicherheit, Kriminalität und politischer Extremismus nahmen zu.

2. Massenarbeitslosigkeit – Eine Darstellung auswerten
   a) Sechs Stufen eines exemplarischen Abstieges („Negativkarriere")
      1. Arbeitsplatzverlust
      2. unter bestimmten Voraussetzungen bis zu 26 Wochen Anspruch auf Arbeitslosenunterstützung als Versicherungsleistung (1927 eingeführt und auf 1,4 Mio. Arbeitslose gerechnet – für die über 6 Mio. Arbeitslosen der Weltwirtschaftskrise aber nicht ausreichend; auf dem Höhepunkt der Krise erhielt kaum ein Arbeitsloser mehr Arbeitslosenunterstützung)
      3. danach unter bestimmten Voraussetzungen befristete Krisenunterstützung
      4. angewiesen auf Wohlfahrt/Mildtätigkeit/Suppenküchen etc.
      5. Verlust der Wohnung aufgrund Mietrückständen, Obdachlosigkeit
      6. Elend, Hunger, Krankheit, nicht selten auch Abgleiten in Kriminalität oder gar Selbstmord

b) Der Verlust des Arbeitsplatzes führt zum Verlust des Einkommens; daraus resultiert ein schnell fortschreitender Rückgang der finanziellen Mittel (Arbeitslosenunterstützung – Krisenhilfe – Wohlfahrt) mit Folgen, die einen Teufelskreis darstellen:
   - Wohnungslosigkeit aufgrund von Mietrückständen, Obdachlosigkeit
   - Mangelernährung
   - Statusverlust/gesellschaftliche Deklassierung aufgrund des „Angewiesenseins" auf Mildtätigkeit
   - Entwürdigung/Demütigung durch die Bürokratie
   - gesundheitliche Unterversorgung, Krankheit
   - Zerfall der Familien, Alkoholismus
   - psychische Probleme, Antriebs- und Hoffnungslosigkeit, Depression, Selbstmord.

Lösungen der Aufgaben auf Seite 45
Methode: Umgang mit Statistiken

1. Thema der Statistiken
   a) M1: „Die Arbeitslosen im Deutschen Reich bei den Arbeitsämtern"
   Die Statistik stellt nur die offiziell bei den Arbeitsämtern gemeldeten Arbeitslosen dar. Sie umfasst ausdrücklich das Gebiet des Deutschen Reiches und stammt aus einer amtlichen nationalsozialistischen Veröffentlichung. Eine zeitliche Eingrenzung wird im Titel nicht vorgenommen.
   M2: „Arbeitslosigkeit 1919–1933"
   Die Statistik stellt das Faktum „Arbeitslosigkeit" für die Jahre 1919 bis 1933 (im Deutschen Reich) dar. Es bleibt offen, ob sie sich auf die offiziell gemeldeten Arbeitslosen beschränkt oder ob sie auch die „verdeckte" und „versteckte" Arbeitslosigkeit sowie die sogenannte „stille Reserve" (z. B. in Kündigung oder in staatlichen Maßnahmen befindliche Personen, Krankheit, geringfügige oder nicht entlohnte Tätigkeit, Unterbeschäftigung etc.) beinhaltet. Eine geografische bzw. regionale Eingrenzung wird im Titel nicht vorgenommen.
   b) M1: Zeitraum April 1929 bis März 1933 (vier Jahre).
   M2: Zeitraum 1919 bis 1933 (15 Jahre). Es bleibt offen, zu welchem Stichtag im Jahr die Daten jeweils erhoben wurden; wahrscheinlich handelt es sich um (saisonbereinigte) Jahresmittelwerte.
   c) Aufgrund des bedeutend größeren zeitlichen Umfanges der zweiten Statistik kommt M2 auch ein deutlich höherer Aussagewert zu. Es ist allerdings davon auszugehen, dass es sich auch bei M2 nur um die Zahl der offiziell registrierten Arbeitslosen handelt. Die Gegenüberstellung der „abhängigen Erwerbspersonen" lässt zudem Rückschlüsse auf die gesamtgesellschaftliche Entwicklung zu, die bei M1 nicht gegeben sind.
   Da es sich bei M1 um eine NS-Statistik handelt, ist überdies die Möglichkeit manipulierter Daten nicht auszuschließen.

2. Darstellung der Statistiken
   a) *x-Achse:* Zeitachse in Monatseinteilung, beginnend mit April 1929, endend März 1933
   y-Achse: Anzahl der bei den Arbeitsämtern registrierten Arbeitslosen in Mio.
   b) Die Wellenbewegung der oberen Kurven beruht auf der sogenannten saisonbedingten Arbeitsmarktlage: In den warmen Monaten Mai bis September sinkt die Arbeitslosigkeit aufgrund der zunehmenden Beschäftigung in witterungsabhängigen Branchen, insbesondere Bauwirtschaft und Landwirtschaft. Hier sind Saisonkräfte tätig, die in den kälteren Monaten des Jahres ar-

beitslos gemeldet sind. Jährlich unterschiedliche Wetterbedingungen (z.B. früher Wintereinbruch) sorgen zwar für gewisse Verschiebungen, ändern aber nichts an dem generellen Phänomen.

Dass sich die Kurve „insgesamt" fast deckungsgleich wie die Kurve „männlich" bewegt, liegt an der bedeutend größeren Anzahl männlicher Arbeitnehmer. Die Kurve „weiblich" weist – bei generell niedrigerer Arbeitslosenzahl entsprechend der deutlich niedrigeren Anzahl weiblicher Beschäftigter – nur geringe jahreszeitliche Schwankungen auf. Dies deutet darauf hin, dass Frauen nur in geringem Umfang in saisonabhängigen Arbeitsverhältnissen beschäftigt waren.

c) abhängige Erwerbsperson: Arbeitnehmer, Lohn-/Gehaltsempfänger in privatem oder zivilem öffentlichem Arbeits- bzw. Anstellungsverhältnis (im Unterschied zur Selbstständigkeit) sowie arbeitssuchende Arbeitslose.

„Die Bevölkerung setzt sich aus den beiden großen Gruppen der Erwerbspersonen und der Nicht-Erwerbspersonen zusammen. Zu den Nicht-Erwerbspersonen gehören Junge und Alte sowie Leute in Ausbildung und Studium. Zu den Erwerbspersonen gehören Menschen im erwerbsfähigen Alter (16 bis 67), die eine Erwerbstätigkeit ausüben oder suchen (also Erwerbstätige *und* Arbeitslose). Nicht dazu gehören Personen dieser Altersgruppe, die sich in Ausbildung/Studium befinden oder nicht auf Erwerbstätigkeit orientiert sind (z.B. Hausfrauen, erwerbsunfähig Erkrankte usw.)." (Gerhard Wilke, pocket Wirtschaft – Ökonomische Grundbegriffe, bpb, Bonn 2006, S. 42)

d) Um die in den Statistiken ausgedrückte Höhe der Arbeitslosigkeit zu beurteilen, sind unterschiedliche Bezugskriterien möglich. So kann man in der chronologischen Betrachtung das starke, zwischen1922 und 1923, 1925 und 1926 und 1929 bis 1932 sogar sprunghafte Anwachsen der Arbeitslosenzahlen nachverfolgen. Eine andere Beurteilungsperspektive stellt das Verhältnis zwischen Beschäftigten und Arbeitslosen dar. Hier zeigen sich erhebliche Unterschiede, z.B. zwischen 1922 und 1932. Eine dritte Beurteilungsperspektive wäre gegeben, wenn man die absoluten Arbeitslosenzahlen zur Gesamtbevölkerung von etwa 62 Mio. ins Verhältnis setzen würde. Lägen zudem Zahlen über Einkommensbezieher ohne Erwerbsarbeit (Bezieher von Aktien- und Zinseinkünften, Renten, Pensionen etc.) vor, so könnte darüber hinaus ermittelt werden, wie viele von ihm abhängige Personen ein Arbeitnehmer jeweils ernähren musste.

e) *Berechnung:* Arbeitslosenquote = Arbeitslose x 100 / Arbeitskräfteangebot

	Abhängige Erwerbspersonen = Arbeitskräfteangebot (in 1.000)	**davon arbeitslos**	
		absolut (in 1.000)	**in % (=Arbeitslosenquote)**
1919	16.950	–	0
1920	18.367	–	0
1921	19.126	346	1,8
1922	20.184	215	1,07
1923	20.000	818	4,09
1924	19.122	927	4,85
1925	20.176	682	3,38
1926	20.287	2.025	9,98
1927	21.207	1.312	6,19
1928	21.995	1.391	6,32
1929	22.418	1.899	8,87
1930	21.916	3.076	14,04

1931	20.616	4.520	21,92
1932	18.711	5.603	29,95
1933	18.540	4.804	25,91

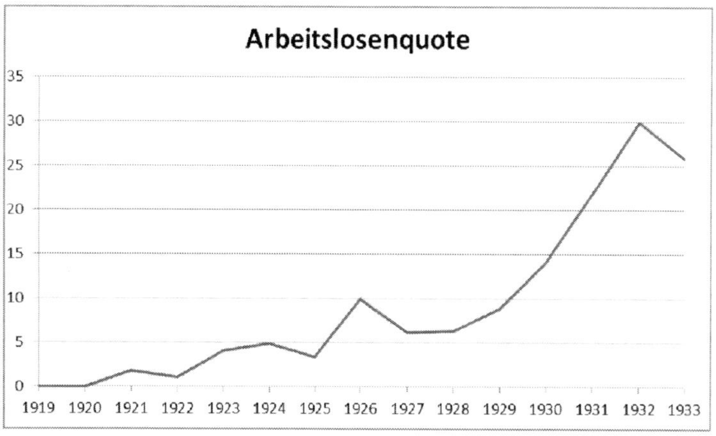

f) Indexzahlen, Indexziffern (Statistik): Verhältniszahlen, die relative Veränderungen beziehungsweise relative Unterschiede zusammengesetzter Größen angeben. [...] Meist werden mehrere gleichartige Zeitreihen zu einer Indexreihe zusammengefasst, wobei das Jahr, das den Ausgangswert (= 100) einer solchen Reihe liefert, als Basisjahr bezeichnet wird. (Bibliographisches Institut & F. A. Brockhaus AG, 2007)

g) 1928 war das Jahr des Beginns der Weltwirtschaftskrise. Um deren Entwicklung zu beurteilen, wurden die Werte von 1928 als Vergleichswerte auf 100 gesetzt. Die Darstellung kann auf diese Weise einen raschen Überblick über durch die Weltwirtschaftskrise ausgelöste Steigerungen (> 100) oder Absenkungen (< 100) vermitteln. Die Konvention, den Bezugs-/Vergleichspunkt auf „100" zu setzen, ermöglicht eine Betrachtung in beide Richtungen.

h) (Allgemein: Wirtschaftsgüter sind sowohl Waren als auch Dienstleistungen. Ein und dasselbe Gut kann je nach Verwendung bzw. Betrachtungsperspektive als Konsumgut oder als Produktionsgut bezeichnet werden.)

Produktion und Beschäftigung – materielle/quantitative Perspektive

- *Produktionsgüter:* im Produktionsprozess zur Weiterverarbeitung benötigte Güter und Halbwaren (z.B. Schrauben), die selbst kein Endprodukt sind, aber materiell in ein Endprodukt einfließen.
- *Investitionsgüter:* im Produktionsprozess zur Produktion benötigte Güter von langer Lebensdauer (z.B. Maschinen), die zur Herstellung eines Endproduktes notwendig sind, aber nicht selbst materiell in das Endprodukt einfließen.
- *Verbrauchsgüter:* Rohstoffe, die im Produktionsprozess materiell in andere Güter eingehen bzw. in qualitativ andere Substanzen übergehen (z.B. Grundstoffe wie Holz, Schmierstoffe, Wasser).
- *Beschäftigte:* in Beschäftigung befindliche und entlohnte Arbeitnehmer.
- *Preise und Löhne – finanzielle Perspektive*
- *Produktionsgüter:* siehe oben, hier betrachteter Aspekt: Preisentwicklung.
- *Konsumgüter:* Endprodukte des Produktionsprozesses, die zur (unmittelbaren) Bedürfnisbefriedigung des Endverbrauchers dienen.
- *Lebenshaltung:* Aufwendungen des täglichen Bedarfs der Lebensführung des Steuerpflichtigen und seiner Familienangehörigen, die zur Teilhabe am gesellschaftlichen Leben notwen-

dig sind (z.B. für Wohnen, Kleidung, Ernährung, Krankenvorsorge, Bildung, Kultur – heute auch als „Warenkorb" bezeichnet).

- *Reallohn:* Lohn, der der tatsächlichen Kaufkraft entspricht. Ermittelt unter Berücksichtigung des jeweils aktuellen Preisniveaus bzw. der Inflation.

i) Jahr der niedrigsten (Real-)Löhne: 1932 (vgl. viii)
Jahr der geringsten Produktion von Produktionsgütern: 1932 (vgl. i)
Jahr der wenigsten Beschäftigten: 1932 (vgl. iv)
Jahr der geringsten Produktion von Konsumgütern: anhand der Tabelle nicht direkt zu ermitteln. Aus der Tatsache, dass die Konsumgüterpreise 1933 am niedrigsten waren (vgl. vi), kann nicht direkt auf die produzierte Menge an Konsumgütern geschlossen werden.

3. Informationsgehalt der Statistiken

a) Die Statistiken geben Auskunft über den Verlauf der Weltwirtschaftskrise, wobei sich M1 und M2 ausdrücklich bzw. offenkundig auf Deutschland beziehen. Ob M3 sich ebenfalls auf Deutschland oder aber auf die weltweiten Krisenauswirkungen bezieht, ist nicht ersichtlich.
Alle drei Quellen zeigen, dass der Krisenhöhepunkt im Jahr 1932 erreicht war: M1 zeigt die höchsten (absoluten) Arbeitslosenzahlen im Jahr 1932. M2 weist für das Jahr 1932 sowohl die höchste absolute Arbeitslosenzahl als auch – durch Einbeziehung der abhängigen Erwerbspersonen – die höchste Arbeitslosenquote aus. Die Tabelle M3 schließlich zeigt für die Indikatoren Produktion (i–iv) und Reallohn (viii) den tiefsten Punkt im Jahr 1932.

b) Vergleich der Darstellungen M1, M2 und M3

	Gegenstand	**Detailtiefe**	**betrachteter Zeitraum insgesamt**	**Anzahl der Einzelwerte innerhalb des Zeitraumes**
M1	Arbeitslosigkeit in Deutschland	– männlich – weiblich – insgesamt	4 Jahre: April 1929 bis März 1933	48 (x3) Monatswerte = 144
M2	Arbeitslosigkeit (in Deutschland)	– abhängige Erwerbspersonen (Arbeitskräfteangebot) - (daraus folgend) Arbeitslosenquote	15 Jahre: 1919 bis 1933	15 (x2) Jahreswerte = 30
M3	Verlauf der Weltwirtschaftskrise (in Deutschland? global?)	Daten zu Produktion und Beschäftigung: – Produktionsgüter – Investitionsgüter – Verbrauchsgüter – Beschäftigte Daten zu Preisen und Löhnen: – Produktionsgüter – Konsumgüter – Lebenshaltung – Reallohn	7 Jahre: 1928 (= 100) bis 1934	7 (x8) Jahreswerte = 56

Eine generelle Aussage, welche der drei Statistiken am aussagekräftigsten ist, kann nicht getroffen werden – es kommt hier immer auf das Erkenntnisinteresse an. Unter dem Gesichtspunkt

einer möglichst umfassenden Information über die Weltwirtschaftskrise ist sicher M3 am informativsten, da hier zahlreiche wirtschaftliche Kennziffern dargestellt werden.
Im Hinblick auf die Arbeitslosigkeit in Deutschland infolge der Weltwirtschaftskrise ist M2 der Darstellung M1 überlegen, da hier ein längerer Zeitraum betrachtet und der Untersuchungsgegenstand in den Kontext der Anzahl der Erwerbspersonen gestellt wird. Damit kommt den Zahlen eine deutlich größere Aussagekraft zu als den „nackten" Werten in M1. Die große Anzahl der im Diagramm M1 ablesbaren Einzelwerte (48x3) beinhaltet auch die für den Charakter der Krise wenig aussagekräftigen jahreszeitlichen Schwankungen, welche auch in Konjunkturzeiten existieren. Zum anderen sind diese Werte nur als Näherungen ablesbar.

Der Aufstieg der NSDAP

Lösungen der Aufgaben auf Seite 49

1. Das Selbstverständnis der NSDAP
   a) Im Herbst 1919 stieß Adolf Hitler zu der am 5.1.1919 in München gegründeten antisemitisch-völkischen Splittergruppe „DAP – Deutsche Arbeiterpartei" und richtete sie innerhalb kürzester Zeit auf seine Person hin aus. Am 24.2.1920 erfolgte die Umbenennung in „NSDAP – Nationalsozialistische Deutsche Arbeiterpartei". Zu den einzelnen Bestandteilen dieses Namens:
   i) „national" – Die NSDAP war nicht national, sondern nationalistisch.
   vgl. Duden – Das Fremdwörterbuch, Mannheim 2005:
   national: zur Nation gehörend, sie betreffend, vaterländisch
   versus
   nationalistisch/Nationalismus: starkes, meist intolerantes, übersteigertes Nationalbewusstsein, das Macht u. Größe der eigenen Nation als höchsten Wert erachtet.
   ii) „sozialistisch" – Die NSDAP war keine sozialistische (linke) Organisation, sondern eine der kapitalistischen Produktionsweise verpflichtete Partei der extremsten Rechten.
   Die NSDAP besaß einflussreiche und finanzstarke Gönner in Industrie und Kapital. Die Partei strebte – entgegen mancher populistischen Bekundung – weder eine Sozialisierung der Produktionsmittel noch eine Bodenreform an; sie erklärte den Sozialismus (als „jüdischen Bolschewismus") sogar zu ihrem Hauptfeind. Auch hinsichtlich des dem Sozialismus integral zugehörigen Internationalismus verstand sich die nationalistische NSDAP explizit als antisozialistisch/antibolschewistisch. Schließlich leugnete die NSDAP alle (der sozialistischen Theorie zugrunde liegenden) Klassengegensätze, indem sie diese durch „Rassengegensätze" und das Ideologem der „Volksgemeinschaft" zu verschleiern suchte. Ihr rechter Antikapitalismus war eine rein demagogische Floskel: Die NSDAP erfreute sich „bester Verbindungen zu rechten Kreisen aus Reichswehr, Politik und Wirtschaft. [... Hitler] erreichte am 26. Februar 1925 die Neugründung der NSDAP. Auf der ‚Bamberger Führertagung' ein Jahr später gelang es ihm, die Verankerung antikapitalistischer Forderungen nach einem ‚nationalen Sozialismus' und Verstaatlichung der Wirtschaft, wie es vor allem die Brüder Gregor und Otto Strasser sowie anfänglich auch Joseph Goebbels forderten, im Parteiprogramm zu unterbinden und seine parteiinterne Machtstellung endgültig zu manifestieren."
   (www.dhm.de/lemo/kapitel/weimarer-republik/innenpolitik/nsdap.html)

iii) „deutsch“ – Die NSDAP definierte das „Deutsche“ nicht staatsbürgerlich, sondern rassistisch/biologistisch, also irrational und mythisch.
iv) „Arbeiterpartei“ – Die NSDAP war keine Arbeiterpartei wie SPD, KPD oder USPD. Ihr hauptsächliches Wählerpotenzial rekrutierte sie im Kleinbürgertum, unter Angestellten und Beamten sowie auf dem Land. Hinsichtlich ihrer Mitgliederstruktur besaß sie ein ausgewogenes Verhältnis, das die meisten Klassen und Schichten der Bevölkerung repräsentierte:
„Als neuartige und sich modern darstellende ‚Volkspartei‘ warb sie in allen sozialen Schichten erfolgreich um Mitglieder und Wähler.“
(www.dhm.de/lemo/kapitel/weimarer-republik/innenpolitik/nsdap/)
„Auf dem Land sah die Lage allerdings anders aus. In Franken und Oberbayern lagen die Stimmanteile deutlich über dem Durchschnitt, aber auch in den ländlichen Regionen Norddeutschlands, wo sie bislang kaum aktiv gewesen war, hatten deutlich mehr Wählerinnen und Wähler als im Reichsdurchschnitt der NSDAP ihre Stimme gegeben. Die Parteiführung zog daraus den folgerichtigen Schluss und verlagerte das Schwergewicht der Propaganda auf die ländlichen Gebiete und kleineren Städte, um die Bauern und den Mittelstand zu gewinnen.“ (Informationen zur politischen Bildung 314, bpb 1/2012)
FAZIT: Der Parteiname stellte eine „Mogelpackung“ dar, die hauptsächlich zur Wahlwerbung unter der Arbeiterschaft dienen sollte.

b) Goebbels, 30.4.1928: „Wir gehen in den Reichstag hinein, um uns im Waffenarsenal der Demokratie mit deren eigenen Waffen zu versorgen [...] Wir kommen als Feinde! Wie der Wolf in die Schafherde einbricht, so kommen wir.“
Nach dem gescheiterten Putschversuch von 1923 nutzte Hitler die Festungshaft in Landsberg unter anderem auch dazu, die politische Taktik der NSDAP zu erneuern. Die Einschüchterung politischer Gegner und der Straßenterror des Schlägertrupps „SA“ wurden fortan durch eine „legale“ Strategie ergänzt: Unter formaler Einhaltung der „Spielregeln“ der Demokratie sollten nun auch alle demokratischen Mittel genutzt werden, diese Demokratie von innen heraus zu zerstören. Aggressive Propaganda und straffe Organisation verschafften der NSDAP Wahlerfolge, die wiederum Synergie- und Werbeeffekte mit sich brachten, welche selbstverstärkend wirkten (z. B. öffentlichkeitswirksame Parlamentsreden und -aktionen, Wahlkampf). Die einsetzende Weltwirtschaftskrise spielte dieser Strategie ebenso in die Hände wie die fatale Regierungspolitik: „Begleitet vom Straßenterror der SA avancierte die NSDAP nach 1930 zu einem Auffangbecken für alle Gegner der nicht vom Volk durch Wahlen legitimierten Präsidialkabinette.“ (www.dhm.de/lemo/kapitel/weimarer-republik/innenpolitik/nsdap/)
Rückblickend muss festgestellt werden, dass die im obigen Zitat ausgedrückte Strategie von der NSDAP erfolgreich umgesetzt worden ist: Die Nazis nutzten geschickt die legalen Möglichkeiten der Demokratie und insbesondere auch die Schwachstellen der Weimarer Verfassung aus, um als erklärte Demokratiefeinde in demokratischen Wahlen Erfolge zu erzielen und die Demokratie schließlich abzuschaffen.

2. Das Programm der NSDAP von 1920
   a) Die Hauptinhalte des NSDAP-Parteiprogramms von 1920

Themengebiet	lfd. Nr.	Programmpunkt
Außenpolitik	1	Forderung nach einheitlichem „Groß-Deutschland“
	2	völlige Aufhebung des Versailler Vertrages
	3	territoriale Forderung nach Kolonien und Siedlungsraum („Volk ohne Raum“)
Staatsbürger-schaftsrecht	4	Staatsbürgerschaft an „deutsches Blut“ gekoppelt; Juden ausge-schlossen
	5	alle Nicht-Staatsbürger im Sinne von Punkt 4 werden unter Fremdengesetzgebung gestellt
	6	Kopplung öffentlicher Ämter an deutsche Staatsbürgerschaft im Sinne von Punkt 4
	7	Pflichten des Staates werden auf Staatsbürger im Sinne von Punkt 4 beschränkt; alle „Nicht-Staatsbürger“ können ausgewie-sen werden
	8	Verbot jeglicher Einwanderung „Nicht-Deutscher“ im Sinne von Punkt 4 und sofortige Ausweisung aller nach dem 2.8.194 ein-gewanderten „Nicht-Deutschen“ im Sinne von Punkt 4.
	9	gleiche Rechte und Pflichten aller Staatsbürger im Sinne von Punkt 4
	10	Pflicht aller Staatsbürger im Sinne von Punkt 4 zu geistiger oder körperlicher Arbeit
Wirtschafts-politik	11	Regulierung von Zinseinkünften (Börse)
	12	Einziehung von Kriegsgewinnen
	13	Verstaatlichung von bereits vergesellschafteten (?) Betrieben
	14	Gewinnbeteiligung an Großbetrieben (für wen?)
	16	Mittelstandsförderung
	17	„nationale Bodenreform“ (?)
Sozialpolitik	15	Ausbau der Altersversorgung
	20	Ausbau und nationalsozialistische Ausrichtung der Volksbildung
	21	„Hebung der Volksgesundheit“ u. a. durch Sportpflicht
Recht	18, 19	Abschaffung des tradierten Römischen Rechts und „völkische“ Ausrichtung des Rechts, Todesstrafe
Militär	22	Wehrpflicht („Volksheer“)
Presse/ Meinungs-freiheit	23	gesetzliche Verbote der Verbreitung abweichender politischer Positionen; Zensur; Kopplung aller Pressetätigkeiten an „Deutschtum“ im Sinne von Punkt 4
Religion	24	Bekämpfung des Judentums; Bindung aller gestatteten religiösen Bekenntnisse an das „Sittlichkeits- und Moralgefühl der germa-nischen Rasse“
Staatsaufbau	25	Zentralisierung, autoritärer Staat

b) Das gleich in Punkt 1 des Programms geforderte „Groß-Deutschland“ ist (angesichts des Entstehungsjahres des Parteiprogramms 1920) zunächst sicher auf die mit dem Versailler Vertrag einhergegangenen Gebiets- und Kolonieverluste zu beziehen. Der Verweis auf ein „Selbstbestimmungsrecht der Völker“ schließt darüber hinaus alle Gebiete mit ein, in denen eine hinreichende Anzahl „Deutscher“ lebte, wobei gleichgültig scheint, ob derartige Gebiete zuvor zum Deutschen Reich gehört hatten oder nicht. Punkt 3 erweitert die Gebietsforderungen schließlich völlig ins Unbestimmte, indem auf der Grundlage eines behaupteten „Bevölkerungsüberschusses“ ein Raumbedarf postuliert wird, der als Rechtfertigung unbegrenzter Expansion dienen soll.

c) Punkt 4: Die Begrenzung der Staatsbürgerschaft auf Menschen „deutschen Blutes“ ist undemokratisch.
Punkt 6: Die aus Punkt 4 folgenden Zugangsbeschränkungen zu Ämtern und Positionen sind undemokratisch. Die Diffamierung der Parteien und des parlamentarischen Systems als „korrumpierende Parlamentswirtschaft“ ist demokratiefeindlich.
Punkt 19: Die geforderte Abschaffung des tradierten römischen Rechtes (BGB) ist demokratiefeindlich, da dieses Recht die Grundlage der bürgerlich-demokratischen Ordnung bildet.
Punkt 23: Die hier verklausuliert geforderte Gleichschaltung bzw. Zensur der Medien ist undemokratisch.
Punkt 24: Die Verpflichtung der Staatsbürger auf ein irrationales „Sittlichkeits- u. Moralgefühl der germanischen Rasse“ ist antidemokratisch.

d) Das NSDAP-Parteiprogramm vom 1920 forderte ein autoritäres, zentralistisches und nationalistisch-rassistisches Staatswesen, das nach innen – anstelle des bürgerlichen Rechtes – auf einem irrational-mythischen Grundkonsens aufgebaut und nach außen von einem aggressiven Expansionismus geprägt sein sollte. Damit war die Grundrichtung formuliert, die schließlich zur Abschaffung der Demokratie und zur Errichtung der nationalsozialistischen Diktatur führte.

3. Die soziale Struktur der NSDAP (Lösung der Aufgaben mithilfe von Zusatzinformationen)

a) Die Mitgliederstruktur einer Partei entspricht nicht automatisch auch der Wählerstruktur. Die Mitgliederstruktur einer Partei ist überdies gewissen Schwankungen unterworfen, welche jedoch deutlich geringer sind als die Schwankungen des Wählerverhaltens.
Grundsätzlich spiegelte die NSDAP in ihrer Mitgliederstruktur die Gesellschaftsstruktur der Weimarer Republik deutlicher wider als die meisten anderen Parteien, weshalb Jürgen Falter sie auch als „moderne Integrationspartei“ bezeichnet. Dennoch sind in der Betrachtung dieses Punktes einige Differenzierungen vorzunehmen: Die NSDAP bildete zwar nahezu alle Klassen, Schichten und Milieus der Bevölkerung ab, hatte also Mitglieder aus dem gesamten Spektrum der Gesellschaft. Die jeweilige Stärke der einzelnen Gruppen entsprach dabei aber keineswegs der Stärke der korrelierenden gesellschaftlichen Gruppe. Unter den NSDAP-Mitgliedern waren Beamte, Selbstständige und Angestellte weit überproportional vertreten. Arbeiter hingegen waren – gemessen an deren prozentualem Anteil an der Gesamtbevölkerung – deutlich unterrepräsentiert. Zieht man dazu noch in Betracht, dass weder die Industriearbeiterschaft noch die Arbeitslosen besonders anfällig für den Nationalsozialismus waren, so erscheint die ohnehin schwache Basis der NSDAP unter den Arbeitern noch schwächer.
„Die Arbeiterschaft stellte zwar die größte soziale Gruppe der Wahlberechtigten, aber zu ihr zählten die ostelbischen Landarbeiter ebenso wie Heimarbeiter aus dem Erzgebirge und Arbeiter in kleinen Handwerksbetrieben. Nur eine Minderheit gehörte zur klassischen Industriearbeiterschaft [...] Arbeiterstimmen trugen nicht in besonderem Maß zum Erfolg der NSDAP bei

[…] Bemerkenswert ist auch, dass es nicht die Arbeitslosen, sondern vielmehr die erwerbstätigen Arbeiter waren, die für die NSDAP stimmten. Hingegen lässt sich ein positiver statistischer Zusammenhang zwischen Landarbeitern und NSDAP feststellen. […] Den stärksten Anstieg zwischen 1928 und 1933 erzielte die NSDAP in den protestantischen ländlichen Gebieten, […] Deswegen wurde die NSDAP [aber] noch nicht, wie sie sich selbst gern gesehen hat, eine Arbeiterpartei. […] Dagegen war die Beamtenschaft in ihrer Gesamtheit deutlich anfälliger für den Nationalsozialismus."

(izpb – Informationen zur politischen Bildung 314, Bonn 2012, S. 21 f.)

b) Die Attraktivität oder Nichtattraktivität der NSDAP hing von der sozialen und wirtschaftlichen Lage derjenigen Bevölkerungsgruppen ab, die sich von dieser Partei eine Verbesserung bzw. Festigung ihrer jeweiligen Position erhofften. Die gesellschaftliche Stellung bestimmte dabei wesentlich das geistige Milieu bzw. die politische Auffassung der Wähler und der Partei-Zuläufer.

Grundsätzlich rekrutierte die NSDAP sowohl Mitglieder als auch Wähler im deutschnationalen und rechtsbürgerlichen Lager (vgl. izpb – Informationen zur politischen Bildung 314, Bonn 2012, S. 19). In konfessioneller Hinsicht stieß die NSDAP im katholischen Milieu eher auf Ablehnung, im protestantischen Milieu konnte sie hingegen zahlreiche Anhänger gewinnen (ebd. S. 21). Die gebildete und organisierte Industriearbeiterschaft war viel weniger anfällig für die NS-Propaganda als die konservative Landarbeiterschaft (ebd. S. 21). Generell aber standen die Arbeiter dem Nationalsozialismus eher ablehnend gegenüber. Beamte und Angestellte hingegen erhofften sich von einem starken, autoritären Staat höhere Löhne und sicher auch oft Karrierevorteile als „Arier" gegenüber „nichtarischen" Mitbewerbern. Unternehmer erhofften sich stabile Rahmenbedingungen, Staatsaufträge, die Niederhaltung der Arbeiterbewegung und wirtschaftliche Expansion durch die NS-Raumforderungen im Osten („Volk ohne Raum").

c) Die NSDAP war sozial gemischt und umfasste sowohl Unter- wie Oberschicht, also sowohl Proletariat als auch Bourgeoisie. Ihre Mitglieder repräsentierten so gut wie alle Teile der Bevölkerung, allerdings in unterschiedlicher prozentualer Stärke. Damit war die NSDAP im Hinblick auf ihre Mitgliederstruktur eine „moderne Integrationspartei". Im Hinblick auf ihre Programmatik war sie das jedoch keineswegs. Die Propaganda der „Volksgemeinschaft" diente einzig dazu, Angehörige aller Sozialschichten anzulocken.

d) Die beiden Quellen sind miteinander konsistent: Die Statistik belegt die Aussage, dass die NSDAP eine „sozial gemischte, sowohl für Arbeiter als auch für Mittel- und Oberschichtsangehörige […] attraktive Partei" gewesen war. Zugleich zeigt sie aber auch, dass diese Repräsentanz in quantitativer Hinsicht durchaus nicht der Bevölkerungszusammensetzung entsprach. Damit entsteht durch die Statistik ein differenzierteres Bild der Verhältnisse.

Die Endphase der Weimarer Republik

Lösungen der Aufgaben auf Seite 55

1. Die Endphase der Weimarer Republik
   a) Die wichtigsten politischen Ereignisse von 1928 bis 1933

	Reichstagswahl 20.5.1928	**31.3.1930**	**Reichstagswahl 14.9.1930**	**1.6.1932**	**Reichstagswahl 31.7.1932**	**Reichstagswahl 6.11.1932**	**30.1.1933**
Reichskanzler	Hermann Müller (SPD), Regierungsantritt 28.6.1928	Heinrich Brüning (Zentrum)	Heinrich Brüning (Zentrum)	Franz v. Papen (parteilos)	Franz v. Papen (parteilos)	Kurt v. Schleicher (Militär, parteilos) Regierungsantritt 3.12.1932	Adolf Hitler (NSDAP)
Regierung	Große Koalition aus Zentrum, SPD, DVP, DDP (letzte Regierung mit parlamentarischer Mehrheit)	Präsidialkabinett	Präsidialkabinett NSDAP zweitstärkste Kraft	Präsidialkabinett („Kabinett der Barone“)	Präsidialkabinett („Kabinett der Barone“) NSDAP stärkste Kraft	Präsidialkabinett NSDAP stärkste Kraft, aber mit Verlusten	Präsidialkabinett
Spezielle Ereignisse	Versagen der staatlichen Arbeitslosenversicherung; zunehmende innere Unruhen, SA-Gewalt auf den Straßen	Deflationspolitik; Sozialkürzungen; Steuererhöhungen; Notverordnungen; April 1932 SA-Verbot		Juni 1932 Aufhebung des SA-Verbotes; Auflösung des Reichstages; 17.7.1932 Altonaer Blutsonntag; 20.7.1932 Absetzung der preußischen Landesregierung („Preußenschlag“); „Säuberungen“ der Beamtenschaft			
Allgemein	sich zuspitzende Weltwirtschaftskrise; steigende Arbeitslosigkeit; zunehmende Gewalt auf den Straßen						

b) Bei den Präsidialkabinetten handelte es sich um eine durch Artikel 53 der Weimarer Reichsverfassung gedeckte (und damit verfassungsgemäße) Regierungsform, die direkt vom Reichspräsidenten eingesetzt und gestützt wurde. Die von den Präsidialkabinetten erlassenen Gesetze mussten nicht unbedingt durch die Legislative (das Parlament) bestätigt werden, sondern konnten auch als Notverordnungen durch den Reichspräsidenten erlassen werden. Indem die Präsidialkabinette keine Legitimation durch das Parlament besaßen und faktisch unabhängig von diesem Regierungsgewalt ausübten, wurden die demokratisch gewählten Repräsentanten des Souveräns (des Volkes) vom politischen Prozess weitgehend abgekoppelt. Sollte sich das Parlament dennoch verfassungsgemäß mehrheitlich gegen eine Notverordnung aussprechen, so drohte ihm die Auflösung durch den Reichspräsidenten.
Die Präsidialkabinette stellten also Regierungen ohne parlamentarische Mehrheiten (bzw. Duldungen) dar. Ihrem Wesen nach antidemokratisch, waren sie in der Verfassung nur als Krisenbehelf vorgesehen. Indem sie zu Dauereinrichtungen wurden, trugen sie überdies zu einem Demokratieverdruss in der Bevölkerung bei: Was war eine demokratische Wahl wert, wenn schließlich doch nicht die gewählten Repräsentanten, sondern ein vom Reichspräsidenten direkt eingesetztes Gremium regierte? Die quasi-monarchische Machtstellung des Reichspräsidenten, der zudem durch eine Kamarilla gesteuert wurde, wird häufig mit dem Begriff des „Ersatzkaisers" umschrieben. Sie stellte eine zentrale Fehlkonstruktion der Weimarer Verfassung dar, die schließlich zum Präsidialkabinett Hitler führte, das die endgültige Abschaffung der Demokratie einläutete.

2. Der „Altonaer Blutsonntag" (M7)

a)

	Pressenotiz des Polizeipräsidiums, 17.7.1932	NS-Organ „Völkischer Beobachter", 19.7.1932	KP-Organ „Die Rote Fahne", 19.7.1932
Was hat stattgefunden?	„Werbemarsch", „Werbeumzug"	Marsch von SS, SA „und Bevölkerung"	Provokation von SA-Banden aus Schleswig-Holstein, Hamburg und Altona
Wo?	Altona, Grenze zu Hamburg	„kommunistisches Viertel"	kommunistisches Altonaer Arbeiterviertel
Wer?	SA-Truppen aus Süd-Schleswig-Holstein	SA und SS „unter stärkster Anteilnahme der Bevölkerung"	Nazis unter riesiger Polizeibedeckung
Gegen wen?	Antifaschistische Aktion	„kommunistische Mordbuben"	Altonaer Arbeiterschaft, KPD, Antifaschistische Aktion
Beginn/Auslöser des Kampfes	Antifaschistische Aktion hat auf „Teilnehmer des Werbeumzuges und auf Polizisten" zu schießen begonnen	„kommunistische Dachschützen" haben Feuer eröffnet	Provokationen der Nazis: zuerst verbale, dann tätliche Angriffe der Nazis auf Gegendemonstranten, schließlich Schusswaffeneinsatz durch die Nazis

Verlauf	Polizei erwidert Feuer und durchsucht Wohnungen	Marsch wird wiederholt beschossen; es gibt Opfer; Polizei ist für Schutz zu schwach, daher muss SA eingreifen	Verteidigungsfeuer der Arbeiter kann Nazi-Angriff erfolgreich zurückschlagen; als sich jedoch Sieg der Arbeiter andeutet, greift Polizei aufseiten der Nazis ein und „schießt die Straßen leer“
Fazit	150 Schüsse, 10 Tote, darunter 1 SA-Mann	16 Tote, etwa 100 Verletzte	zahlreiche von Polizeikugeln getroffene Personen
Einschätzung/ Schuldzuweisung	„offensichtlich eine Aktion der Antifaschistischen Aktion“	„nutzloser roter Bürgerkrieg zur Verhinderung der Machtübernahme“	Nazi-Provokation von SA-Mordtruppen, Polizei aufseiten der Nazis

b) Ein Nachweis, dass die Quellen nicht umfassend berichten, ist angesichts der Tatsache, dass alle drei Quellenwiedergaben Auslassungen („[...]“) enthalten, problematisch. Gleichwohl lassen sich unterschiedliche Inhalte feststellen, die belegen, dass keiner der drei Quellen der Rang einer sachlich-nüchternen Nachricht bzw. Berichterstattung zukommt. Alle drei Quellen sind parteilich, alle enthalten Wertungen und Interpretationen. Den heute bekannten Fakten (s.u.) entspricht am ehesten Quelle c).

Bsp. zu a)

„eines Werbemarsches der SA aus dem südlichen Teil der Provinz Schleswig-Holstein durch Altona“ – Es wird verschwiegen, dass es sich bei Altona um eine rote Hochburg handelte. Der Marsch der erst zwei Wochen zuvor wieder zugelassenen SA und SS war also eindeutig als Provokation geplant und als solche genehmigt worden.

Bsp. zu b)

„SA und SS marschierte[n] durch die Straßen Altonas unter stärkster Anteilnahme der Bevölkerung“ – Eine relevante Beteiligung der Altonaer Bevölkerung kann ausgeschlossen werden.

„Die an der Spitze marschierende SS wurde in der Johannisstraße von kommunistischen Dachschützen unter Feuer genommen.“ – Dies gilt heute als widerlegte NS-Propaganda (s. u.).

Bsp. zu c)

„Nazizug unter riesiger Polizeibedeckung“ – Der Polizeischutz des Nazi-Umzuges war im Gegenteil sogar viel zu gering. Neuere Untersuchungen deuten auf eine möglicherweise sogar bewusst herbeigeführte Eskalation hin (s. u.).

<u>Aktuelle Erkenntnisse zum Altonaer Blutsonntag</u>:

„Der Altonaer Blutsonntag [...] diente der autoritären Papen-Regierung als Vorwand, um wenige Tage später [...] die sozialdemokratisch geführte Minderheitsregierung in Preußen mittels Staatsstreich aus dem Amt zu jagen. [...] Dass jetzt, nach über sechzig Jahren, die Wahrheit über den Blutsonntag ans Licht kommt, verdanken wir [...] Léon Schirmann [...] Allein in der ersten amtlichen Bekanntmachung des Altonaer Polizeipräsidiums, dessen Leiter, der sozialdemokratische Reichstagsabgeordnete Otto Eggerstedt, den Provokationsmarsch von 7000 SA-Männern durch die roten Viertel Altonas genehmigt hatte, weist er zehn grobe Unwahrheiten

nach. Die schlimmste, die von den Historikern immer wieder unkritisch nachgebetet worden ist, war die Behauptung, die Kommunisten hätten auf den SA-Umzug mit einem Feuerüberfall durch Dach- und Heckenschützen geantwortet. In Wirklichkeit hatten die Polizeibeamten, auf die Bekämpfung eines kommunistischen „bewaffneten Aufstands“ gedrillt, stundenlang Feuerüberfälle auf ganze Straßenzüge inszeniert.“
(www.zeit.de/1994/43/krieg-gegen-die-roten)
„7000 Männer der Sturmabteilung (SA) der NSDAP waren an diesem Sonntag in strenger militärischer Formation und begleitet von Musikkapellen durch die damals holsteinische Stadt gezogen, traditionell eine Hochburg der Arbeiterbewegung. [...] Es kam zu Prügeleien, Schüsse fielen. Die Polizei griff ein, doch sie war zahlenmäßig weit unterlegen. [...] Voller Panik feuerten Polizisten auf alles, was sich bewegte. [...] Schnell, zu schnell war der Schuldige für das Blutbad ausgemacht. Kommunistische Heckenschützen hätten von den Dächern und den oberen Stockwerken der angrenzenden Häuser wahllos auf Polizei und SA-Männer geschossen, hieß es. [...] Zweifel an dieser Version der Geschichte kamen erst auf, nachdem der Historiker Léon Schirmann die im Gerichtsarchiv in Schleswig lagernden Prozessakten ausgewertet hatte. [...] Schirmann fand keinerlei Hinweise darauf, dass von den Dächern oder den oberen Stockwerken aus geschossen worden war. Alle 16 Personen starben, wie die Prozessakten dokumentieren, durch Polizeikugeln.“
(www.spiegel.de/einestages/altonaer-blutsonntag-1932-massaker-unter-zivilisten-a-949531.html)

3. Die Reichstagswahlen vom 6. November 1932
   a) M8, NSDAP
      Slogan: „Bravo Herr von Papen“
      Textaussage: Notverordnungen nützen den Kommunisten
      (dystopisches) Bildmotiv: ein bolschewistisches Monster greift an
      Taktik: außer Kampf gegen den politischen Gegner keine eigenen Ziele genannt
      Gestaltungsmittel: blutrotes Horrormotiv setzt auf Furcht, viel Textinhalt

      M9, SPD
      Slogan: „Wählt Sozialdemokraten“
      Textaussage: s. o.
      Bildmotiv: halb nackter Arbeiter zerschlägt ein Hakenkreuz
      Taktik: außer Kampf gegen den politischen Gegner keine eigenen Ziele genannt
      Gestaltungsmittel: klare Botschaft in klarem Schwarz-Weiß

      M10, KPD
      Slogan: „160 Millionen im Osten schreiten froh in die Zukunft!“
      (utopische) Textaussage: Aufruf zur Umgestaltung Deutschlands nach sowjetischem Vorbild
      Bildmotiv: Hammer und Sichel
      Taktik: nicht Kampf gegen politischen Gegner, sondern eigener Politikentwurf
      Gestaltungsmittel: reduzierte Farbkombination, hoher Wiedererkennungswert des großen Symbols

      M11, Zentrum
      Slogan: „Zurück zu Brüning“
      Textaussage: gegen Bürgerkrieg, für Ordnung

<u>(utopisches) Bildmotiv</u>: Landarbeiter, Familie, Brüning-Konterfei als aufgehende Sonne
<u>Taktik</u>: rückwärtsgewandte Utopie („gute alte Zeit“)
<u>Gestaltungsmittel</u>: warme Farben, Assoziationen zu Heimat, Geborgenheit, Ruhe, Ordnung

b) M8, NSDAP
- Ende der Politik der Notverordnungen
- Kampf gegen den „Hauptfeind Bolschewismus“

Das Plakat greift sowohl die Regierung Papen als auch die KPD an. Die Kommunisten werden als Monster diffamiert. Über die Bekämpfung des Kommunismus hinaus wird kein eigenes Politikversprechen gemacht.

M9, SPD
- Zerschlagung des Faschismus

Das Plakat greift die NSDAP an. Darüber hinausgehend wird kein eigenes Politikversprechen gemacht.

M10, KPD
- Umgestaltung der Gesellschaft nach sowjetischem Vorbild

Ein politischer Gegner wird nicht genannt, dafür aber ein umfassendes eigenes Politikversprechen gemacht.

M11, Zentrum
- Verhinderung von Straßengewalt und Bürgerkrieg
- Rückkehr zur (Deflations-/Austeritäts-)Politik Brünings
- „Ordnung“, „Arbeit“, „Brot“

Die redliche Absicht einer Verhinderung von Gewalt wird durch den Vorschlag einer Rückkehr zur Brüning'schen Politik in gewisser Weise entwertet, da auch Brünings Präsidialkabinette eine Grundlage für die gesellschaftlichen Spannungen gebildet hatten.

4. Die Präsidialkabinette

a) Die Regierung durch Präsidialkabinette erfolgte in der Weimarer Republik auf der Grundlage dreier Verfassungsartikel: Artikel 53 ermächtigte den Reichspräsidenten, im Alleingang Reichskanzler und Reichsminister einzusetzen und auch abzuberufen. Artikel 25 ermächtigte den Reichspräsidenten, den Reichstag aufzulösen. Da die Neuwahl erst 60 Tage darauf stattfinden musste, konnte das vom Reichspräsidenten eingesetzte Präsidialkabinett innerhalb dieser Frist gemäß Artikel 48 nach eigenem Gutdünken und ohne parlamentarisch-demokratische Kontrolle Gesetze in Form von Notverordnungen erlassen.
Der Verfassungstext hatte diese Artikel mit Einschränkungen und Bedingungen versehen, die jedoch nicht hinreichend spezifiziert oder aber dehnbar waren („spätestens am sechzigsten Tage“, „wenn […] die öffentliche Sicherheit […] erheblich gestört oder gefährdet wird“). Ach war ursprünglich kein derart fatales Zusammenspiel der Artikel 25, 48 und 53 erwartet worden, wie es sich schließlich in der Praxis der Präsidialkabinette etablierte. Alle drei Artikel waren als absolute Ausnahmezustände geplant, die dann jedoch eine dauerhafte Regierungsweise und einen politischen Automatismus generierten, der die Demokratie aushebelte.

b) Text: „Kein Grund zum Verzagen, solange noch Kanzler am laufenden Band produziert werden!“
Der greise Reichspräsident Hindenburg zieht mit großer Geste eine Kette von Figuren aus seinem Zylinder – ganz wie ein Zauberkünstler ein Kaninchen. Ein angedeuteter Vorhang mit

Reichsadlern verweist auf eine Bühnensituation. Die Männchen klammern sich aneinander fest. Ihre Physiognomien bzw. Attribute lassen eine eindeutige Identifizierung zu: Ganz unten (mit Glatze und Brille) ist Brüning dargestellt, ihm folgt (mit Haaren und länglichem Gesicht) von Papen, danach (mit Uniform und Säbel) von Schleicher. Das oberste, gesichtslose Männchen ist demzufolge Hitler; der noch halb im Hut verschwundene Mann ist Müller.
Die Karikatur stammt vom Februar 1933, datiert also nach dem Antritt des Präsidialkabinetts Hitler (Januar 1933). In Verbindung von Bild und Text (s. o.) besagt sie: Der Reichspräsident ist ein Taschenspieler; auch Hitler ist nur ein „Kaninchen aus dem Hut", eine austauschbare Figur in einer langen Reihe. Es geht alles weiter wie bisher.

Ursachen für das Scheitern der Republik

Lösungen der Aufgaben auf Seite 57

1. Der Untergang der Weimarer Republik
   a) Ursachen für das Scheitern der Weimarer Republik:
   I. Die unvollendete Revolution von 1918, insbesondere das Fortbestehen der alten Eliten des Kaiserreiches
   Die im November 1918 begonnene Revolution hatte aus dem Kaiserreich zwar eine parlamentarische Republik werden lassen, allerdings hatte sich damit an den tatsächlichen Machtstrukturen im Land nicht viel geändert. Da die Revolution abgebrochen worden war, ohne durch Sozialisierungen und Bodenreform wirksame gesellschaftliche Änderungen vorzunehmen (vgl. Ebert: „Ich hasse die soziale Revolution wie die Sünde!"), bestimmten die in ihren Machtstellungen verbliebenen einflussreichen Eliten aus Wirtschaft, Bankenwesen, Großgrundbesitz und Militär auch weiterhin maßgeblich die Politik. Diese konservativen Eliten waren fast komplett republikfeindlich eingestellt. Um ihre Macht angesichts der im Zuge der Weltwirtschaftskrise zutage tretenden sozialen Verwerfungen auch weiterhin erhalten zu können, setzten sie auf eine autoritäre Politik. In Hitler sahen sie schließlich den sichersten Schutz vor einem kommunistischen Umsturz. Da Weimar überdies auch versäumt hatte, einen eigenen, loyalen Beamtenapparat herauszubilden, fanden sich angesichts des offenkundigen Niedergangs der Demokratie schließlich kaum mehr Verteidiger. Unter dem Schwindeletikett eines „nationalen Sozialismus" sicherte Hitler dann tatsächlich das Fortbestehen der alten Eliten: „Nach der Machtübergabe durch die Konservativen [...] unter Mithilfe von Schwerindustrie und Großagrariern [...] enttäuschte Hitler die Erwartungen seiner Massenanhängerschaft [...] Er verbündete sich [...] mit den Säulen der Gesellschaft und Wirtschaft des Wilhelminischen Deutschland" (Fritz Fischer, Hitler war kein Betriebsunfall, München 1992, S. 180).

   II. Außenpolitische Belastungen durch den Versailler Vertrag
   Der Versailler Vertrag war sowohl außen- als auch innenpolitisch von immenser Bedeutung. Er bildete den Keim für das Scheitern der Republik und für den Erfolg Hitlers. Die öffentliche Einschätzung des Versailler Vertrages war die einer ungerechtfertigten Schmach, die Deutschland von der Gleichberechtigung unter den Staaten ausschloss und den abgetrennten deutschen Gebieten das Selbstbestimmungsrecht der Völker vorenthielt. Überdies herrschte allgemein die

Ansicht vor, dass Deutschland zu Unrecht als Hauptschuldiger betrachtet werde. Die Reparationen sowie die Besatzungen (Ruhr) galten als Hauptursachen wirtschaftlicher und sozialer Nöte. Aus dem gekränkten Nationalismus entstand eine breite gesellschaftliche Mentalität des Hasses gegen die Republik („Erfüllungspolitiker", „Vaterlandsverräter", „Novemberverbrecher") und gegen die Mächte von Versailles, insbesondere gegen Frankreich. „Brüning verschärfte die Krise, indem er die Aufhebung der Reparationen über alles setzte und dafür mit seiner Deflationspolitik, die den Reparationsgläubigern deutsche Zahlungsunfähigkeit beweisen sollte, den weiteren massenhaften Anstieg der Arbeitslosenzahlen in Kauf nahm [...]" (www.bpb.de/apuz/30789/versailles-und-weimar?p=all).

III. Massenarbeitslosigkeit infolge der Weltwirtschaftskrise
Im Hinblick auf die Massenarbeitslosigkeit zeigt sich das Zusammenwirken vielfältiger Ursachen und Bedingungen besonders deutlich: Die alle Industriestaaten betreffende Massenarbeitslosigkeit wirkte sich in Deutschland in besonderer Weise aus, da das Land zum einen an den Reparationslasten zu tragen hatte. Zum anderen war Deutschland infolge der nach dem Krieg stark angewachsenen Verflechtungen zwischen US-amerikanischer und deutscher Wirtschaft besonders betroffen. Ein großer Teil der Bevölkerung machte die „Republik der Erfüllungspolitiker" für das Elend verantwortlich, radikale politische Positionen erhielten Zulauf. Bemerkenswert ist dabei, dass die Arbeitslosen selbst nicht in relevantem Ausmaß der NSDAP verfielen (vgl. izpb – Informationen zur politischen Bildung 314, Bonn 2012, S. 21 f.). Die mit der Arbeitslosigkeit steigende Gefahr eines linken (kommunistischen) Umsturzes ließ jedoch die konservativen Eliten inklusive der Weimarer Justiz klar für den rechten Rand optieren, von dem aus die Nationalsozialisten schließlich die Demokratie zerstörten.

b) <u>„Die Hauptursache für den Untergang der Weimarer Republik war der Versailler Vertrag."</u>
Einschätzung: Der Versailler Vertrag stellte zweifelsohne eine Hauptursache für das Scheitern der Weimarer Republik dar (vgl. oben). Als alleinige Ursache reicht Versailles aber zur Erklärung nicht aus, denn es sind ja auch Konstellationen denkbar, unter denen die Republik trotz Versailler Vertrag hätte fortbestehen können. Hierzu müssen insbesondere folgende Punkte betrachtet werden: eine konsequentere Demokratisierung der Gesellschaft 1918/19, eine radikale Entmachtung der alten konservativen Eliten sowie eine Verfassungsgestalt, die dem Reichspräsidenten deutlich weniger Rechte hätte einräumen dürfen und Präsidialkabinette samt Notverordnungen deutlich restriktiver hätte regeln müssen.

<u>„Die Weltwirtschaftskrise war der Hauptgrund für den Untergang der Weimarer Republik."</u>
Einschätzung: Die von den USA ausgehende Weltwirtschaftskrise war ein wichtiger Grund unter mehreren Gründen. Der Hauptgrund war sie nicht, denn andere Demokratien (Großbritannien, USA, Frankreich) haben die Weltwirtschaftskrise auch überstanden. Es ist also eher davon zu sprechen, dass die Weltwirtschaftskrise im vom Versailler Vertrag betroffenen und wirtschaftlich eng mit den USA verflochtenen Deutschland besonders starke Auswirkungen zeitigte.

<u>„Weimar war eine Demokratie ohne Demokraten, deshalb ging diese Republik unter."</u>
Einschätzung: Die Weimarer Republik musste nicht gänzlich auf Demokraten verzichten, aber deren Anzahl und Durchsetzungskraft war tatsächlich zu gering. Die alten wilhelminischen Eliten waren antidemokratisch-monarchisch gesinnt. Die Beamtenschaft der Weimarer Republik rekrutierte sich überwiegend aus dem alten Apparat, die „auf dem rechten Auge blinde" Justiz ebenso. Antidemokratische Gesinnungen in Form von monarchischen oder diktatorischen Politikvorstellungen ragten weit in die Mittelschichten hinein. Unter den Arbeitern fühlten sich hin-

gegen viele von der „abgebrochenen Revolution“ verraten. Die Gegner der Republik von links strebten eine Umgestaltung nach sowjetischem Vorbild an. Unter diesen Umständen war die Basis derjenigen, die aus Überzeugung für die Weimarer Republik eintraten, in der Tat viel zu gering. Da gesellschaftliche Umgestaltungen jedoch nicht allein aufgrund von Überzeugungen vor sich gehen, sondern Ausdruck konkreter Machtverhältnisse im Geflecht ökonomischer Bedingungen und politischer Entscheidungen sind, greift die o. g. Aussage zu kurz. Gleichwohl formuliert sie in zugespitzter Weise eine Tatsache, die als Ausgangspunkt für eine ausführlichere Erörterung der Ursachenfrage genommen werden kann. In diesem Sinne ist Aussage 3 treffender als die Aussagen 1 und 2.

2. Karikaturenanalyse, Thomas Theodor Heine: Republik (M2)
   a) Titel: REPUBLIK
      Karikaturist: Thomas Theodor Heine (1867 – 1948)
      Erscheinungsdatum: 21. März 1927
      Erscheinungsort: „Simplicissimus“
      Die quadratische Zeichnung ist farblich reduziert in Rot, Gelb und Schwarz gestaltet. Es sind acht Männer dargestellt, die hintereinander in einer Reihe stehen und an langen Schildern Buchstaben in die Luft halten. Aus den Buchstaben ergibt sich das Wort „R-E-P-U-B-L-I-K“. Die Bildunterschrift lautet: „Sie tragen die Buchstaben der Firma – aber wer trägt den Geist?“ Die Männer sind in Kleidung, Körperhaltung und Größe sehr unterschiedlich.
   b) mögliche Zuordnung:
      R – Geistlicher (Soutane, Hut)
      E – Aristokrat, Adliger (Monokel/Kneifer, Kaiser-Wilhelm-Bart, eleganter Frack)
      P – Militär, Reichswehr- oder Stahlhelm-Angehöriger
      U – Industriearbeiter (verschlissene Sachen)
      B – Bauer (Vollbart, Stiefel, verschlissene Sachen im russischen Bauernstil: „Muschik“)
      L – Kapitalist, Industrieller, Besitzbürger (Körperfülle, Zylinder, Anzug)
      I – Intellektueller oder Künstler, möglicherweise auch Kommunist (Erscheinungsbild erinnert an Erich Mühsam)
      K – Nazi (SA-Uniform)
   c) Die einzelnen Personen stehen für unterschiedliche Bevölkerungsgruppen, die sozial und politisch deutlich voneinander geschieden und teilweise sogar miteinander verfeindet sind. Sie alle sind aber in der Weimarer Republik vereint. Dass jeder der Dargestellten nur jeweils einen Buchstaben trägt, deutet darauf hin, dass sich ein jeder auch nur mit einem kleinen Teil der Republik identifiziert bzw. nur einen Teil der Republik „mitträgt“ – dem Ganzen fühlt sich keiner verpflichtet. Die meisten sind wohl nur „Vernunftrepublikaner“, einigen sieht man den Widerwillen beim Tragen sogar an (Geistlicher, Nazi).
      Die Bildunterschrift besagt, dass alle gezeigten Personen (Gruppen) zwar formal („den Buchstaben gemäß“) an jeweils einzelnen Bestandteilen der Republik festhalten (oder diese „hochhalten“), dass die Unterstützung der Republik als Ganzes (der „Geist“) aber eher zweifelhaft ist. Die Republik ist fragil: Beim Ausbrechen nur einer einzigen Gruppe ist das Wort zerstört. Ein anderes Bild ergäbe sich, wenn alle gemeinsam ein großes Plakat mit der Aufschrift „Republik“ tragen würden: Scherte hier jemand aus, so könnten die Übrigen gleichwohl die Republik tragen.

Die Nationalsozialisten erhalten die Macht

Lösungen der Aufgaben auf Seite 71

1. Die Machtübernahme der NSDAP
   a) Adolf Hitler war als Reichskanzler, die herausragende exekutive Figur in der Regierung. Er leitete sie und erschien am meisten in der Öffentlichkeit – zumal Reichspräsident Paul von Hindenburg aus Altersgründen nur noch wenig präsent war. Seine Auftritte verschafften ihm dadurch zusätzliche Stärke. Mit Wilhelm Frick als Innenminister besaßen die Nationalsozialisten ein Schlüsselressort. Er konnte die Unterdrückung und Einschüchterung der Gegner durch die Polizei befehligen bzw. durch seinen Einfluss auf die Justiz dulden. Auf diese Weise war die SA auch als eigentlich nicht legitimierte Hilfstruppe der Polizei einsetzbar. Um die innere Sicherheit zu „wahren“, konnten also Maßnahmen getroffen werden, die den Weg für die NSDAP ebneten. Hermann Göring, eigentlich ohne Geschäftsbereich, verfügte als (kommissarisch tätiger) preußischer Innenminister über eine ähnlich große Macht wie Frick, bezogen auf das größte und einflussreichste Einzelland Preußen. Vor 1933 war Preußen lange Zeit sozialdemokratisch regiert und hatte sich erfolgreich gegen die NSDAP und SA behaupten und den Rechtsstaat aufrechterhalten können. Dies endete mit Göring.
   b) Der Fackelzug war eine erste öffentliche Machtdemonstration der Nationalsozialisten. Noch in der Nacht des 30.1.1933 unterstrichen mit dem Fackelzug viele Anhänger Hitlers Führungsanspruch. Wirkungsvoll war auch die Inszenierung: Eine disziplinierte große Menge von Anhängern der Bewegung marschierte ernst, im Gleichschritt, illuminiert durch Fackeln und oft uniformiert durch Berlin und das Brandenburger Tor, das Wahrzeichen der Stadt. Dies war ein Ausdruck von Seriosität, sollte aber auch durch die Masse und die Disziplin einschüchternd auf die Gegner wirken. Hier klingen bereits viele Punkte der NS-Ideologie an, die Masse signalisierte, dass sie entschlossen ist, ihrem „Führer“ zu folgen und das Land zu verändern. Auf die eigenen Anhänger wirkte der Fackelzug identitätsstiftend und als positives Gemeinschaftserlebnis.
   c) Die Karikatur zeigt ironisch überspitzt eine „Fahrschule“, allerdings sitzen die Fahrlehrer (Hugenberg und Papen) nicht neben dem Fahrschüler, sondern hinter ihm. Ein weiteres Zeichen dafür, dass sie ihm nicht gewachsen sind, ist die Tatsache, dass sie hinter ihm nicht in der Lage sind, das Fahrzeug (Metapher für den Staat) zu lenken. Während Hitlers Blick konzentriert nach vorne gerichtet ist und er ein hohes Tempo vorgibt, haben Hugenberg und Papen Probleme mit der Geschwindigkeit (Papen muss seinen Zylinder festhalten, damit der Fahrtwind ihn nicht wegbläst, und Hugenberg blickt zur Seite). Der Karikaturist sieht also die Aussage von Hugenberg, dass man den „Neuling“ Hitler im Griff hätte, kritisch. Damit kommt die Karikatur der Wirklichkeit sehr nahe.
   d) Luise Solmitz begrüßt das neue Kabinett euphorisch und erhofft sich von allen genannten Personen (also vor allem von den deutschkonservativen sowie -nationalen Kräften) eine gute Zukunft. Sie lobt zudem Hindenburg und knüpft in ihrer „deutschen Hoffnung“ an den von ihr geschätzten Bismarck an.
   Im Gegensatz dazu äußert sich Julius Leber distanziert und kritisch. Er teilt die Hoffnungen von Solmitz nicht, sondern sieht eine ungewisse und gefahrvolle Zukunft. Dabei scheint er nicht ängstlich zu sein, da in seinen Augen die „Arbeiterschaft“ ein starkes und einiges Gegengewicht sei.

e) Der Autor des Artikels aus der New York Times hebt Hitlers starke Stellung an der „Spitze der deutschen Republik“ hervor und äußert sich besorgt über den Machtwechsel. Er bezieht sich deutlich auf Hitlers inhaltliche Positionen vor 1933 und betont, dass Hitler in seinen Reden die Errichtung einer Diktatur propagiert hatte. Allerdings schränkt er seine Bedenken insofern ein, als er die Mehrheit des Kabinetts und vor allem den Präsidenten Hindenburg als Garant sieht, diesen Umbau Deutschlands in eine Diktatur zu verhindern. Sofern Hindenburg Oberster Befehlshaber bleibe, könne Hitler auch schnell wieder abgesetzt werden.

f) In Weiterführung des Darstellungstextes sollte hier darauf Wert gelegt werden, dass „Machtergreifung“ und „Machtübernahme“ aktiv-kämpferische Begriff sind, die von der NS-Propaganda bewusst benutzt wurden. Die NS-Bewegung erscheint so als handelndes Subjekt und ihre Rolle wird damit bewusst überhöht. „Machtübergabe“ hingegen kommt der historischen Wahrheit deutlich näher: Nur der Reichspräsident hatte die verfassungsgemäßen Befugnisse, eine Person zum Reichskanzler zu ernennen. Die Beratergruppe um Präsident Hindenburg hat versucht, Hitler und die NSDAP zu benutzen, um ihre deutschnationalen, antirepublikanischen Ziele durchzusetzen. Hitler hat zwar nach der Macht „gegriffen“, indem er sich um den Posten beworben hat, ohne Hilfe durch die „Steigbügelhalter“ hätte aber der Machtwechsel nicht stattfinden können.

2. Der Beginn der Gleichschaltung

a) Mit der Reichstagsbrandverordnung wurden wichtige Grundrechte (Meinungsfreiheit, Pressefreiheit, Versammlungsfreiheit, Briefgeheimnis usw.) außer Kraft gesetzt. Zudem konnten Hausdurchsuchungen und Festnahmen erfolgen, Personen konnten in Schutzhaft genommen und hohe Strafen, bis hin zur Todesstrafe bei Hochverrat, verhängt werden. Dies alles schwächte die Position von politischen Gegnern gewaltig, da sie nun kaum noch öffentlich wirksam agieren konnten. Dazu kam die Schwächung der Führungsebene, da mit der Schutzhaft und den Festnahmen gezielt politische Führungsfiguren ausgeschaltet wurden und es damit sehr schwierig war, Protest und Widerstand zu organisieren. Die Reichstagsbrandverordnung erlaubte im §2 auch einen Zugriff der Reichsregierung auf die Länder: Falls diese die Verordnung nicht umsetzen würden, „kann die Reichsregierung insoweit die Befugnisse der obersten Landesbehörde vorübergehend wahrnehmen“.

b) Hitler warnt vor einer möglichen gewalttätigen Eskalation der Lage, die bei einer derartigen revolutionären Situation eigentlich normal wäre. Die nationale Regierung braucht daher für ihre Politik ein Instrument, um in der Umbruchphase agieren und Ruhe gewährleisten zu können. Er beschwichtigt mögliche Gegner damit, dass er das „Ermächtigungsgesetz“ nur im Ausnahmefall anwenden und bestimmte Bereiche der Verfassung unangetastet lassen will (vgl. Z. 14–19).

c) Otto Wels bewertet die Regierungspolitik der Zeit zwischen dem 30.1. und dem 23.3.1933 sehr kritisch, weil seine Partei bereits erheblichen Verfolgungen ausgesetzt gewesen ist. Daher schenkt er den Versprechungen und Beteuerungen von Hitler kein Vertrauen. Das „Ermächtigungsgesetz“ würde die Verfassung und damit ihre Grundsätze „des Rechtsstaates, der Gleichberechtigung, des sozialen Rechtes“ (Z. 22 f.) aushebeln. Dies kritisiert er scharf und hält eine wirksame Opposition und damit eine Kontrolle des Regierungshandelns für wichtig. Mit dem „Ermächtigungsgesetz“ drohe eine „Allmacht der Regierung“ (Z. 18), die zudem auch schon die Pressefreiheit eingeschränkt hat. Er hält es für ehrenvoll, dem Gesetz nicht zuzustimmen („Freiheit und Leben kann man uns nehmen, die Ehre nicht.“).

d) Mit dem „Ermächtigungsgesetz“ endet die Gewaltenteilung, eine der wichtigsten Grundlagen eines demokratischen Staates. Gewählte Vertreter des Volkes im Reichstag haben kein Mitbestimmungsrecht mehr – eine „Volksherrschaft“ ist somit nicht mehr gegeben. Parteien können, zusammen mit den Regelungen der „Reichstagsbrandverordnung“, daran gehindert werden, die Regierung kritisch in ihrer Arbeit zu kontrollieren. Willkür und Unterdrückung sind die Folge. Zudem kann die Regierung laut Artikel 2 bei der Gesetzgebung von der Verfassung abweichen. Auch die im selben Artikel vorgegebenen Beschränkungen wurden von den Nationalsozialisten ignoriert, als ein Jahr später auch die Länder aufgelöst wurden und Hitler nach dem Tod von Hindenburg „Führer und Reichskanzler“ in einer Person war.

3. Tag von Potsdam – Bildquellen interpretieren
   a) Joseph Goebbels hat in seinen Aufzeichnungen zur Vorbereitung des Eröffnungsakts des neuen Reichstags das Ziel notiert: „Dort wird der neue Staat sich zum ersten Male symbolisch präsentieren.“ Der „Tag von Potsdam“ war also eine geplante propagandistische Selbstdarstellung von Hitler und der NS-Bewegung, die den Ort zur Eröffnung des neuen Reichstags bewusst gewählt haben: Die Garnisonkirche zeigt eine angebliche Verbindung von Hitler mit dem erfolgreichen und von großen Teilen der Deutschen verehrten Preußenkönig Friedrich dem Großen aus dem 18. Jahrhundert. Dazu kommt das Kaisertum Wilhelm II., zusätzlich verkörpert durch den kaiserlichen Generalfeldmarschall Paul von Hindenburg. Die Uniform von Hindenburg, der eigentlich der höchste Repräsentant der Republik ist, zeigt nicht zum ersten Mal, dass sich dieser der Monarchie und der Vergangenheit verbunden fühlt. Diesem „alten“ Deutschland tritt nun das „neue“ Deutschland, verkörpert durch Hitler und die NS-Bewegung, an die Seite. Der Händedruck kann als Geste der Versöhnung und der Einigkeit gedeutet werden. Hitler gibt sich betont bürgerlich und bescheiden, was durch den Anzug und die Körperhaltung verdeutlicht wird. Die NSDAP und Hitler zeigen sich so verbunden mit der konservativ-monarchischen Vergangenheit des Deutschen Reichs und suggerieren Kontinuität für die Anhänger der alten Ordnung.
   b) Das Foto ist bereits eine bewusste Inszenierung und kein „Schnappschuss“ – die Bildpostkarte stellt somit eine „doppelte Inszenierung“ dar. Die Haltung von Hitler und Hindenburg ist nicht verändert – weiterhin gibt sich Hitler bürgerlich, versöhnlich und bescheiden. Das Aussehen ist ebenfalls nahezu gleich. Jedoch trägt nun Hindenburg wie Hitler keine Kopfbedeckung, was sowohl für die neue Örtlichkeit spricht als auch den Größenunterschied minimiert. Hitler wirkt auf diese Weise fast auf einer Höhe mit Hindenburg, was seine Position stärkt. Der größte Unterschied ist aber die Lokalität: Der Händedruck ist nun in das Innere der Garnisonkirche verlegt und erhält so, auch durch den zentralen und erleuchteten Altar im Hintergrund, eine sakrale Überhöhung. Der damit vermittelte Anspruch ist deutlich: Die Versöhnung des „alten“ und des „neuen“ Deutschland erfolgt vor dem Altar in der Kirche und erhält dadurch religiöse Weihen. Die NS-Bewegung stellt sich also an die Seite der konservativ-monarchischen und christlichen Kräfte.

Die Nationalsozialisten festigen ihre Macht

Lösungen der Aufgaben auf Seite 75

1. Die Gleichschaltung
   a) Der „Führerstaat“ benötigte als Diktatur eine hierarchisch auf Adolf Hitler zugeschnittene Struktur des Staates. Daher war ein Ziel der Nationalsozialisten, die demokratische Weimarer Verfassung so zu verändern und auszuhebeln, dass es keine Demokratie, keine Gewaltenteilung

mehr gab. Pluralismus, Parlamentarismus, freie Wahlen, Bundesstaatlichkeit usw. wurden abgeschafft und durch eine Ausrichtung auf den Führer und auf Berlin abgelöst. Die „Gleichschaltung" bezog sich aber nicht nur auf die Politik, sondern erfasste auch Wirtschaft und Gesellschaft. Jeder Deutsche sollte sich den Idealen der Nationalsozialisten und Hitlers unterwerfen, der Einzelne musste sich in die „Volksgemeinschaft" einordnen und den wirtschaftlichen (Kriegs)Zielen Hitlers anpassen. Im Zuge der „Gleichschaltung" waren die Zerschlagung von Gewerkschaften, ein Verbot von Parteien, die Säuberung des staatlichen Verwaltungsapparats von Gegnern des NS-Regimes und von Juden und weitere Ausgrenzungen möglich.

b) Adolf Hitler vereinigte als „Führer und Reichskanzler" diktatorisch alle drei Gewalten auf sich: Als Reichskanzler und Staatsoberhaupt hatte er die exekutive Gewalt, zudem war er der Oberbefehlshaber der Wehrmacht und konnte in die Verwaltung des Staates, in die Regierungen der Länder und Landkreise usw. und über den ihm unterstellten „Reichsführer SS" auf Polizei, Gestapo und SS zugreifen. Er kontrollierte den Reichstag und besaß durch das „Ermächtigungsgesetz" legislative Befugnisse (Gesetzgebung). Schließlich unterstand ihm mit dem Volksgerichtshof die Judikative. Als oberster Führer der NSDAP kontrollierte er zudem den Parteiapparat, der parallel zu den staatlichen Institutionen aufgebaut war. Eine Kontrolle von Hitler war institutionell nicht vorgesehen.

c) Hitler legitimiert die Morde nachträglich per Reichsgesetz am 3.7.1934 als „Staatsnotwehr". In seiner Rede vor dem Reichstag (und damit vor der Öffentlichkeit) am 13.7.1934 betont er, dass er persönlich handeln musste, da es sich um eine „Meuterei" und um ein gefährliches „Geschwür" gehandelt habe. Er vergleicht die angeblichen Putschisten mit einer Krankheit, die es schnell zu vernichten galt, um die Gefahr der Verbreitung zu bannen. Diese Menschen hätten keine andere Behandlung verdient. Es ist ihm bewusst, dass er sich über das Gesetz gestellt und jenseits eines gerichtlichen Verfahrens gehandelt hat. Hitler stellte sich aber als „des deutschen Volkes oberster Gerichtsherr" dar und legitimierte so sein Handeln. Er habe so energisch handeln müssen, um Schaden vom deutschen Volk abzuwenden. Damit nimmt sich Hitler bereits die Befugnisse, die er spätestens nach dem Tod von Hindenburg als diktatorischer Führer besitzt.

Staatssekretär Meissner äußert sich dagegen in seinen Memoiren aus dem Jahr 1950 ablehnend über das Vorgehen von Hitler. Er bezeichnet die Hinrichtungen als „blutige [...] Grausamkeiten". Zu diesen Hinrichtungen sei es ohne jedes rechtsstaatliche Verfahren gekommen und Meissner hebt die Rolle von Denunziantentum und geplanten Abrechnungen hervor. Im Gegensatz zu Hitler sieht er das Volk nicht an dessen Seite, sondern betont, dass es in der Bevölkerung zu „Empörung" gekommen sei, das Vorgehen habe auch „Schrecken" erzeugt. Aus der Rückschau bewertet Meissner das Vorgehen von Hitler klar: Die Morde dienten ausschließlich der Machtfestigung von Hitler und der Partei.

d) Auf der Fotomontage ist ein erschossener SA-Mann in Uniform zu sehen, der auf dem Pflaster liegt und in der Todesstarre den rechten Arm zum Hitlergruß erhoben hat. Der Schriftzug mit dem deutschen Gruß „Heil Hitler!" ist verfremdet, von dem Namen „Hitler" tropft Blut herab. Die Fotomontage weist eine doppelte Zielrichtung auf: Einerseits kritisiert Heartfield Hitler und bezeichnet ihn durch den blutigen Schriftzug und die drastische Darstellung des getöteten Mannes als brutalen Mörder (sogar an den eigenen Leuten, sofern sie ihm nicht mehr nützen). Andererseits werden die SA-Anhänger und die NS-Bewegung negativ bewertet: Die Gefolgschaft und NS-Bewegung führen in den Tod. Insgesamt soll den Betrachtern vermutlich die Augen geöffnet werden für den vernichtenden und gefährlichen Charakter von Hitler und seiner Bewegung.

e) Das Schaubild sollte die Dimensionen der Gleichschaltung enthalten (Politik, Wirtschaft, Gesellschaft, Staat und Partei) und die zeitliche Abfolge der Maßnahmen verdeutlichen.

2. Gleichschaltung in einer hessischen Kleinstadt
   a) An Ober-Ramstedt kann man exemplarisch die Gleichschaltung im politischen und gesellschaftlichen Leben (hier: Sport und Kirche) verdeutlichen.
   Vor dem im Artikel angekündigten „Gleichschaltungs-Gesetz“ wurde in der Öffentlichkeit viel Propaganda für diese Gleichschaltung betrieben. Die „Odenwälder Nachrichten“ waren zu dem Zeitpunkt offenbar linientreu, begrüßten das Gesetz und bezeichneten das alte demokratische System als „unfähig“. Als erster Schritt wurde das Wahlergebnis vom 5. März als festgeschriebene „Basis“ genommen. Damit befanden sich auf allen Ebenen (Reich, Länder und Kommunen) die Nationalsozialisten in der Mehrheit. Damit war auch der Gemeinderat in Ober-Ramstadt in der Hand der Nationalsozialisten. Im Anschluss daran setzte sich im Mai die Gleichschaltung in der Gesellschaft fort: Der Turnverein des Ortes richtete sich nach den Vorgaben des Deutschen Turnvereins aus und unterstellte sich „geschlossen dem Führer des deutschen Reiches zum Aufbau eines neuen Deutschlands“. Damit herrschte auch in dem Sportverein sowohl das Führerprinzip als auch die Ausgrenzung von nicht-arischen Mitgliedern, also von Juden. Im Juli bekennt das evangelische Gemeindeblatt, dass nun auch „Volk und Glaube zusammenkommen“ werde. Dadurch stellt sich die evangelische Gemeinde des Ortes ebenfalls in den Dienst der NS-Bewegung.
   b) In einer Kleinstadt sind sich die Bewohner in der Mehrzahl bekannt, eine Anonymität wie in einer Großstadt ist nur in geringem Maß gegeben. Wenn man als jüdischer Mitbürger in Vereinen aktiv war, treffen einen Ausschluss und Verdrängung aus dem öffentlichen Leben hart und unmittelbar. Es ist unmöglich, in der anonymen Masse abzutauchen. Die gegenseitige Kontrolle in einer Kleinstadt macht umgekehrt auch eine Positionierung für die jüdischen Mitbürger schwer.
   c) Dieser Kommentar aus den „Odenwälder Nachrichten“ ist ein Ausdruck von NS-Propaganda. Es wird unterstellt, dass „das ganze Volk“ demokratiemüde ist und nicht wählen möchte. Hier wird ein gemeinsamer Volkswille im Sinne der nationalsozialistischen Volksgemeinschaft verkündet. Die Wahlbeteiligung und die hohe Zustimmung für die NSDAP vor 1933 sprechen zwar dafür, dass weite Teile der Bevölkerung den Aussagen zustimmen könnten. Doch auch in der letzten Reichstagswahl 1933, die bereits nicht mehr als fair und frei bezeichnet werden kann, hat die NSDAP „nur“ 43,9 % der Stimmen erhalten. Dies ist nicht „das ganze Volk“, wie im Artikel unterstellt wird.

Die Weltanschauung der Nationalsozialisten

Lösungen der Aufgaben auf Seite 79

1. Die nationalsozialistische Ideologie
   a) Als Grundpfeiler sind die folgenden sechs Sachverhalte zu nennen: Sozialdarwinismus, Rassenantisemitismus, Antikommunismus/Antidemokratismus, Volksgemeinschaft, Führerkult und die Lebensraumtheorie.

b) Die Schülerinnen und Schüler müssen den Unterschied zwischen dem mittelalterlichen Antisemitismus und dem neuzeitlichen Rassenantisemitismus erkennen. Während es sich im Mittelalter weitestgehend um eine religiöse Verfolgung der Juden handelte, basiert der Rassenantisemitismus ursächlich auf vermeintlich biologischen Faktoren. Somit werden die Juden als eigenständige Rasse erklärt und der religiöse Faktor wird weitestgehend ausgeklammert. Insofern hat der neuzeitliche Rassenantisemitismus u. a. auch seine Wurzeln im Sozialdarwinismus.

c) Hitler äußert im Wesentlichen folgende Vorwürfe gegenüber den Juden:
   a. Juden sind nicht kulturbildend
   b. Juden sind nicht einmal Nomaden sondern Parasiten in den jeweiligen Volkskörper.
   c. Die Juden sind verantwortlich für den Internationalismus und damit dem Bolschewismus.

d) Rassenlehre beinhaltet u. a., dass sich die stärkere Rasse im Kampf gegen die schwächeren Rassen durchsetzt und aus diesem Grund auch entsprechenden Lebensraum benötigt. Deshalb müssen die schwächeren Rassen diesen Lebensraum räumen und den erfolgreichen Rassen zur Verfügung stellen.

e) Hier können die Lernenden mithilfe aller sechs Elemente nachweisen, dass die Auffassungen der Nationalsozialisten schon lange vorher latent in der Bevölkerung vorhanden waren. So gab es im deutschen Volk schon während der Weimarer Republik die Sehnsucht nach einer starken politischen Persönlichkeit. Ebenso führten die Bestimmungen des Versailler Vertrages dazu, dass das deutsche Volk das Gefühl hatte, über zu wenig Lebensraum zu verfügen. Dieses Gefühl geht aber auch schon auf die Zeit des Kaiserreiches zurück. Am deutlichsten wird das Vorhandensein dieses Denkens aber beim Sozialdarwinismus. Bereits während der Zeit des Imperialismus unterstellte man der Bevölkerung Afrikas, dass sie nicht kulturtragend sei und deshalb den Weißen zu dienen habe. Dieses Gedankengut war aber nicht nur Bestandteil der deutschen Bevölkerung.

2. Das Führerprinzip

a) Die wichtigsten Aspekte des Führerprinzips lagen darin, dass der „Führer" sich auf Grund seiner überragenden Eigenschaften als „Führer" durchgesetzt hat und jetzt als unantastbar gilt. Er ist deshalb allein berufen, sein Volk zu lenken und zu leiten. Das Volk darf ihn dabei nicht infrage stellen.

b) Die Schülerinnen und Schüler müssen erkennen, dass das Führerprinzip reflexiv an Attraktivität gewinnt. Die Kaiserzeit erschien vielen Menschen als eine Zeit der Ordnung und Berechenbarkeit. Die Weimarer Republik hingegen wurde von der Mehrheit der Bevölkerung als Zeit des gesellschaftlichen Chaos begriffen. Aus diesem Grund sehnten sich die Menschen nach Berechenbarkeit der Politik. Dies erhofften sie sich von einem starken politischen Führer.

c) Das Führerprinzip schließt den Wettstreit politischer Konzeptionen aus. Politik definiert sich über die Interessen des „Führers" und nicht über Mehrheitsentscheidungen der Bevölkerung. Demokratische Entscheidungsprozesse und aktive Mitwirkung der Bevölkerung finden nicht statt.

Verführung und Gewalt

Lösungen der Aufgaben auf Seite 85

1. Der Terror des Nationalsozialismus
   a) Es ging um die Durchsetzung des totalen Machtanspruchs: Wer nicht zur deutschen „Volksgemeinschaft“ gehörte oder gehören wollte, wurde ausgegrenzt, verfolgt und vernichtet. Um den „Führerstaat“ wirkungsvoll durchzusetzen, musste jede Gegnerschaft im Keim erstickt oder vernichtet werden. Dies setzte man durch Kontrolle, Denunziantentum, Einschüchterung, offenen Terror, Angst und durch das Gefühl der Rechtlosigkeit und der Willkür durch. Die Konzentrationslager waren nur die extreme und systematisierte Form dieses Terrorsystems.
   b) Neben zahlreichen Publikationen über den Nationalsozialismus sind auch viele Internetseiten hilfreich, z. B.
      - Bundeszentrale für politische Bildung (Bereich Geschichte): www.bpb.de/geschichte/
      - Deutsches Historisches Museum Berlin (Bereich Sammlung und Forschung) www.dhm.de/sammlung-forschung/sammlungen0.html
      - Stiftung Topographie des Terrors (Berlin, Ausstellungsort und Forschungsstelle): www.topographie.de
      - Jede Gedenkstätte eines Konzentrationslagers verfügt auch über einen Internetauftritt. Je nach Standort des nächsten KZ empfiehlt sich hier eine eigene Recherche.

      Bei der Recherche sollte der Unterschied zwischen Konzentrations- und Vernichtungslager beachtet werden. Am Beispiel eines einzelnen Konzentrationslagers kann man zudem das System der Stamm- und Außenlager aufzeigen, z. B. kann eine Karte mit entsprechenden Markierungen versehen werden.
   c) Nach außen wurde die Inhaftierung in einem Konzentrationslager als „Schutzhaft“ bezeichnet. Wer dort inhaftiert wurde, sollte, wie in M11 beschrieben, im „Interesse der Sicherheit des Staates“ aus dem Verkehr gezogen werden, um nicht weiter zu „hetzen und Unruhe“ zu verbreiten. In dieser Logik wurde am Eingangstor zum KZ Dachau der Spruch „Arbeit macht frei“ befestigt, was ein doppeltes Signal war: Nach außen wurde der Bevölkerung Dachaus suggeriert, dass man als Häftling in dem Lager hart arbeiten musste, aber sich bewähren und wieder frei kommen konnte. Nach innen sollte der Spruch disziplinierend wirken. Nachdem jedoch bald klar war, dass es kein festgeschriebenes Verfahren gab, nach dem man frei kommen konnte, sondern pure Willkür herrschte, hatte der Spruch eine weitere Wirkung: Der Wille sollte gebrochen werden, da der Spruch eine zynische Zurschaustellung der Macht des NS-Staates war, der man völlig ausgeliefert war.
   d) Die Häftlinge verloren mit dem Betreten des KZ ihre Individualität und Menschlichkeit. Sie wurden nicht mehr mit Namen angesprochen, sondern mit der Nummer, die ihnen bei der Registrierung zugewiesen wurde. Die Häftlinge besaßen damit keine Würde mehr und sollten sich wertlos fühlen. Die KZ-Aufseher kannten nur die Nummern und sollten keine menschliche Beziehung zu den Häftlingen aufbauen, zudem war es leichter, Bestrafungen an „Nummern“ durchzuführen als an Individuen (vgl. M13: „Toleranz bedeutet Schwäche“). Auch die Häftlinge selbst durften offiziell nur diese Nummer benutzen. Diese war in den KZ auch gut sichtbar auf den Kleidungsstücken befestigt (nicht auf den Arm tätowiert – diese extreme Art der Entwürdigung gab es nur im Vernichtungslager Auschwitz).
   e) Individuelle Lösung.

2. Nationalsozialistische Wirtschaftspolitik
   a) Schwerpunkte der NS-Wirtschaftspolitik:
      - Beseitigung der Massenarbeitslosigkeit
      - Aufrüstung und Kriegsvorbereitung (Vorgabe von Hitler 1936: in vier Jahren müsse die Wirtschaft „kriegsfähig" sein)
      - Erreichung der wirtschaftlichen Autarkie, um im Kriegsfall nicht von Importen abhängig zu sein (v. a. Landwirtschaft und Brennstofferzeugung)
      - Lebensraum erweitern, da das Deutsche Reich überbevölkert sei und man nicht genug Lebensmittel und Rohstoffe zur Versorgung der Bevölkerung habe
   b) Die Arbeitslosenzahlen gehen laut „Statistischem Jahrbuchs für das Deutsche Reich 1939/40" (M7) von beinahe 5 Millionen Anfang 1933 auf nahezu 0 im Jahr 1939 zurück. Aus der Arbeitslosenstatistik der Nationalsozialisten wurden jedoch arbeitslose Frauen herausgerechnet, ebenfalls „verschwanden" die jungen Männer, die ihren Wehrdienst oder den Reichsarbeitsdienst ableisteten, aus der Statistik. Alle Gegner des NS-Staates, die arbeitslos waren, wie Juden, Sinti und Roma usw., wurden ebenfalls nicht aufgenommen, da sie in der Vorstellung der Nationalsozialisten auch keinen Anspruch auf Arbeit und Arbeitsvermittlung hatten. Auf diese Weise bildet die Statistik die Wirklichkeit nicht ab. Dennoch lässt sich feststellen, dass die Erholung der Weltkonjunktur und die Aufrüstungspolitik viele neue Arbeitsplätze schufen, weshalb ein genereller Rückgang der Arbeitslosenzahlen richtig ist. Nimmt man die Statistik M8 dazu, kann man aber auch festhalten, dass sich die Stundenlöhne (die durch die Auswirkungen der Weltwirtschaftskrise stark gefallen waren) während der ersten Jahre der NS-Herrschaft nicht erhöht haben und auf einem niedrigen Niveau verharrten.
   c) Der Tabelle M9 ist zu entnehmen, dass sich die Rüstungsproduktion zwischen 1938 und 1940 mehr als verdoppelt hat, der Vierjahresplan von 1936 wurde in dem Bereich also mehr als erfüllt. Die industrielle Produktion ist bis 1940 insgesamt kaum gewachsen (laut Index von 100 auf 102), was bedeutet, dass alle Bereiche außer der Rüstungsproduktion zurückgegangen sein müssen. Eine Vergleichszahl bieten die Verbrauchsgüter, die in den zwei Jahren von 100 auf 95 zurückgegangen sind. Die geforderte Kriegsvorbereitung war demnach erfolgreich verlaufen. Für die Bevölkerung gab es in der Zeit des Vierjahresplans mehr Arbeitsplätze, aber nicht unbedingt mehr Einkommen und weniger Verbrauchsgüter.

3. Die Funktion der DAF
   a) Die Rechercheergebnisse zur „Deutschen Arbeitsfront" sollten enthalten, dass die DAF von den Nationalsozialisten gegründet wurde, nachdem sie die freien Gewerkschaften verboten hatten. Diese gleichgeschaltete Institution war streng nach dem Führerprinzip ausgerichtet und vertrat die Arbeitnehmerinteressen im Gegensatz zu den freien Gewerkschaften nicht, da in ihr die Arbeiter und Unternehmer unter der Schirmherrschaft des „Führers" zusammengeschlossen waren.
   b) „Kraft durch Freude" organisierte für die deutschen Volksgenossen Freizeitangebote, also Aktivitäten in sportlichen, musischen und anderen Bereichen. Diese waren durchaus beliebt bei der Bevölkerung. Vor allem die vergleichsweise günstigen Möglichkeiten, mit KdF in den Urlaub zu fahren, waren für die Deutschen attraktiv, die nicht viel Geld hatten. Urlaub hatte man selten und man verbrachte ihn normalerweise zu Hause. Die Nationalsozialisten boten mit ihren Ausflügen die Gelegenheit, etwas gemeinsam zu unternehmen und fremde Gegenden zu erkunden. Teilweise errichteten die Nationalsozialisten große Ferienwohnanlagen für diese Gelegenheiten. Sofern man also zur Volksgemeinschaft dazugehörte, wirkten diese Angebote gemeinschafts-

stiftend und förderten die Zustimmung zum Regime. Wer nicht, wie in M14 deutlich wird, „gesund“ war oder aus der Volksgemeinschaft ausgeschlossen war, konnte aber auch an diesen vordergründig unpolitischen Veranstaltungen nicht teilnehmen.

c) Die Auseinandersetzung sollte die verschiedenen Aspekte enthalten: Attraktivität auf der einen Seite mit allen Verführungsangeboten einer Diktatur – Ausgrenzung, Marginalisierung und Vernichtung auf der anderen Seite.

Die „Hitlerjugend“

Lösungen der Aufgaben auf Seite 89

1. Die Jugend und der Nationalsozialismus
   a) Die Jugend galt als „Garant der Zukunft“, sie sollte im nationalsozialistischen Sinne, also rassebewusst erzogen und an den Staat gebunden werden. Zudem wollte man sie auf ihre künftige Rolle im Staat vorbereiten und deshalb erhielten die Jungen eine vormilitärische Ausbildung und die Mädchen wurden auf ihre Rolle als Mutter und Hausfrau vorbereitet.
   b) Die NS-Jugendorganisationen erfassten die Jugendlichen ab ihrem 10. Lebensjahr, um sie unabhängig von ihren Familien im Sinne der NS-Bewegung zu erziehen und zu formen. Dabei folgten die Organisationen (Jungvolk/Jungmädel, Hitlerjugend/Bund Deutscher Mädel, Wehrdienst bzw. Arbeitsdienst) nahtlos aufeinander. Hitler betont in seiner Rede im Dezember 1938 (vgl. M5), dass er den Jugendlichen damit jeden Rest von „Klassenbewusstsein oder Standesdünkel“ nehmen und so ideale Staatsbürger im NS-Sinne formen will. In den Organisationen erhielten die Jugendlichen politische Schulungen, die Jungen eine vormilitärische Ausbildung und die Mädchen eine Unterweisung in Hauswirtschaft und Säuglingspflege. Darüber hinaus stärkten die Organisationen das Gemeinschaftsgefühl und versuchten, mit einem attraktiven Freizeitangebot die Jugendlichen an den Staat zu binden.
   c) (Siehe auch Aufgabe 1b.)
   Das Foto der „BDM-Mädel“ (M3) in einem Zeltlager zeigt meist fröhliche Gesichter und eine Zeltlageratmosphäre mit Musik und Gemeinschaftserlebnis. Damit erscheint der BDM als attraktive Organisation, die ihren Mitgliedern Freizeiten bietet. Dabei fällt jedoch die einheitliche Freizeitkleidung auf. Diese Uniformierung ist bei dem Foto der Hitlerjugend (M2) noch hervorstechender, dazu kommen das Marschieren im Gleichschritt und das einheitliche Halten der Gewehre. Hier zeigen sich der kriegsvorbereitende Aspekt und der Zwang deutlich. Individualität und Freiheit kann man auf beiden Fotos nicht erkennen.
   d) Für Hitler ist dieser Satz positiv gemeint, da er Freiheit und Individualität ablehnte. Propagandasprüche wie „Du bist nichts, dein Volk ist alles“ zeigen ebenfalls die gewünschte Unterordnung und Einordnung in die Volkgemeinschaft. Ziel ist eine lückenlose Erfassung der Jugend und eine Indoktrinierung mit der Ideologie der NS-Bewegung. Für die Jugendlichen bedeutet dies Mitmachen oder Ausgrenzung.
   e) Individuelle Lösung

2. Propagandaplakate analysieren
   a) bis d)
   M6: Ein blonder, vermutlich zehnjähriger Junge, der die HJ-Uniform trägt, schaut ernst und entschlossen zur Seite. Dabei ist der Betrachter leicht in der „Froschperspektive" und blickt zum HJ-Jungen hoch. Im Hintergrund ist überlebensgroß ein Porträt von Hitler abgebildet, der ebenfalls ernst in dieselbe Richtung wie der Junge schaut. Die Plakatbeschriftung fordert „alle Zehnjährigen" auf, in die HJ einzutreten und dem Führer zu dienen.
   M7: Auch das Mädchen ist vermutlich zehnjährig, das Haar ist blond und ordentlich in Zöpfen geflochten, es trägt die BDM-Uniform und schaut fröhlich lächelnd nach links. Die Beschriftung des Plakats ist noch deutlicher als das bei der HJ: Hier „dient" das Mädchen nicht dem Führer, sondern „gehört" ihm. Das „Auch Du" ist hervorgehoben – das Mädchen gehört wie viele andere Mädchen dem Führer. Zudem wird mit dem „Du" der Betrachter angesprochen, in dem Fall ein Mädchen im BDM-Alter.
   Beide Plakate betonen, dass die Jugend Teil der Volksgemeinschaft ist, der Führer erscheint (bildlich oder durch den Text) als Leitfigur. Die Jugendlichen entsprechen den rassischen Idealen der NS-Ideologie und sollen mit den Plakaten dazu animiert werden, in die HJ und den BDM einzutreten.
   Der Junge ist etwas über dem Betrachter positioniert, wirkt also herausgehoben und wird in seiner Bedeutung noch durch das Hitler-Porträt verstärkt. Hinter der Jugend steht also Hitler, und wer in die HJ eintritt, „dient dem Führer" und ist Teil einer großen, ernsten Aufgabe. Man kann sich mächtig fühlen und dient als wichtiger Teil einer Bewegung Hitler und seinen Zielen. Das lächelnde Mädchen zeigt weniger den Ernst der Situation, sondern wirkt fröhlich und unbeschwert. Dies kann die Attraktivität der Bewegung und das positive Gemeinschaftsgefühl ausdrücken, das durch die Zugehörigkeit zu Hitler und der NS-Bewegung entsteht.

Ausgrenzung und Entrechtung der Juden

Lösungen der Aufgaben auf Seite 93

1. Die Ausgrenzung und Entrechtung der Juden
   a) „Judenboykott" Anfang April 1933 richtete sich gegen jüdische Geschäfte, Ärzte und Rechtsanwälte. Das sogenannte „Gesetz zur Wiederherstellung des Berufsbeamtentum" vom 7. April 1933 führte zur Entlassung der jüdischen Beamten und Angestellten aus dem öffentlichen Dienst. Die „Nürnberger Gesetze" (1935) hatten rechtliche Diskriminierung und gesellschaftliche Ächtung zur Folge.
   b) Eheschließung und Verkehr zwischen Juden und Nichtjuden wurden verboten und mit Strafen bedroht. Einführung des „Arierparagrafen" für fast alle Berufsgruppen. Beginn der Zwangsarisierungen in der Wirtschaft durch Drohung und Erpressung.
   c) Standesbeamte hatten von Amts wegen zu prüfen, ob eine geplante Eheschließung den juristischen und rassenideologischen Grundsätzen des nationalsozialistischen Regimes entsprach.

2. Die Reichspogromnacht 1938
   a) Die Haltung der Augenzeugen war heterogen. Sie reichte von mehr oder minder ausgeprägter Zustimmung über Schweigen und Desinteresse bis zu Erstaunen und Ablehnung. Gläubige Katholiken und bibeltreue Protestanten lehnten die Ausschreitungen gegen Juden in privaten Gesprächen häufig ab, wagten es aber nicht, dieses öffentlich kund zu tun. Die Repräsentanten der christlichen Kirchen schwiegen zu den Pogromen.
   b) Die wilden, unkontrollierten und gewalttätigen „Demonstrationen und Aktionen" der nationalsozialistischen Parteibasis, die häufig mit Plünderungen der jüdischen Geschäfte und Wohnungen einhergingen, sollten „sofort" beendet werden, um weitere Schäden, insbesondere Versicherungsschäden zu vermeiden. Die „endgültige Antwort" soll dem „Judentum" auf dem Verordnungswege durch die staatliche Obrigkeit erteilt werden (vgl. Pogromverordnungen und Kontribution vom 12. November 1938).
   c) Der Begriff „Reichskristallnacht" ist nach dem 10. November 1938 im Berliner Volksmund entstanden, als viele Straßen im Westen Berlins mit Kristallglas und Schaufensterscheiben aus demolierten Geschäften jüdischer Eigentümer überhäuft waren. Dieser Begriff verharmlost und beschönigt die Gewalttaten, da nicht nur Sachwerte beschädigt, sondern auch Synagogen (jüdische Gotteshäuser) zerstört wurden und überdies unschuldige Menschen zu Tode kamen.
   Der Begriff „Reichspogromnacht" enthält keinerlei euphemistische oder ironische Färbung. Er betont auch die reichsweite Ausdehnung der judenfeindlichen Ausschreitungen, beschränkt diese aber zeitlich auf die Nacht vom 9. zum 10. November 1938. Gegen diese Beschränkung auf eine Nacht ist einzuwenden, dass fanatische Nationalsozialisten in Nordhessen, zum Beispiel in Kassel, und Sachsen-Anhalt erste Pogrome bereits am 7. und 8. November inszenierten, das heißt unmittelbar nach Bekanntwerden des Attentats auf den deutschen Diplomaten vom Rath in Paris und noch vor dessen Tod am 9. November; sozusagen in vorauseilendem Gehorsam gegenüber ihrer Parteiführung. Außerdem waren pogromähnliche Gewaltakte in manchen Städten, zum Beispiel in Breslau und Wien, auch über den 10. November hinaus zu beobachten.
   Dagegen beschreibt der Terminus „Novemberpogrome 1938" zutreffend die über eine Nacht hinausgehenden judenfeindlichen Terrorakte im November 1938 – auch in Abgrenzung zu den pogromähnlichen Vorgängen im Frühjahr und Sommer desselben Jahres in fast allen Regionen des „Großdeutschen Reiches", also auch im „angeschlossenen" Österreich.
   d) Individuelle Lösung.

Lösungen der Aufgaben auf Seite 95
Methode: Umgang mit Bildquellen

Fragen an Bildquellen

1. a) Individuelle Schülerlösung. Mögliche Denkanstöße seitens der Lehrkraft könnten sich auf die Farbgebung und den Gesichtsausdruck der dargestellten Figur beziehen.
   b) Individuelle Schülerlösung.

dargestelltes Element	**mögliche Irritation durch:**
Figur	schwarz-weiße Farbgebung; Gesichtsausdruck; Körperhaltung; Kleidung
Peitsche	personaler Bezug; Funktion
kartografisches Objekt	geografischer Raum; Hammer und Sichel; personaler Bezug
Titel	rote Farbe; Schriftart; Semantik
Hintergrund	gelbe Farbe

c) Individuelle Schülerlösung. Mögliche Fragen lassen sich aus der Tabelle zu 1.b) ableiten.

2. a) Das Plakat ist im Jahr 1937 von einem H. Stalüter (mögl. Pseudonym) geschaffen worden.
   b) Das Plakat war zum Zweck der öffentlichen Bewerbung der antisemitischen Ausstellung „Der ewige Jude“ gestaltet worden, die am 8. November 1937 im Deutschen Museum in München eröffnet wurde.

3. a) *Figur:* Dargestellt ist eine männliche Person von kräftiger Statur, bekleidet mit einem schwarzen, zugeknöpften Mantel, darunter ein weißes Hemd. Der Kopf ist mit einer Mütze bedeckt. Die Körperhaltung des Mannes ist aufrecht und gekrümmt zugleich, die Schultern sind nach oben gezogen. In der rechten, nach vorn gerichteten Hand hält der Mann vier Geldstücke unbekannter Währung. Die linke Hand hält eine Peitsche. Unter dem linken Arm ist ein kartografisches Objekt geklemmt. Die Augen des Mannes sind geschlossen. Die Gesichtszüge wirken karikiert.
   Peitsche: Die in der linken Hand des Mannes gehaltene Peitsche ist im Abstand von etwa einer Handbreite geknotet, was sich vermutlich bis zum Ende hin (außerhalb des Bildausschnitts) fortsetzt. Die Peitsche ist nicht offensiv, also bereit zum Schlag gehalten.
   Kartografisches Objekt: Der einer Steintafel ähnliche, unter dem linken Arm eingeklemmte Gegenstand trägt die kartografische Darstellung des russischen Teils Europas mit dem Ural als östlicher Grenze. Die Aufschrift „RUSZLAND“ ist deutlich zu erkennen. Außerdem sind in roter Farbe die Westgrenze Russlands sowie das sowjetische Symbol „Hammer und Sichel“ zu abgebildet.
   Geldstücke: Die vier Geldstücke nicht erkennbarer Währung werden von dem Mann gut sichtbar präsentiert.
   Schriftzug: Der auf den Titel der Ausstellung hinweisende Schriftzug „Der ewige Jude“ ist in auffälligem Rot gehalten und bestimmt den Vordergrund des Gesamtmotivs. Auffällig ist, dass die lateinischen Lettern eine scheinbare Ähnlichkeit zum Hebräischen aufweisen, es sich also um einen stilisierten Schrifttyp handelt.
   Farbgebung: Der Mann und die Peitsche sind in Schwarz-weiß dargestellt, die Geldstücke und der Hintergrund in Gelb, der Titel und das Hammer-und-Sichel-Symbol sowie die Grenzlinie sind rot. Der Hinweis auf die Eröffnung der Ausstellung ist in gelber Schrift auf schwarzem Font zu sehen.
   b) *Figur (inkl. Geldstücke und Peitsche):* Die schwarz-weiße Darstellung des Mannes provoziert die Wahrnehmung dessen als vermeintlich trügerisch und fremd. Die Gesichtszüge und der Bart entsprechen den nach der nationalsozialistischen Rassenideologie typischen äußeren Merkmalen von Juden. Besonders die geschlossenen Augen bauen eine Distanz zum Betrachter auf. Die wenigen Geldstücke bringen eine vermeintliche Armut zum Ausdruck, hinter der Bettlerhaltung soll wiederum eine klischeehafte „jüdische Habgier“ vermutet werden, die unter dem langen Mantel zu verstecktem Reichtum führt. Offenbar zu brutalen Methoden bereit (Peitsche) sei „der Jude“ in erster Linie daran interessiert, seinen eigenen Gewinn zu maximieren.
   Kartografisches Objekt: Hiermit soll ein Zusammenhang zwischen dem Judentum als „Rasse“ und dem sowjetischen Bolschewismus als politisches Feindbild hergestellt werden.
   Schriftzug: Die „Hebräisierung“ der lateinischen Schrift soll einerseits Lesbarkeit garantieren, andererseits eine Assoziation von Fremdheit hervorrufen.
   Farbgebung: Durch das geringe Farbspektrum werden starke Kontraste erzeugt. Die Farben Rot und Gelb gelten zudem allgemein als Signal- bzw. Warnfarben, was mit der schwarz-weißen

Blässe des Mannes korreliert. Scheinbar zufällig lassen sich in der Gesamtbetrachtung der Farben Schwarz, Rot, Gelb (bzw. Gold) die deutschen Nationalfarben herausdeuten.

c) Die *Zeilen 1 bis 6, 7 und 8* beschreiben das Bild.

4. a) *Figur:* Vgl. die Anmerkungen zu Aufgabe 3.b).
   b) Vgl. die Anmerkungen zu Aufgabe 3.b). Die Darstellung des Mannes in Schwarz(-weiß) ist damit zu erklären, dass von ihm etwas Fremdes, Undurchschaubares und zuletzt Böses ausgehen soll. Die Farbe Rot kommt unter zwei Gesichtspunkten zum Einsatz. Im Falle von Hammer und Sichel steht sie für den sowjetischen Bolschewismus, der neben der „jüdischen Rasse" das Hauptfeindbild in der nationalsozialistischen Weltanschauung darstellte. Im Falle des Schriftzuges soll mit Hilfe der roten Farbe eine Gefahr zum Ausdruck kommen, dasselbe gilt für die Farbe Gelb, die zur Vorsicht und Achtsamkeit mahnt. In der Kombination lassen sich die deutschen Nationalfarben entschlüsseln.
   c) Vgl. die Anmerkungen zu Aufgabe 3.b).
   d) In den *Zeilen 6 bis 28* wird das Bild interpretiert.

5. a) Die Ausstellung bildet den Abschluss einer Reihe sogenannter Schandausstellungen, zu der auch die „Große antibolschewistische Schau" von 1936 und die Kunstausstellung „Entartete Kunst" von 1937 gehörten. Die beiden Schauen von 1937 dienten der weiteren antisemitischen Indoktrinierung der deutschen Bevölkerung und somit der Vorbereitung der Novemberpogrome von 1938.
   b) Der Titel „Der ewige Jude" verweist darauf, dass es sich bei den gezeigten Motiven um Grundeigenschaften einer spezifischen Personengruppe handle, die historisch belegbar seien.
   c) In den *Zeilen 15 bis 18* wird explizit auf die historischen Bezüge zum Titel eingegangen. Ein weiterer Hinweis findet sich in den Zeilen 31 ff, in denen auf „uralte kollektive Fantasien von Weltverschwörung und geheimer Macht" rekurriert wird.

6. a) Das Plakat beförderte die antisemitische Tendenz in der Bevölkerung, karikierte und transportierte somit die bereits im Rahmen der Rassenlehre verbreiteten Ressentiments.
   b) Vor allem die Darstellung des jüdischen Mannes zeigt deutlich, dass die Wahrnehmung der Juden in dieser Zeit allgemein bereits durch feste Klischees geprägt war. So ist es beispielsweise der rassenbiologischen Theorie der Nationalsozialisten geschuldet, dass die körperlichen Merkmale des abgebildeten Mannes wahrscheinlich auch ohne Kenntnis des Bildtitels von den meisten Zeitgenossen als typisch jüdisch beschrieben worden wäre.
   c) Die Einschätzung Loewys (M2) bestätigt die Interpretation, dass mithilfe des Plakats (sowie der Ausstellung im Ganzen) Juden zunehmend an den Rand der Gesellschaft gedrängt werden sollten. Eine medienpropagandistische Zuspitzung erfuhr die Thematik mit dem gleichnamigen Film „Der ewige Jude" von 1940, der als der aggressivste Propagandastreifen der NS-Zeit gilt.
   d) Individuelle Schülerlösung. Die Schülerinnen und Schüler können sich an der Interpretation Loewys (M2) (ab Zeile 29) orientieren. Wichtige Punkte bei der Zusammenfassung sind: zeitliche Einordnung / Historischer Hintergrund; Eckdaten der Ausstellung (Ort, Zeitraum, Ausstellungsfläche, Besucherzahlen); Inhalt der Ausstellung.

Nationalsozialistische Außenpolitik 1933 – 1938

Lösungen der Aufgaben auf Seite 99

1. Die nationalsozialistische Außenpolitik
   a) b) Außenpolitische Erklärung Hitlers sowie Hitler als friedliebender Politiker:
   - Liebe und Treue zum deutschen Volkstum
   - Achtung der nationalen Rechte anderer Völker
   - Wunsch nach Frieden und Freundschaft
   - Wunden des Weltkriegs und des Versailler Vertrags sollen geheilt werden
   - Streben nach friedlicher und vertraglicher Regelung aller schwierigen Fragen

   c) Hitlers Rede vor den Chefredakteuren der nationalsozialistischen Presse am 10. November 1938 war nicht für die Öffentlichkeit bestimmt. Sie unterlag der Geheimhaltung, anders als seine Rede vor dem Reichstag am 17. Mai 1933. Hitler benutzte die Redakteure der NS-Presse zur allmählichen Einstimmung und propagandistischen Vorbereitung auf Kriegsbereitschaft im deutschen Volk.
   Dagegen diente Hitlers „Friedensrede" vom Mai 1933 der Ablenkung und Verschleierung seiner heimlichen Aufrüstung gegenüber dem Ausland sowie seiner langfristigen Kriegsplanung. Diese Politik der Tarnung, Täuschung und Verschleierung bezeichnet man auch als Camouflage.

   d) und e) Aus Hitlers Mund am Ende eines Kanonenrohres fliegt eine Taube als Symbol des Friedens ins Freie. Unter der Kanone stehen Soldaten, zu erkennen an der Uniformität, in Reih und Glied. Der Redner Hitler erscheint als Friedensengel mit Heiligenschein, zugleich aber bedrohlich durch die Kanone und eine große Zahl der ihm untergebenen Soldaten. Alle stehen auf dem Boden des Hakenkreuzes und der militanten Ideologie des Nationalsozialismus. Friedensrede (1933) und militärische Aufrüstung (1933 ff.) stehen im deutlichen Widerspruch. Hitlers militante Entourage lässt seine Friedensrede unglaubwürdig erscheinen. Der Karikaturist hat Hitlers Rhetorik der Verschleierung mit visionärer Schärfe frühzeitig erkannt.

2. Ein Propagandaplakat analysieren
   a) Das Propagandaplakat von 1935 bezeichnet das militärisch ohnmächtige Deutschland umgeben und eingekreist von hochgerüsteten Nachbarstaaten, vor allem im Westen und Osten sowie von Seemächten. Unausgesprochen: Alle Nachbarstaaten verfügen über schwere Waffen, die nach dem Versailler Vertrag für Deutschland verboten worden sind. Das Plakat soll Unsicherheit und Angst im deutschen Volk schüren und die eigene Aufrüstung rechtfertigen. Vgl. dazu auch die rhetorische Frage „Ist dies Sicherheit?"

   b) Hitlers Zielsetzungen: Lösung von den Versailler Beschränkungen, insbesondere
   - Wiedereinführung der allgemeinen Wehrpflicht (1935)
   - Aufbau der Luftwaffe und der Kriegsflotte
   - Verkündung des Vier-Jahres-Planes (1936). „Die deutsche Armee muss in 4 Jahren einsatzfähig sein. Die deutsche Wirtschaft muss in 4 Jahren kriegsfähig sein."

3. Appeasement-Politik
   a) Appeasement-Politik bezeichnet die konzessionsbereite britische Außenpolitik gegenüber dem nationalsozialistischen Deutschland zwischen 1934 und 1938. Der britische Regierungschef

Chamberlain machte Zugeständnisse bei den deutschen Bestrebungen, den Versailler Vertrag zu revidieren, weil er hoffte, Hitler dadurch von einer militärischen Durchsetzung seiner politischen Ziele abhalten zu können (vgl. Sudetenkrise und Münchener Abkommen 1938).

b) Individuelle Lösung.

c) Individuelle Lösung.

Die Sowjetunion unter Stalin

Lösungen der Aufgaben auf Seite 103

1. „Aufbau des Sozialismus" – Propaganda
   a) Stalins Methoden der Machterhaltung basierten u. a. auf Personenkult, Unterdrückung der Opposition und Ausschaltung jeglicher Prinzipien von Demokratie. Ein wesentliches Mittel, um seine Herrschaft aufrechtzuerhalten, war die Angst vor dem sowjetischen Geheimdienst.
   b) Die Kollektivierung der Landwirtschaft erfolgte zu Beginn der 30er-Jahre. Ziel war es, vor allem die Groß- und Mittelbauern zu entmachten und zu enteignen. Dazu benutze Stalin vor allem das Instrument des Terrors und der Vertreibung. Die Kollektivierung führte zu Hungersnöten vor allem auf dem Land.
   c) Stalin betont die vermeintlichen Erfolge. Als wichtigste Voraussetzung für die Industrialisierung sieht er die Bildungsreform. Er feiert es als großen Erfolg, dass in ehemals unterentwickelten Gebieten große Industrieanlagen errichtet worden sind.
   d) Kopelew betont vor allem die Leiden der Bevölkerung während der Kollektivierung. Besonderen Wert legt er dabei auf die Darstellung des Hungers der ländlichen Bevölkerung.

2. „Archipel Gulag"
   a) Als Informationsquelle eignen sich verschiedene Internetseiten, z. B.:
   http://de.wikipedia.org/wiki/Alexander_Issajewitsch_Solschenizyn,
   http://www.dieterwunderlich.de/Alexander_Solschenizyn.htm.
   b) Solschenizyn beschreibt das Vorgehen des sowjetischen Geheimdienstes gegenüber vermeintlichen Oppositionellen. Ein wichtiges Mittel dabei war, das Prügeln, aber auch das Verhindern des Kontaktes mit Menschen außerhalb der Gefängnismauern.
   c) Der wichtigste Grund besteht darin, dass Bücher, die sich kritisch mit der Sowjetunion auseinandersetzten, verboten waren. Aber auch viele Menschen, die für den sowjetischen Geheimdienst arbeiteten, meldeten, wenn Menschen solche Bücher lasen. Für die Mehrheit waren diese Bücher ohnehin nicht erreichbar, da sie auch nicht publiziert wurden.

Der Beginn des Zweiten Weltkrieges

Lösungen der Aufgaben auf Seite 107

1. Das Vorgehen gegen die Tschechoslowakei und der Beginn des Zweiten Weltkrieges
   a) Position des britischen Botschafters: harsche Kritik an der Besetzung der Tschechoslowakei wegen Bruchs des Völkerrechts; Folge des deutschen Einmarsches: Zusammenrücken osteuropäischer, slawischer Staaten; Verständnis für die Besetzung Österreichs und des Sudetenlandes durch das Deutsche Reich wegen der dort lebenden Deutschen und der Übereinstimmung dieses Vorgehens mit dem Selbstbestimmungsrecht der Völker (Ergänzung: vor der Besetzung gab es aber keine Volksabstimmung in beiden Gebieten)
   Position des französischen Botschafters: Besetzung der Tschechoslowakei als Wendepunkt der deutschen Außenpolitik hin zu einem Imperialismus, da zuvor nur deutschsprachige Gebiete besetzt wurden; deutscher Imperialismus als Gefahr für andere europ. Staaten; Widerspruch der deutschen Außenpolitik wegen der früheren Behauptung, Deutsche und Tschechen könnten nicht in einem Staat leben; keine Vertragstreue Deutschlands und Überraschungsstrategie als Teil der Außenpolitik
   b) mithilfe der Texte nicht lösbar; eigentlich: Angst vor einer kriegerischen Auseinandersetzung, gleichzeitig instabile Lage in Frankreich; England sieht in Hitler-Diktatur Bollwerk gegen den Bolschewismus
   c) Es handelt sich um eine neue Etappe der deutschen Außenpolitik, weil erstmals ein Teil eines Staates ohne deutsche Bevölkerung annektiert wurde.
   d) 1. Vorbereitung des Angriffs auf Polen durch den deutsch-sowjetischen Nichtangriffspakt. Damit sollte ein Krieg mit der Sowjetunion vermieden werden, die sich bei einem Ausgreifen Deutschlands nach Osteuropa aufgrund der Lebensraumpolitik Hitlers ebenfalls bedroht sehen musste.
   2. Inszenierung eines Kriegsgrundes (angeblicher polnischer Überfall auf deutschen Rundfunksender Gleiwitz)

2. Der deutsch-sowjetische Nichtangriffspakt
   a) Teil 1: Verbot feindlicher Aktivitäten gegenüber dem Vertragspartner; Verbot der Unterstützung von Gegnern des Vertragspartners; friedliche Beilegung von Konflikten zwischen den Vertragspartnern
   Teil 2: Geheimhaltung des Zusatzprotokolls: Abgrenzung von Interessensgebieten des Deutschen Reichs und der UdSSR im Baltikum durch die nördliche Grenze Litauens, in Polen in etwa durch die Flüsse Narew, Weichsel und San und in Südosteuropa; Möglichkeit der gemeinsamen Beseitigung des polnischen Staates
   b) Hitler und Stalin begrüßen sich, was ihre Gestik betrifft, formvollendet und ehrerbietig, da sie ihre rechte Hand an die Brust legen, sich vorbeugen und den „Hut“ ziehen. Dazu passt die romantische Überschrift „Rendezvous“. Die Gestik steht aber in scharfen Kontrast zur Kleidung, denn beide Figuren tragen eine Uniform, was zur beschriebenen Begrüßung nicht passt, da es sich um eine Begrüßungsform unter Zivilisten handelt. Vor allem aber die abwertenden Äußerungen der beiden widersprechen der freundlichen Gestik und dem Titel der Karikatur. Am Boden liegt eine leblose Gestalt, die den zerstörten polnischen Staat symbolisiert. Die Begrüßung

findet unmittelbar nach einem Kampf in einem Granattrichter statt, der Geschützrauch ist im Hintergrund noch zu sehen.

Aussageabsicht:

- David Low macht einerseits auf die Tatsache aufmerksam, dass die Vertreter zweier feindlich gesinnter Ideologien auf Kosten Polens miteinander paktieren. Die Karikatur vom 20.09.1939 macht somit den deutsch-sowjetischen Nichtangriffspakt für die Zerstörung des polnischen Staates verantwortlich, nachdem am 17.09.1939 die Rote Armee in die Osthälfte Polens einmarschiert war. Auf diesen Zusammenhang verweist auch die Überschrift „Rendezvous“, also auf ein „Stelldichein“, das man zuvor schon (Vertrag) getroffen hat.
- Aufgrund des Kontrasts zwischen freundlicher Gestik und abwertenden Aussagen wird deutlich, dass es sich um einen unnatürlichen Pakt handelt, der nur aufgrund eines gemeinsamen Gegners, nämlich Polens, zustande kam. Bei dem Pakt wird es sich nur um eine kurzfristige Annäherung handeln.

c) Die Sowjetunion wollte die Mitverantwortung an der Zerstörung des polnischen Staates ausblenden, noch dazu weil Polen damals „Bruderstaat“ im sowjetischen Machtbereich war.

Die „Blitzkriege“ 1939–1941

Lösungen der Aufgaben auf Seite 111

1. „Blitzkriege“ in Europa
   a) Gemeint ist damit das rasche Vordringen deutscher Truppen aufgrund der Kombination einer modernen Luftwaffe und schneller Panzereinheiten.
   b) Gründe für das schnelle Vorrücken der deutschen Truppen:
      - moderne deutsche Armee
      - schlecht ausgerüstete polnische Armee
      - keine Kriegsbereitschaft Frankreichs und Englands
      - schwache Armeen der Benelux-Staaten wegen geringer Anzahl an Soldaten und Kriegsgerät

2. Besatzungsherrschaft in Frankreich
   a) Argumente Pétains für die Zusammenarbeit mit Deutschland:
      - Kollaboration ermöglicht „Erneuerung“ im Sinn einer Beendigung alter Parteienkämpfe und Höhergewichtung staatlicher Interessen im Vergleich zu Privatinteressen
      - Zusammenarbeit wurde von Hitler angeboten (eine falsche Behauptung, weil sich Pétain an Hitler gewandt hatte und um Waffenstillstand bat)
      - „ritterliche“ Bedingungen, unter denen Frankreich mit Deutschland zusammenarbeiten kann
      - leichtere Verfolgung nationaler Interessen durch die Kollaboration mit Deutschland
   b) <u>Argumente für Kollaboration</u>:
      - teilweise Wahrung der nationalen Ehre gegenüber dem „Erbfeind“ Deutschland
      - Wahrung einer Teilsouveränität
      - Aussichtslosigkeit eines weiteren Kampfes mit möglichen verheerenden Folgen für Frankreich (ähnlich wie zuvor Polen)

- Deutschland hatte bis auf England keinen Gegner und damit Frankreich nur noch einen Verbündeten; viele dachten, dass England dem deutschen Angriff nicht standhalten würde, noch dazu nach dem Abschluss des Hitler-Stalin-Paktes; französische Politiker glaubten zudem, dass sich England und Deutschland zu Lasten Frankreichs auf einen Vergleich einigen; dieses Misstrauen gegenüber England entstand dadurch, dass viele Franzosen nach dem Rückzug der englischen Truppen von Dünkirchen nach Großbritannien an dem Kampfwillen Englands zweifelten und die englische Flotte die französische versenkte, weil die englische Regierung der Zusicherung der französischen Regierung nicht traute, die französische Flotten nicht den Deutschen auszuliefern.
- Ablehnung eines französischen Hilfsgesuchs durch die USA

Argumente gegen Kollaboration:
- moralisch verwerflich wegen Zusammenarbeit mit einer Diktatur
- verbunden mit der Kollaboration war die Ausgrenzung von Juden (z. B. jüdischer Beamter), was allerdings von Deutschland nicht gefordert worden war
- moralische Verpflichtung zu einem weiteren Kampf gegen Nazi-Deutschland

3. Besatzungsherrschaft in Polen
   a) Zusammenfassung der Ausführungen Hans Franks:
      - erniedrigende Behandlung der polnischen Bevölkerung, um die Überlegenheit der deutschen Rasse zu demonstrieren: einfache Schulbildung, Filme schlechter inhaltlicher Qualität oder mit der Überlegenheit der deutschen Kultur als Thema, nur oberflächliche Information mit Nachrichten und Schließung kultureller Einrichtungen
      - wirtschaftliche, gesellschaftliche und politische Zerstörung des einstigen Polens
      - Neuaufbau der Industrie im Generalgouvernement mit polnischen Zwangsarbeitern
   b) Zusammenhang von NS-Ideologie und Besatzungspolitik:
      - Sozialdarwinismus/Rassismus: Geringschätzung der slawischen Rasse und Kampf zwischen höheren und niedrigeren Rassen um die Vorherrschaft auf der Welt als Normalität; schwächere Rassen zu Sklaven degradiert
      - Rassenantisemitismus: in Polen lebten sehr viele Juden
      - Lebensraumtheorie: Ansiedlung von Deutschen durch Vertreibung und Dezimierung slawischer Völker, da diese im Vergleich zur „arischen“ Rasse über zu viel Lebensraum verfügen würden

Kriegswende und Kriegsende

Lösungen der Aufgaben auf Seite 117

1. Der Kriegsverlauf 1941 – 1945
   a) Wichtigste Stationen des Kriegsverlaufs:
      - Kriegseintritt der USA 1941 nach dem japanischen Angriff auf die amerikanische Pazifikflotte in Pearl Harbor; deutsche und italienische Kriegserklärungen an die USA
      - Ende des deutschen Vormarsches in die UdSSR Ende 1941 wegen Wintereinbruchs und Verstärkung der Roten Armee an der Front

- Niederlage in Stalingrad als endgültiger Wendepunkt des Krieges 1943 nach der verlorenen Luftschlacht gegen England 1941
- Landung amerikanischer und britischer Truppen auf Sizilien 1943 und in der Normandie 1944
- Kapitulation der deutschen Wehrmacht 1945

b) Ursachen des Kriegseintritts der USA:
- Expansion Japans aus wirtschaftlichen Gründen
- Bündnis Japans mit dem Deutschem Reich, gegen das die USA schon vor ihrem Kriegseintritt indirekt durch die militärische Unterstützung Englands Krieg führte; Anlass: japanischer Überfall auf Pearl Harbor

c) Ereignisse, die zur Kriegswende führten:
- Niederlage der deutschen Luftwaffe im Kampf um England 1941, was zu einem Zweifrontenkrieg für Deutschland führte
- Ende des Vormarsches deutscher Truppen in die UdSSR 1941 wegen der mangelhaften Ausrüstung für einen Winterkrieg, der Verstärkung sowjetischer Truppen und der Partisanenangriffe
- Kapitulation der 6. Armee in Stalingrad 1943 als Voraussetzung für den Gegenangriff der Roten Armee
- Landung amerikanischer und britischer Truppen auf Sizilien 1943; Landung amerikanischer und britischer Truppen 1944 in der Normandie und somit immense Verstärkung der britischen Streitkräfte durch fortlaufende amerikanische Unterstützung

2. „Totaler Krieg“ – Eine Rede analysieren

a) Sinnabschnitte:
- Z. 1–11: Gleichsetzung der Zuhörer mit der Nation; Ankündigung des Themas: Aufforderung zur Antwort auf zehn Fragen, Hinweis an die Zuhörer, dass Antworten an den Feind gerichtet sind
- Z. 12–50: Nennung von Behauptungen der Engländer, die den Siegeswillen und den Glauben an den Führer in Abrede stellen; daraufhin folgt jeweils eine rhetorische Frage Goebbels, die klar macht, dass diese Behauptungen jeglicher Grundlage entbehren
- Z. 51–54: Als Abschluss der Rede Bekräftigung der Antworten der Zuhörer durch die Gleichsetzung von Zuhörern und Nation wie zu Beginn der Rede

b) Zielsetzung:
- Demonstration des ungebrochenen Kampfeswillens der deutschen Bevölkerung gegenüber dem inneren und äußeren Feind
- Motivation der deutschen Bevölkerung und Soldaten
- Vorbereitung und Einschwörung der Bevölkerung auf den „totalen Krieg“ mit seinen weiteren Entbehrungen

c) Beurteilung der Aussage: „Ihr also, meine Zuhörer, repräsentiert […] die Nation.“:
Diese Gleichsetzung ist propagandistisch zu verstehen, da es sich bei den Zuhörern im Sportpalast um ein ausgewähltes, NS-treues Publikum handelte, während immer weitere Teile der Bevölkerung wegen der Bombenangriffe und der zuvor stattgefundenen Kapitulation der 6. Armee in Stalingrad zunehmend desillusioniert waren. Mit dieser Gleichsetzung bzw. den euphorischen Antworten der Zuhörer wollte Goebbels den Feinden Deutschlands und den Skeptikern in der deutschen Bevölkerung einen angeblichen deutschen Siegeswillen demonstrieren.

3. Verbrechen der Wehrmacht – Dokumente analysieren
   a) Vergleich der Massaker in Tarnopol und Borissow
      Gemeinsamkeiten:
      - Massenerschießung von Juden außerhalb der Städte
      - Weißrussische Zivilbevölkerung als Zuschauer (Borissow) oder Mittäter (Tarnopol)

      Unterschiede:
      - In Tarnopol Pogrom und kein systematisches Vorgehen wie in Borissow, wo Tage zuvor schon Massengräber für die Exekutionen ausgehoben und die Juden zuvor schon von ihrer „Abholung" in Kenntnis gesetzt worden waren. Außerdem fand eine systematische Vorgehensweise bei der Erschießung der Juden in Borissow statt.
      - Durchführung der Exekutionen in Borissow durch russische Sicherheitspolizei, in Tarnopol durch SS und Sonderkommando 4b; Mithilfe der Wehrmacht in Tarnopol
   b) Vergleich Genfer Abkommen und Kommissarbefehl
      Kommissarbefehl widerspricht dem Genfer Abkommen:
      - direkte Aufforderung, das Völkerrecht gegenüber den politischen Kommissaren der Roten Armee nicht zu beachten, da es sich nicht um reguläre Soldaten handeln würde, für die der Schutz durch das Völkerrecht gilt
      - Erschießung der politischen Kommissare durch die Truppe, obwohl im Genfer Abkommen festgehalten ist, dass Kriegsgefangene „nicht der Gewalt der Personen oder Truppenteile [unterstehen], die sie gefangen genommen haben"
      - Erschießung von Kommissaren, obwohl nach dem Genfer Abkommen unmenschliche Behandlung und Vergeltungsmaßnahmen verboten sind
   c) Stellungnahme: Diese Aussage überzeugt aus folgenden Gründen:
      - Einzelne Wehrmachtssoldaten weigerten sich zum Teil, verbrecherische Befehle auszuführen.
      - Da die Wehrmacht völkerrechtswidrige Befehle ausgab und diese zum Teil selbst Hitler vorschlug, ist die Behauptung gerechtfertigt, die Wehrmacht als Institution als verbrecherische Organisation zu bezeichnen. Vergleich: Auch wenn die katholische Kirche als Institution konservativ ist, bedeutet dies nicht gleichzeitig, dass jedes Mitglied der katholischen Kirche dieser Wertvorstellung anhängt.
      - Hilfestellung (z. B. Transport von Juden, Absperrung der Exekutionsplätze) und z. T. direkte Beteiligung von Wehrmachtseinheiten bei der Erschießung

Kriegsalltag in Deutschland

Lösungen der Aufgaben auf Seite 121

1. Kriegsalltag in Deutschland
   a) Beschreibung des Kriegsalltags in Deutschland:
      - während der erfolgreichen Kriegsjahre kaum Einschränkungen für deutsche Bevölkerung aufgrund der Ausbeutung eroberter Länder und des Einsatzes von Zwangsarbeitern
      - ab 1942 großflächige Zerstörungen deutscher Städte durch alliierte Luftangriffe; Folgen: Verlust von Freunden und Verwandten, der Wohnung usw.; Kinderlandverschickung

- auseinandergerissene Familien durch Kinderlandverschickung, Gewöhnung an neue Umgebung wegen Kinderlandverschickung (Berichte des Sicherheitsdienstes geben Einblicke in die unterschiedlichen Mentalitäten der Flüchtlinge aus den ausgebombten Städten und der ländlichen Bevölkerung, bei denen Mütter mit ihren Kindern untergebracht waren, weswegen es oftmals zu Spannungen kam. So wird berichtet, dass Frauen aus Städten, die bei Bauernfamilien untergekommen waren, nachmittags weiterhin wie gewohnt in ein Café gehen wollten und aus diesem Grund die Bauersfrauen baten, auf ihre Kinder aufzupassen, während sie in die nächstgelegene Stadt fuhren.)
- Dienstverpflichtung für Jugendliche und Erwachsene als Flakhelfer oder Arbeiter in der Rüstungsindustrie
- zahllose Todesurteile

b) Maßnahmen zum Schutz gegen die Luftangriffe:
- Kontrolle der Vollständigkeit von Löschgeräten
- Sand
- Wasserspritze
- Wasservorrat
- Verdunklung
- Erste-Hilfe-Schrank
- vor dem Schlafengehen Kleidung griffbereit zurechtlegen
- auch Kinder sollen bei Fliegeralarm mithelfen und sich diszipliniert verhalten

Wirksamkeit der Maßnahmen:
- oftmals nicht ausreichend, v. a. bei Einsetzen eines Feuersturms
- anfangs psychologische Beruhigung der Bevölkerung durch Flugblätter wie dem aus Duisburg

2. „Feuersturm"

a) Zusammenfassung der Darstellung über die Bombardierung Hamburgs:
- Angriffe tagsüber und nachts an mehreren Tagen unmittelbar hintereinander
- Störung der deutschen Flugabwehr durch Stanniolstreifen
- Feuersturm mit enormer Windgeschwindigkeit, der wie ein Sog wirkte
- Begünstigung des nächtlichen Feuersturms durch hohe Temperaturen tagsüber und z. T. durch enge Wohnbebauung
- 31.647 Tote, 125.000 Verletzte, 1 Mio. Obdachlose
- Todesursachen: Verbrennen, Ersticken, Überhitzung des Körpers

b) Ergebnis des Vergleichs: große Diskrepanz zwischen den Aussagen des Flugblattes und der Realität:
- Angeblich macht allein Disziplin die Angriffe erträglich.
- Da auf dem Flugblatt bis auf die Mutter nur Kinder/Jugendliche dargestellt sind, die die Schutzmaßnahmen durchführen, erscheinen die Vorbereitungen und die Bombardierung wie ein Kinderspiel.

3. Standpunkte vergleichen

a) Vergleich der Auffassung beider Wissenschaftler:
Wolfgang Benz vermittelt eine ausgewogene Beurteilung des Luftkrieges während des 2. Weltkrieges. Denn einerseits spricht er durchaus von dem Schrecken und dem Unheil durch die alliierten Luftangriffe. Andererseits macht er deutlich, dass es die deutsche Luftwaffe war, die als

Erstes Städte der Gegner Deutschlands angriff und zum Teil völlig zerstörte. Interessant dabei ist, dass der Begriff „Terror“ erst in Zusammenhang mit den deutschen Luftangriffen Verwendung findet.

Wolfgang Sofsky hingegen verurteilt die alliierten Luftangriffe als „puren Terror“ und „militärisch sinnlos“. Außerdem legt er nahe, dass die Alliierten hätten wissen müssen, dass „Dauerterror“ nicht wie gedacht zu einem Aufstand, sondern zu Apathie führt. Zudem wirft er dem Bomber-Command vor, seine Existenz durch Erfolge begründen zu müssen, sodass die Luftangriffe militärisch nicht gerechtfertigt gewesen seien. Sofsky verwendet für die Beschreibung der alliierten Angriffe Begriffe wie „Dauerterror“ oder „Verbrechen“. Aber auch er ist der Meinung, dass die alliierten Luftangriffe mit anderen Untaten des Krieges verglichen werden können. Allerdings nennt er nicht wie Benz deutsche Luftangriffe, sondern Massaker deutscher Einheiten in besetzten Ländern. Doch während der Vergleich mit den deutschen Luftangriffen bei Benz indirekt dazu dient, die alliierten Luftangriffe als Vergeltung für deutsche Luftangriffe zu verstehen, verwendet Sofsky die Gleichsetzung der alliierten Luftangriffe mit eindeutigen deutschen Verbrechen dazu, die Luftangriffe der Alliierten als Verbrechen zu bewerten.

b) und c) Beurteilung der Aussage, Handlungen kriegsführender Mächte könnten miteinander verglichen werden, und Bewertung der Aussage, die Bombardierung deutscher Städte sei ein Kriegsverbrechen gewesen:
Vergleichen kann man solche Handlungen sicherlich nach bestimmten Kriterien wie Ursachen, Vorgehensweise, Zielsetzung und Ergebnis. Zu diskutieren ist allerdings, ob solche Handlungen gleichgesetzt werden können. Die Tötung von Zivilisten wird man sicherlich als Verbrechen bewerten, unabhängig davon, ob die Täter Deutsche oder Alliierte waren. Dennoch müssen Ursache und Zielsetzung berücksichtigt werden, bei den Alliierten der Kampf gegen eine Diktatur, die auch eigene, hohe Verluste zur Folge hatte, und die Hoffnung, mit den Angriffen einen Sturz Hitlers zu erreichen.

Lösungen der Aufgaben auf Seite 123
Methode: Umgang mit Berichten von Zeitzeugen

Umgang mit historischen Zeitzeugenprotokollen

1. Herkunft des Protokolls:
   a) Interviewer: unbekannt; Interviewte: Gerda Fessel, 86 Jahre (zum Zeitpunkt des Interviews)
   b) Das Interview fand im Jahr 2012 statt.

2. Ablauf des Gesprächs:

a)

Phase	**Zeilen**	**Zeit**
Pflichtjahr (i. d. Landwirtschaft)	1–9	bis 1941
Lehre (Kauffrau)	10–15	1941-1944
Reichsarbeitsdienst	16–33	1944
Kriegshilfsdienst	34–55	Oktober 1944 – Januar 1945
Kriegsende/Heimkehr	56–74	Januar 1945 (bis ca. 10. Januar)

b)

Sachinformationen	**Gefühle/Emotionen/Haltungen**
Schilderung des Pflichtjahres	Keine
Schilderung der Lehre	Keine

Schilderung des Arbeitsdienstes	Zeilen 25–33: Enttäuschung über Fortsetzung der Arbeit trotz widriger Witterungsverhältnisse
Schilderung des Kriegshilfsdienstes	Zeilen 43 f.: Abschied vom Vater; Heimweh
	Zeilen 48 f.: „unheimlich lange“ (Wertung)
	Zeile 51: „Wir haben uns alle kaum gekannt“ (Sachinformation enthält Bewertung der Situation als befremdlich/ungewohnt)
	Zeilen 43 f.: „[…] sogar ein bisschen Geld bekommen.“ (positive Erinnerung/rückblickende Überraschung)
Schilderung der Heimkehr	Zeilen 70–73: Schreck/Entsetzen über zerstörtes Magdeburg

3. Inhalt des Gesprächs:
   a) Gerda Hassel schildert den Lebensabschnitt und ihre Erlebnisse zwischen dem Schulabschluss und dem Kriegsende.
   b) Die Interviewte beschreibt zunächst ihre Zeit während des Pflichtjahrs. Das frühe Aufstehen scheint hierbei die präsente Erinnerung zu sein. Es folgt die Ausbildung zur Kauffrau in ihrer Heimatstadt Burg. Ihre Schilderung des anschließenden Arbeitsdienstes ist vor allem geprägt von der Unterkunft in einem Arbeitslager und der Arbeit auf dem gefrorenen Rübenfeld. Das eindrücklichste Erlebnis während des Kriegshilfsdienstes scheint die Zusammenkunft mit dem Vater gewesen zu sein. Ferner beschreibt Gerda Fessel die Arbeit bei der Straßenbahn, den beschwerlichen Arbeitsweg und die Unterbringung im Maidenlager zusammen mit 200 jungen Frauen. Den Schluss des Interviews markiert die Heimkehr mit dem Truppentransport. Tod und Zerstörung prägen hierbei die Erinnerung.

4. Ergiebigkeit der Aussagen:
   a) Auffällig ist, dass die Schilderungen keinen Bezug zum Nationalsozialismus, beispielsweise zu einer möglichen Mitgliedschaft in einer NS-Jugendorganisation aufweisen. Interessant ist auch die Rolle des Vaters: Inwiefern war es ihm möglich, als – möglicherweise kriegstauglicher – Mann in der Zeit des „totalen Krieges“ ins Arbeitslager seiner Tochter zu reisen, um ihr Kleidung zu bringen? War er verwundet? Hatte er ein zu hohes Alter? Einen direkten Kontakt zum Kriegsgeschehen scheint die Interviewte nicht gehabt zu haben, lediglich die Folgen (tote Pferde, Zerstörung) sind ihr noch präsent.
   Die lange Zeit von rund 70 Jahren, die zwischen dem Erlebten und dem Interview liegt, kann zum Erinnerungsverlust geführt haben. Ferner ist es nicht selten der Fall, dass die Erinnerungen von Zeitzeugen durch andere Informationen (beispielsweise angelesenes Geschichtswissen) überlagert wurden und eine Unterscheidung zwischen persönlicher Erinnerung und angeeigneten Informationen mit der Zeit nicht mehr möglich ist. Zudem können im Zeichen einer psychischen Schutzreaktion besonders traumatische Erinnerungen verloren gegangen sein.
   b) Insgesamt sind die Schilderungen der Interviewten sehr sachlich und zugleich nüchtern gehalten, daneben bestehen nur wenige Ausnahmen (vgl. die Anmerkungen zu Aufgabe 2.b). Besonders ergiebig sind z. B. die Angaben zum Arbeitsweg (während des Arbeitsdienstes und des Kriegshilfsdienstes). Die Beschreibung der Rübenernte könnte hingegen durch erfundene Informationen ergänzt worden sein: Die Fortsetzung der Arbeit mit einem Kartoffelsack über dem Kopf ist nicht intersubjektiv überprüfbar, sodass dieser Information nicht zu großen Wert beigemessen werden sollte.

Die Ermordung der Juden

Lösungen der Aufgaben auf Seite 129

1. Die planmäßige Ermordung der Juden
   a) Holocaust (hebräisch: Brandopfer) ist die Bezeichnung für die Vernichtung des europäischen Judentums durch das nationalsozialistische Deutschland im Zweiten Weltkrieg.
   Da viele Juden den Holocaust nicht als „Brandopfer“ verstehen, benutzen sie stattdessen den Begriff Shoa (wörtlich: Unheil).
   b) Das Schaubild muss die relevanten Aspekte zur
   - Ausgrenzung und Entrechtung der Juden,
   - Verfolgung und Vertreibung der Juden sowie
   - Ermordung der Juden in den Konzentrations- und Vernichtungslagern

   enthalten.

2. Der Holocaust
   a), b), c) Bei den individuellen Lösungen der Schüler/innen ist besonderes Augenmerk auf die Täter- und Opferperspektiven sowie auf die Vermeidung apologetischer und revisionistischer Betrachtungen zu richten.

Widerstand gegen den Nationalsozialismus

Lösungen der Aufgaben auf Seite 135

1. Formen des Widerstands
   a) alltägliche Verweigerung; politischer Widerstand (besonders KPD und SPD); kirchlicher Widerstand (Predigten Einzelner, Bekennende Kirche); militärischer Widerstand (20. Juli 1944); Studentischer Widerstand („Weiße Rose“); Widerstand von Jugendlichen („Swing-Jugend“); Widerstand von Einzelpersonen (Georg Elser); Desertion; Widerstand in besetzten Gebieten (Partisanen, Ächtung von Kollaborateuren)
   b) Kreisauer Kreis: Diese bürgerliche, später von der Geheimen Staatspolizei als „Kreisauer Kreis“ bezeichnete Gruppe entwickelte im Rahmen ihrer Treffen Pläne für eine Neuordnung Deutschlands nach dem Sturz der NS-Diktatur. Weitere Informationen:
   www.dhm.de/lemo/kapitel/zweiter-weltkrieg/widerstand/kreisauer/
   Swing-Kids: In Opposition zur Hitlerjugend identifizierten sich die „Swing-Kids“ mit dem Lebens-, Kleidungs- und Musikstil der amerikanischen und britischen Jugend der Dreißigerjahre. Weitere Informationen:
   www.dhm.de/lemo/kapitel/ns-regime/widerstand/jugendopposition/
   Rote Kapelle: Die Zusammensetzung dieser losen Vereinigung unterschiedlich motivierter Gruppen kann im Vergleich zu anderen Widerstandsgruppen als ausgesprochen heterogen bezeichnet werden. Aufgrund ihrer tendenziell sozialistischen Gesinnung und einzelner Spionage-

aktionen mit Kontakt zur Sowjetunion stufte sie die Gestapo als kommunistischen Landesverräter ein. Weitere Informationen:
www.dhm.de/lemo/kapitel/zweiter-weltkrieg/widerstand/rotekapelle/

2. Attentat auf Hitler – Den Verlauf rekonstruieren und bewerten
   a) Der zu einer militärischen Lagebesprechung in das „Führerhauptquartier" bestellte Oberst Graf von Stauffenberg deponiert im Besprechungsraum eine Kofferbombe, die er zuvor mithilfe seines Adjutanten, Oberstleutnant Werner von Haeften, mit einem Zeitzünder ausgestattet aber aufgrund einer Störung nicht vollständig präpariert hatte. Kurz vor der Detonation verlässt Stauffenberg unter dem Vorwand eines dringenden Telefonats die Besprechung, im Anschluss an die aus der Ferne beobachtete Explosion verlassen beide Attentäter fluchtartig die „Wolfsschanze" und fliegen zurück nach Berlin. In dem Glauben, Adolf Hitler sei bei dem Attentat ums Leben gekommen, wird der Tod des „Führers" bekannt gegeben. Daraufhin befiehlt Heinrich Himmler die Festnahme Stauffenbergs. Der Tod Hitlers wird zwischenzeitlich über den Rundfunk dementiert. Indes gerät der Umsturz ins Stocken, nachdem einzelne Schlüsselfiguren mit ihren Entscheidungen zögern. Nach der Festnahme der Verschwörer werden in der Nach vom 20. zum 21. Juli Olbricht, von Haeften, Mertz von Quirnheim und Stauffenberg ohne Gerichtsurteil exekutiert.
   b) Attentat: Aufgrund einer Störung konnte die Sprengladung nicht sorgfältig präpariert werden, was nur etwa die halbe Sprengkraft zur Folge hatte. Zudem nahm Stauffenberg die zweite, nicht gezündete Sprengladung nicht mit in den Besprechungsraum – zweifellos wäre auch sie durch die Explosion des ersten Sprengsatzes mit detoniert, was zum Tod aller Anwesenden geführt hätte. Letztlich hatte einer der Besprechungsteilnehmer die Aktentasche umgestellt, um selbst besser an den Kartentisch zu gelangen. Hitler war somit nicht mehr der direkten Sprengwirkung ausgesetzt.
   Umsturz: Das Zögern bzw. Versagen mehrerer Schlüsselfiguren führte letztlich zum Scheitern der Operation Walküre.
   c) Individuelle Schülerlösung.

3. Widerstand – Ein Flugblatt analysieren
   a) Im Kern gehörten der Gruppe der „Weißen Rose" die Geschwister Sophie und Hans Scholl, deren Kommilitonen Christoph Probst, Willi Graf und Alexander Schmorell sowie der Universitätsprofessor Kurt Huber an. Daneben gab es zahlreiche Sympathisanten und Unterstützer.
   Sophie und Hans Scholl: Nach der Verteilung von Flugblättern in der Münchner Universität wurden sie festgehalten und später von der Gestapo in Haft genommen und wenige Tage später aufgrund eines Gerichtsurteils durch das Fallbeil hingerichtet.
   Christoph Probst: Nach Bekanntwerden der Urheberschaft des Flugblattes wurde auch Probst verhaftet und zum Tode verurteilt.
   Kurt Huber, Willi Graf und Alexander Schmorell: Verurteilung zum Tode in einem späteren Prozess.
   b) Die Ziele und Forderungen der „Weißen Rose" waren:
      - freie Selbstbestimmung
      - Kampf gegen die NSDAP/Entmachtung
      - Abschaffung der Parteiorganisationen
      - Beendigung des Krieges

Im Allgemeinen:
- Aufklärung der Studentenschaft/Bevölkerung

c) Die größte Schwierigkeit bestand in der geheimen Vervielfältigung und Verbreitung der Flugblätter.

4. Einen Begriff definieren

a)

Aktiver Widerstand	**Passiver Widerstand**
Herstellung und Verbreitung von Flugblättern	Verweigerung (z. B. des Hitlergrußes)
Boykott von Veranstaltungen	Streik
regimekritische Predigten/Reden in Kirche und Öffentlichkeit	Nichteintritt in die NSDAP
Unterstützung von Widerstandsgruppen	Nichtbefolgung gesetzlicher Regeln
Attentat	Rezeption regimekritischer Texte

b) Individuelle Schülerlösung.
c) Individuelle Schülerlösung.

Das Ende des Zweiten Weltkrieges

Lösungen der Aufgaben auf Seite 139

1. Das Ende des Krieges

a) Die Kapitulation in Berlin-Karlshorst in der Nacht vom 8. auf den 9. Mai 1945 erfolgte aus protokollarischen Gründen, da es die sowjetische Führung nicht hinnehmen wollte, dass das Ende des Krieges ohne Beteiligung eigener militärischer Vertreter am 7. Mai in der von Generaloberst Jodl in Reims unterzeichneten Kapitulationsurkunde für den 8. Mai beschlossen worden war. Aus diesem Grund wird heute besonders in Westeuropa und den USA der 8. Mai als „Tag der Befreiung" und vor allem in Russland der 9. Mai als „Tag des Sieges" begangen.

b) Die Rede Weizsäckers setzte einen vorläufigen Schlusspunkt hinter die vier Jahrzehnte währende Unfähigkeit der deutschen Gesellschaft, sich reflektiert, aber nicht distanziert mit dem Ende des Zweiten Weltkrieges auseinanderzusetzen. Der Verdienst der Rede bestand indes darin, dass sie zwei dichotome Anknüpfungspunkte bereithielt: Für die einen war sie Ausdruck innerer Befreiung, für die anderen wirkte sie integrativ und versöhnend. Zugleich appellierte von Weizsäcker an seine Zuhörer, den Tag der Befreiung auch als einen der Erinnerung zu begreifen, und beförderte somit eine gesellschaftliche Debatte um die Deutung der eigenen Geschichte, die wenig später im Historikerstreit auf einer kontroversen Ebene ausgebaut wurde.

c) Individuelle Schülerlösung: Die Karikatur veranschaulicht die unterschiedlichen Sichtweisen (Niederlage vs. Sieg/Befreiung vs. Zusammenbruch) auf das Ende des Zweiten Weltkrieges und stellt die jeweiligen Schicksale nebeneinander. Letztlich münden jedoch alle in der Sache gegensätzlichen Schicksale in der Gemeinsamkeit, den Nationalsozialismus und den Krieg hinter sich zu lassen und in eine neue Zukunft zu blicken.

2. Atombomben auf Hiroshima und Nagasaki
   a) Die Bildergeschichte verdeutlicht vier Phasen der tödlichen Wirkung einer Atombombe: Die zunächst freigesetzte Hitze verursacht tödliche Verbrennungen auf der Haut, der Lichtblitz für bei direktem Blickkontakt zur Erblindung. Die anschließende Druckwelle verursacht massive Verwüstungen und ist für ungeschützte Menschen verheerend. Infolge der großen Hitzeentwicklung werden alle brennbaren Stoffe im Umfeld sofort entzündet, die dynamischen Winde entfachen die Brände zusätzlich, was zum sogenannten Feuersturm führt. Schließlich ist es die radioaktive Strahlung, die selbst die Menschen, die Hitze, Druck und Feuer überlebt haben, zu Tode kommen lässt.
   b) Coulmas wählt eine sehr differenzierte Betrachtungsweise: Er betont, dass es wechselseitige, voneinander unabhängige Faktoren waren, die die Abwürfe begünstigten. In der geschichtspolitischen Diskussion um „die Katastrophe über Hiroshima und Nagasaki" eröffnet diese Argumentation allerdings Spielraum für die Relativierung der Verantwortung, die die US-amerikanische Führung an diesem gezielten Einsatz zweifellos gehabt hatte.
   c) Im kollektiven Gedächtnis nicht nur der USA erfährt die militärische Intervention der USA sowohl in Europa als auch im Pazifik bis heute bedeutende Anerkennung, das amerikanische Volk sah und sieht sich als Sieger dieses Krieges und Bewahrer von Millionen von Menschenleben. In diesem Geschichtsbild und nationalen Selbstverständnis bildete ein Eingeständnis der sinnlosen Ermordung hunderttausender, in letzter Konsequenz sogar von Millionen Menschen einen beträchtlichen Makel, sodass Zweifel an der Notwendigkeit dieses Einsatzes in der öffentlichen Meinung kaum einen Platz finden.

Kriegsende in Deutschland

Lösungen der Aufgaben auf Seite 151

1. Kriegsende in Deutschland

a)

politisch	– Ende der NS-Diktatur – politischer Stillstand/Fehlen eines politischen Systems – Rückgriff auf Bewährtes aus der Weimarer Republik – Befehlsgewalt der Besatzungsmächte
ökonomisch	– zerstörte Wirtschafts- und Industriebetriebe – fehlende Arbeitskräfte (gefallene Frontsoldaten, Kriegsgefangene, Opfer des Bombenkrieges) – zerstörte Städte und Infrastruktur – Lebensmittelrationierung – Schwarzhandel
sozial	– Leben in Notunterkünften/Obdachlosigkeit – Hunger und Armut – „Trümmerfrauen“ – Kirche als Zufluchtsort
ideologisch	– politische Desillusionierung – Täter-Opfer-Diskussion – Orientierung an den USA – Entnazifizierung und Demokratisierung durch die Alliierten
militärisch	– bedingungslose Kapitulation der deutschen Wehrmacht/Auflösung aller militärischen Verbände – vollständige Niederlage des Deutschen Reiches – Besetzung Deutschlands durch die alliierten „Siegermächte“ – Hunderttausende Männer in alliierter Kriegsgefangenschaft

b) Der Begriff „Stunde Null“ bringt auf der Grundlage der historischen Fakten (vollständige Kapitulation des deutschen Militärs, Zerschlagung des NS-Staates) zugleich Wunsch und Befürchtung eines politischen, wirtschaftlichen und gesellschaftlichen Neuanfangs ohne jede Voraussetzung zum Ausdruck, impliziert folglich auch eine Verdrängung der NS-Zeit und deren Verbrechen. Generell ist festzustellen, dass die Deutschen den Wiederaufbau keineswegs vor dem Hintergrund des Fehlens jeglicher ökonomischer oder politischer Grundlage begannen, sondern einerseits massive Unterstützung seitens der Alliierten bekamen und andererseits durchaus auf noch bekannte politische Ressourcen sowie vorhandenes Humankapital zurückgreifen konnten.

2. Nach dem Krieg – Berichte von Zeitzeugen analysieren

a) Die Schülerin in Text *(a)* berichtet von der ersten Ungewissheit und Sorge um den Verbleib einiger Familienmitglieder. Anschließend schildert sie, wie in ihrem Haus Verwandte und mehrere Fremde Zuflucht suchten und fanden. Es werden Hunger und Enge aber auch kindliche Arglosigkeit und Freude beschrieben. Aus Gesprächen der Eltern leitet die Zeitzeugin die allgemeine Angst vor den Sowjets ab.

Der bei Kriegsende vierzehnjährige Klaus Gerber *(b)* erinnert sich an seinen Aufenthalt in einem Kloster, die ersten Kontakte mit Flüchtlingen aus dem Osten, die Nachrichten von den befreiten Konzentrationslagern und die unter anderem daraus folgende ideologisch-politische Desillusionierung. Ferner berichtet er von der zwischenzeitlichen Internierung durch amerikanische Truppen und dem anschließenden einwöchigen Weg nach Essen.

b) Die Schülerin *(a)* hebt das Spielen mit den anderen Kindern als positiv und die Unterhaltungen der Erwachsenen als negativ hervor. Klaus Gerber *(b)* beschreibt die politische Haltlosigkeit, die er aufgrund der Aufdeckung der nationalsozialistischen Verbrechen erfuhr, und erinnert sich daran, dass er aufgrund seiner Erfahrungen als Vierzehnjähriger bereits sehr selbstständig gewesen ist.

c) Bei dem ersten Erlebnisbericht handelt es sich um die Erinnerungen an eine Kindheit, in der Spiel und Leichtigkeit die Sorgen des Alltags verwischten und sogar ausblendeten. Der Bericht des seinerzeit vierzehnjährigen Gerber hingegen enthält einen Kampf um die eigene Existenz, die unsichere Suche nach der eigenen Familie und sogar Reflexionen des Politischen. Beide Berichte beziehen sich an mehreren Stellen auf die Alliierten, die ihrerseits Einfluss auf das Schicksal der Zeitzeugen nehmen konnten und nahmen.

d) Erinnerungen sind immer subjektiver Natur. Sie sind in der Regel gefärbt von Gefühlen und Emotionen oder den Meinungen und Urteilen Dritter. Je länger der Zeitraum ist, der zwischen dem Zeitpunkt des Erinnerten und dem Zeitpunkt der Erinnerung liegt, desto größer ist die Wahrscheinlichkeit, dass die Erinnerung von anderen Erinnerungen oder der Rezeption von Sachinformationen überlagert und somit verfälscht wird.

3. Berichte aus den Besatzungszonen

a) Die „Berichte aus Mainz“ (M6) beziehen sich beide auf die Notsituation der unmittelbaren Nachkriegszeit. In beiden Fällen berichten Frauen – Mütter von Kindern – von der eigenen Situation. Während Elisabeth E. (Text a) Sehnsüchte und die kindliche Fähigkeit, sich durch Vorstellung und Fantasie vom Hunger abzulenken, beschreibt, erinnert sich die Hausfrau Hildegard S. (Text b) an das Hamstern, geringe Ausbeute und die Schwierigkeiten, den Bauern adäquate Zahlungs- oder Tauschmittel anbieten zu können, stehen bei dieser Erinnerung im Vordergrund. In beiden Texten kommt rückblickend die Verzweiflung zum Ausdruck, die in Bezug auf die eigene Lebenssituation allgegenwärtig gewesen ist.

b) In der sowjetischen Besatzungszone wurde im Herbst 1945 ein Lebensmittelkartensystem eingeführt, das dem Grundprinzip der „materiellen Interessiertheit“, also des normativ festgelegten individuellen Bedarfs folgte. Demnach wurde die Bevölkerung in zunächst sechs, später fünf sogenannte Kartengruppen eingeteilt: je höher die Eingruppierung, desto geringer der persönliche Bedarf an Lebensmitteln. Während Schwerstarbeiter mit der Kartengruppe I die größten Rationen erhielten, wurden Kinder bis zum 15. Lebensjahr in die Kategorie V eingruppiert und hatten somit einen wesentlich geringeren Anspruch. Der Teil der Bevölkerung, der nicht unter die Definition des „Arbeiters“ fiel – hierzu zählten auch Angestellte – gehörte der Kartengruppe IV an.

c) Individuelle Schülerlösung. Vgl. die Anmerkungen zu Aufgabe 3.b).

Die „Zusammenbruchsgesellschaft“

Lösungen der Aufgaben auf Seite 155

1. Die „Zusammenbruchsgesellschaft“
   a) Der Begriff „Zusammenbruchsgesellschaft" bezeichnet die Situation der Menschen in den Kriegsgebieten während und unmittelbar nach dem Krieg, insbesondere im Jahr 1945. Beschrieben wird so der Wandel der sozialen Verhältnisse infolge des Krieges: An der Front gefallene oder vermisste Väter, vom alliierten Bombenkrieg zerstörte Familien, durch Flucht und Vertreibung verlorene Angehörige, in den Konzentrationslagern der Nationalsozialisten ermordete Menschen und auch die sogenannten displaced persons, also durch Zwangsverschleppung heimatlos gewordene Personen, waren Indikatoren dieser gesamtgesellschaftlichen Notsituation.
   b) Viele Familien befanden sich im Spannungsfeld zwischen dem eigenen Überlebenskampf und der unaufhörlichen Suche nach vermissten Angehörigen. Vor allem Kinder wurden gesucht oder suchten selbst. Viele Frauen hatten bereits während des Krieges das Fehlen ihres Mannes zu kompensieren gelernt, indem sie einerseits Beschäftigungen nachgingen oder andererseits neue Beziehungen eingegangenen waren. Kinder und Jugendliche mussten sehr häufig die Rollen von Erwachsenen einnehmen, um zum Lebensunterhalt der Familie beizutragen.

2. Flucht und Vertreibung – Arbeiten mit Karten und Statistiken
   a) Die Karte M7 ist chronologisch zu lesen: Zunächst wurden nach dem sukzessiven Rückzug der deutschen Wehrmacht russische Landsleute in den von 1939 durch Russland annektierten ostpolnischen und baltischen Gebieten angesiedelt. Bis 1952 waren es zweieinhalb Millionen Menschen. Gleichzeitig kam es zu Vertreibungen und Umsiedlungen der dort ansässigen polnischen Bevölkerung, die zu einer Zahl von etwa anderthalb Millionen Menschen bis 1952 ins polnische Kernland emigrierte.
   Infolge der Kapitulation der deutschen Streitkräfte kam es zu massenhaften Fluchtbewegungen und Vertreibungen aus den einst von Deutschland besetzten Gebieten. Insgesamt knapp 11 Millionen Deutschstämmige verließen zwischen 1944 und 1952 ihre osteuropäische Heimat in Polen, der Tschechoslowakei, Ungarn, Rumänien und Jugoslawien. Die meisten von Ihnen waren Schlesier, Sudetendeutsche, Ostbrandenburger oder Ostpreußen. In den meisten Fällen endeten diese Migrationsbewegungen in den westlichen Besatzungszonen bzw. der Bundesrepublik Deutschland.
   Im Zuge der sogenannten Bulgarisierung wurden ab 1950 über 100 000 Balkantürken aus dem nun kommunistischen Bulgarien vertrieben. Auch die in Istrien ansässigen Italiener wurden im Zuge massiver Vergeltungsaktionen des jugoslawischen Tito-Regimes vertrieben – das Gebiet Istrien war Italien im Vertrag von Rapallo 1920 zugesprochen worden.

   b)

Herkunftsgebiet	**Zielgebiet**
Sowjetunion	Ostpolen, Baltikum
Ostpolen	polnisches Kernland
Polen	ehemalige deutsche Ostgebiete
Schlesien, Ostpreußen, Ostbrandenburg	westliche Besatzungszonen / BRD
Tschechoslowakei	westliche Besatzungszonen / BRD

Ungarn, Rumänien, Jugoslawien	westliche Besatzungszonen / BRD
Istrien (Jugoslawien)	Italien
Bulgarien	Türkei

c) Aus der Statistik M6 geht hervor, dass bis zum April 1947 insgesamt ca. 11 Millionen Menschen in das besetzte Deutschland einwanderten. Das entspricht etwa einem Fünftel der deutschen Bevölkerung im Jahr 1939. Die größten Zuwächse verzeichnete abzüglich einiger Abwanderungen die britische Besatzungszone mit knapp 3,7 Millionen Zuwanderern, gefolgt von der amerikanischen und der sowjetischen Besatzungszone mit je etwa 3,2 Millionen zugewanderten Menschen. Abzüglich der Abwanderungen beläuft sich der Wanderungssaldo in der französischen Besatzungszone auf ca. 20 000 Menschen. Die allermeisten Zuwanderer stammten aus den ehemaligen deutschen Ostgebieten.
Anhand der Grafik M8 lässt sich bemessen, dass in ganz Deutschland Flüchtlinge den größten Anteil an Entwurzelten ausmachten. In den norddeutschen Ländern Schleswig-Holstein und Mecklenburg-Vorpommern gab es pro Kopf die meisten Flüchtlinge: Etwa jeder Zweite war hier aus unterschiedlichen Gründen heimatlos.

d) Individuelle Schülerlösung

3. Die Situation der Frauen – Leserbriefe analysieren
   a) Die Aufnahme eines harmonischen Familienlebens war nach der Rückkehr der Kriegsgefangenen keine Selbstverständlichkeit. Viele Männer konnten die traumatischen Fronterlebnisse und Erfahrungen aus der Lagerhaft nicht verarbeiten oder bauten aufgrund der neuen, selbstbewussten Haltung ihrer Ehefrauen, die jahrelang auf sich allein gestellt die Familie durchbrachten, Selbstzweifel auf. Reintegration war keine Selbstverständlichkeit, zumal es an sozialstaatlicher Unterstützung in Form von Seelsorge oder psychotherapeutischer Begleitung fehlte. Viele Frauen sahen sich nunmehr einer größeren Belastung ausgesetzt als zuvor: Nach wie vor mussten sie für den familiären Unterhalt sorgen und sich zusätzlich der Unzufriedenheit ihrer Männer aussetzen.
   Nicht wenige Frauen, deren Männer nicht so bald aus der Kriegsgefangenschaft zurückkehrten, gingen inzwischen neue Beziehungen ein. Aufgrund dessen, dass Frauen seinerzeit rechtlich schlechter gestellt waren, hatten sie keine Möglichkeit, ohne die Einwilligung ihrer Ehemänner oder eine amtliche Bestätigung ihres Todes eine neue Ehe zu schließen.
   b) Individuelle Schülerlösung

Die Entwicklung in den Besatzungszonen

Lösungen der Aufgaben auf Seite 161

1. Die Konferenz von Potsdam
   a) Die alliierten Besatzer, die sogenannten Siegermächte, übernahmen die Kontrolle über das besetzte Deutschland und teilten es gemäß den Vereinbarungen der Konferenz von Teheran im Herbst 1943 in Besatzungszonen, die ehemalige Reichshauptstadt Berlin in vier Sektoren ein. Ihre übergeordneten Ziele bündelten sie im Alliierten Kontrollrat, in Berlin hatte die Alliierte

Kommandantur den Oberbefehl. Die Hauptziele der Besatzungsmächte bestanden in der Entmilitarisierung der deutschen Streitkräfte und Infrastruktur, der Demokratisierung der Bevölkerung und des politischen Systems, der Demontage von Rüstungsindustrien und kriegswichtigen Verkehrsverbindungen, der Dezentralisierung der Wirtschaft und der Politik sowie der Entnazifizierung, also der politischen Umerziehung überzeugter Nationalsozialisten sowie der juristischen Verfolgung nationalsozialistischer Funktionäre und Kriegsverbrecher.

b) Dem Protokoll der Potsdamer Konferenz ist zu entnehmen, dass Josef Stalin der Auffassung gewesen ist, „Deutschland“ sei 1945 nur ein geografischer Begriff gewesen, der sich nicht eindeutig definieren ließe. Es habe keine Regierung, keine festen Grenzen und keine staatliche und militärische Souveränität. Harry Truman wiederum bestand darauf, diesen Begriff geopolitisch zu definieren und ihm feste Grenzen zuzuordnen, etwa jene von 1937. Stalin bestätigt, dass man es „so verstehen“, auf der Grundlage seiner Argumentation jedoch nur als „zerschlagenes Land“ definieren könne.

c) Die Karikatur M8 zeigt ein Mädchen, das in ihrem „einzigen Weihnachtsgeschenk“, einem Buch mit dem Titel „Rückerziehung“ liest. Im Hintergrund ist ein magerer Weihnachtsbaum, der mit diversen Einschränkungen geschmückt ist – u. a. verlorene geografische Gebiete, Hunger, die Flüchtlingsproblematik und vor allem die Aufteilung Deutschlands in Zonen. Stellvertretend für die deutsche Bevölkerung ist das Mädchen verpflichtet, der nationalsozialistischen Ideologie abzuschwören und dabei verschiedenste Entbehrungen zu erdulden.

Die Aussage der Karikatur folgt der Ansicht Stalins, der Deutschland als „zerschlagenes Land“ bezeichnete, das über nichts verfügte und unter der vollständigen Kontrolle der Besatzungsmächte stand.

2. Die sowjetische Besatzungspolitik

a) Die Sowjetunion verfolgte das Ziel eines Bündnisses aller antifaschistischen Kräfte und des Aufbaus einer kommunistisch regierten und geprägten Gesellschaft. Die amerikanische Besatzungspolitik bestand indes vordergründig in der Demokratisierung aus dem Volk heraus (button up democratization) sowie im Wiederaufbau der deutschen Wirtschaft durch Hilfsmaßnahmen. Dieser Politik schlossen sich zunächst die Briten (Bizone), später die Franzosen (Trizone) an.

b) Zwar konnten mithilfe der Bodenreform eine gerechte Landverteilung umgesetzt, hunderttausenden Bauern eine Erwerbsmöglichkeit gegeben und ehemals mit den Nationalsozialisten sympathisierende Landbesitzer enteignet und verhaftet werden. Allerdings führte die Parzellenwirtschaft nicht zum gewünschten wirtschaftlichen Aufschwung, weil die geringen Flächen nicht ertragreich bewirtschaftet werden konnten.

3. Die Gründung der SED

a) *Kurt Schumacher* ist davon überzeugt, dass der einzige Zweck einer Einheitspartei die Stärkung der kommunistischen Partei sei. Dies wollten die Initiatoren durch die Installation einer kommunistischen Führung in der SPD erreichen.

Die *SBZ-Bezirksvertreter* beider Parteien betonen einträchtig, dass mit der Einheit beider Parteien eine Lehre aus der Geschichte gezogen und eine Fortdauer des Chaos und der Not verhindert würde.

Dieter Rieke rekapituliert, dass die Einheitspartei bereits zwei Monate vor ihrem Zusammenschluss politisches Diktat gewesen und von der sowjetischen Militärverwaltung rigoros gefördert worden sei. Entgegengesetzte Überzeugungen wurden nach seiner Auffassung mit Verrat gleichgesetzt und entsprechend sanktioniert.

Der *Kreisvorstand der SPD Osthavelland* verkündet, erstes Misstrauen und grundlegende Zweifel gegenüber dem Zusammenschluss abgelegt und gemeinsam mit den Vertretern der örtlichen KPD beschlossen zu haben, die Einheit zu vollziehen, um als Vorbild voranzugehen.

b) Die Aussagen von Schumacher (a) und Rieke (c) erheben gegenüber den anderen Texten eher Anspruch auf Glaubwürdigkeit, da sie zum einen – im Falle Schumachers – direkt zitiert und zum anderen von einer Person erinnert werden, der trotz Leugnung seiner Überzeugung zwei Jahre später zu Zwangsarbeit verurteilt wurde (Rieke). Bei den Texten b) und d) handelt es sich um offizielle Verlautbarungen, die „hinter verschlossenen Türen" beschlossen wurden, womöglich unter von der sowjetischen Geheimpolizei ausgeübtem Druck.

c) Auf dem durch die rote Farbe des Sozialismus dominierten Plakat ist zentral das Foto des Händedruckes zwischen Wilhelm Pieck (KPD, links) und Otto Grotewohl (SPD, rechts) abgebildet, das am Tag des Zusammenschlusses entstanden ist und sinnbildlich für die Sozialistische Einheitspartei Deutschlands steht. Im Hintergrund sind die Konterfeis von Karl Liebknecht, dem Mitbegründer des Spartakusbundes und somit der späteren KPD, und August Bebel, dem Mitbegründer der deutschen Sozialdemokratie, zu erkennen. Überschrieben ist das Plakat mit dem Wahlspruch „Einheit der Arbeiterbewegung – Einheit Deutschlands!", unten prangt der Aufruf „Wählt SED".

Das Plakat soll die Einheit und Stärke der neu gegründeten SED unterstreichen und betont das historische Vermächtnis, auf dem dieser Zusammenschluss erfolgt sei. Dem seinerzeit noch frei vertretenen Postulat der Einheit Deutschlands sollte, so der Leitsatz, die Einheit der Arbeiterbewegung vorausgehen und als Voraussetzung dienen.

d) Individuelle Schülerlösung

Die Entnazifizierung

Lösungen der Aufgaben auf Seite 165

1. Die Entnazifizierung

a)

Amerikanische Besatzungszone	**Sowjetische Besatzungszone**
Fragebögen zur Einstufung der Haltung zum Nationalsozialismus und den Verbrechen, anschließendes Spruchkammerverfahren mit unterschiedlichen Strafmaßen (Haftstrafen, Geldstrafen, Berufsverbote)	strukturelle Entnazifizierung: Entfernung von Lehrkräften und Richtern mit nachweislich nationalsozialistischer Vergangenheit aus dem Dienst (auch Polizei und Verwaltung).
„Rückerziehung": Erziehung der Deutschen zu Demokraten, Konfrontation mit den Verbrechen im Rahmen des Holocaust; Kulturangebot nach US-amerikanischem Vorbild.	Substitution: Die infolge der Entnazifizierung vakant gewordenen Stellen wurden mit politisch Zuverlässigen besetzt.

b) Im sogenannten Hauptkriegsverbrecherprozess, dem ersten der Nürnberger Prozesse, wurden in insgesamt 218 Sitzungen 240 Zeugen gehört und über 16 000 Seiten Protokoll verfasst. Die Wahl der Verteidigung stand den 24 Angeklagten, darunter Hermann Göring, Joachim von

Ribbentrop, Rudolf Heß, Erwin Keitel und Albert Speer, frei. Am 1. Oktober 1946 verhängte das Gericht 12 Todesstrafen zur sofortigen Vollstreckung. Hermann Göring entzog sich der Strafe durch Selbsttötung.
Bis 1949 folgten allein in Nürnberg 12 weitere Prozesse, in denen insgesamt 142 Haft- oder Todesstrafen ausgesprochen wurden. Darüber hinaus fanden in allen vier Besatzungszonen weitere Verhandlungen gegen Kriegsverbrecher statt.

c) Für die Beurteilung wichtig ist die Feststellung, dass es sich bei den Nürnberger Prozessen um militärische Tribunale handelte, die nach den Statuten der Haager Landkriegsordnung verhandelt wurden, obwohl auch diese keine strafrechtlichen Bestimmungen enthielt. Im Allgemeinen stellte die in den Nürnberger Prozessen zur Anwendung gelangte Praxis eine Weiterentwicklung des Völkerrechts dar, da hier erstmals das Prinzip angewandt wurde, dass diplomatische Immunität nicht davor schützt, für verbrecherisches Handeln zur Rechenschaft gezogen zu werden.

d) Reichel zeigt die vordergründigen Argumente der Kritik an den Nürnberger Prozessen auf und macht deutlich, auf welche Weise sie zu entkräften sind und entkräftet wurden. Im Kern stellt er schließlich heraus, dass bei aller Fragwürdigkeit etwa der Rechtsgrundlage oder der Zusammensetzung des Tribunals der hauptsächliche Verdienst der Prozesse darin liege, dass sie die beispiellosen Verbrechen an der Menschlichkeit aufgedeckt und der Öffentlichkeit im Sinne einer historiografischen Aufklärungsarbeit zugänglich gemacht hätten.

2. Die Schuldfrage – Quellen vergleichen

a) Das Plakat wurde zu dem Zweck veröffentlicht, die deutsche Bevölkerung auf die Gräueltaten der Nazis einerseits aufmerksam zu machen, sie andererseits und in der Hauptsache als Trägerin des verbrecherischen Regimes mit in die Verantwortung und Schuldigkeit zu nehmen. Das Plakat spiegelt somit die Absicht wider, die Deutschen an ihre Kollektivschuld zu erinnern und dafür zu sensibilisieren, dass sich derartige Verbrechen nicht wiederholen dürfen.

b) Jaspers definiert politische Schuld, die daraus resultiert, dass die Täter geduldet wurden, ferner die moralische Schuld, das Regime unterstützt zu haben, und eine metaphysische Schuld, untätig zugesehen zu haben. Der Aspekt von Schuld mit der vermeintlich größten Tragweite, nämlich ebenfalls Täter zu sein, werde, so Jasper, von den Deutschen allerdings überwiegend abgelehnt.

c) Individuelle Schülerlösung.

Der Zerfall der Anti-Hitler-Koalition

Lösungen der Aufgaben auf Seite 171

1. Der Zerfall der Anti-Hitler-Koalition und der Beginn des Kalten Krieges
   a)

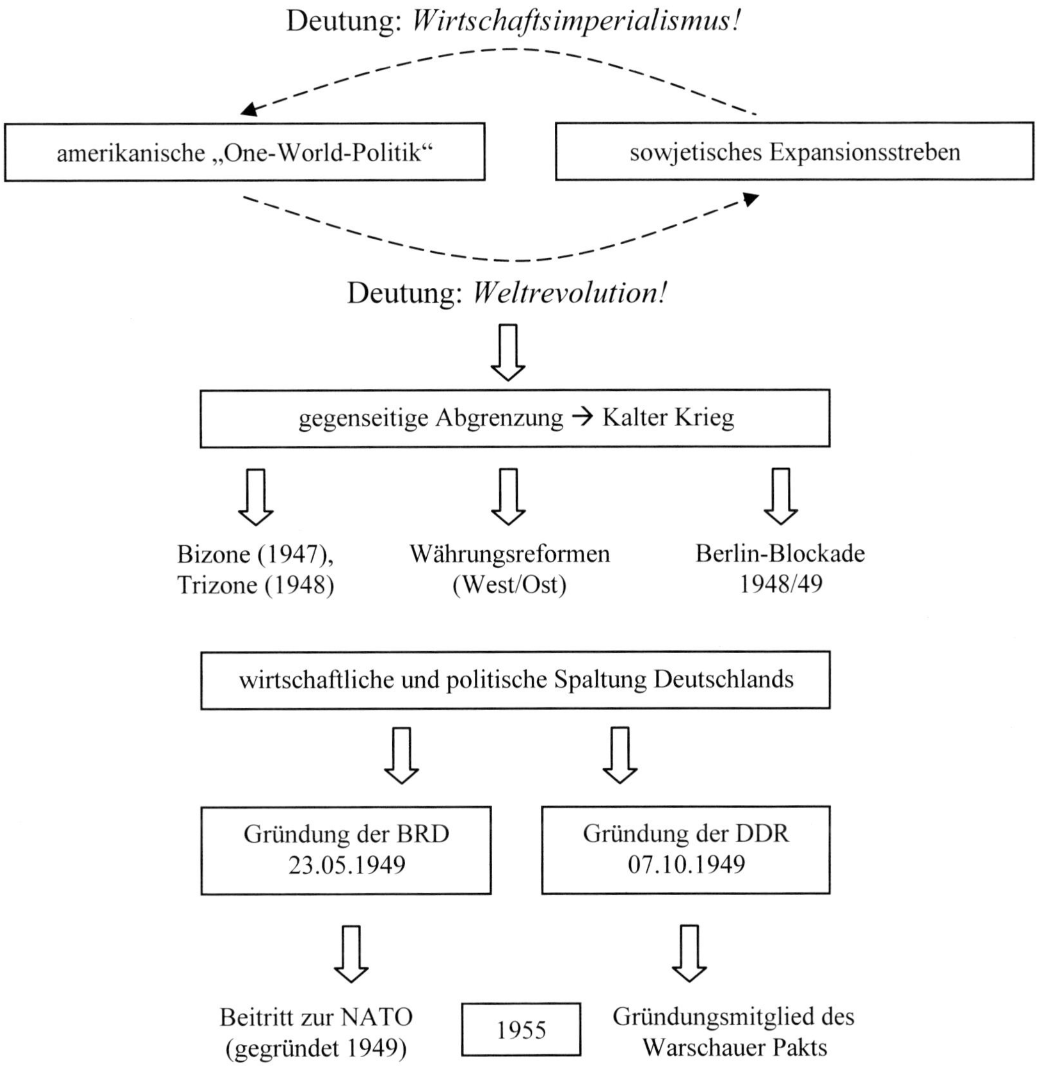

   b) Die Gründe für den Ost-West-Konflikt ergeben sich aus den unterschiedlichen Interessen, die sich zwischen den USA und der Sowjetunion bereits während des Krieges abgezeichnet hatten. Spätestens auf der Potsdamer Konferenz offenbarten sich die Differenzen, u. a. in der Definition, was nun im Sommer 1945 unter „Deutschland“ zu verstehen sei. Die weiteren Gründe, die auch in der Übersicht zu Aufgabe 1.a) abzulesen sind, sind im Prinzip das Ergebnis einer Zunahme von sicherheitspolitischen Maßnahmen, welche nicht zuletzt von der Gegenseite jeweils auch als bewusste Provokationen empfunden wurden.

   c) Beide Redner werfen der jeweils anderen Seite die Missachtung der einst gemeinsam getroffenen alliierten Kriegsziele vor. Stattdessen zwänge die UdSSR den freien Völkern mehrerer Staaten eine Politik des Terrors, der Unterdrückung und Repression auf (M7). Nach Meinung Schdanows (M8) strebten die USA zusammen mit Großbritannien nach der Stärkung des Imperialismus und einer Schwächung demokratischer Lebensformen. Die eigene Rolle wird jeweils positiv überhöht. So zeichnen beide Protagonisten den Dualismus vor, der sich in der Folgezeit zu einem „Kalten Krieg" auswachsen sollte.

d) Individuelle Schülerlösung. Vgl. die Anmerkungen zu den Aufgaben 1.a) und b).

2. Der Marshall-Plan

a) Das Europäische Wiederaufbau-Programm ERP (European Recovery Program), der sogenannte Marshall-Plan, folgte dem Konzept, dass ein Wiederaufbau nur unter der Voraussetzung wirtschaftlicher Stabilität möglich sein könnte. Folglich waren in dem Programm humanitäre Hilfen für die Bevölkerung Westeuropas und -deutschlands sowie finanzielle Investitionen in Wirtschaft und Industrie vorgesehen. Des Weiteren bestand die Absicht, die Staaten Westeuropas vor dem Einfluss der Sowjetunion zu „bewahren" (Containment-Politik).

b) Die Schülerinnen und Schüler sollen mithilfe der Aufgabe 2.a) sowie einer Internetrecherche (z. B. http://www.bpb.de/geschichte/deutsche-geschichte/marshallplan/40034/einleitung) die Funktionsweise des Marshallplans beschreiben. Des Weiteren können sie folgende Informationen benennen:
Die amerikanischen Finanzhilfen liefen über Kredite und Investitionsgüter in einer Höhe von insgesamt 15 Milliarden US-Dollar, von denen Deutschland über zwei Milliarden erhielt. Überwacht wurde die Verteilung und Ausgabe der Gelder von der 1948 gegründeten Organisation für europäische wirtschaftliche Zusammenarbeit.

c) Zwar hatten beide Programme den Wiederaufbau der zerstörten Wirtschaftssysteme Deutschlands und der anderen kriegsgeschädigten Länder zum Hauptziel, jedoch mit einigen besonderen Unterschieden:

Dawes-Plan	**Marshall-Plan**
Deutschland erhielt Finanzhilfen, um zunächst die eigene Wirtschaft wiederzubeleben und anschließend die Reparationsforderungen Englands und Frankreichs bedienen zu können, die mit diesen Geldern ihrerseits amerikanische Kredite ablösen konnten.	Deutschland und Westeuropa erhielten Finanz- und humanitäre Hilfe, um Wiederaufbau zu betreiben und günstige Güter für die USA herzustellen.
Das Hauptziel der USA bestand in der gewinnbringenden Kapitalanlage.	Ein wesentliches Ziel war der Aufbau eines europäischen wirtschaftlichen Blocks gegen die Sowjetunion.

d) Das Plakat M11 kündigt den Wiederaufbau infolge des Marshall-Plans an, versinnbildlicht durch das Baustellenschild. M12 vergleicht die wirtschaftliche Situation der Westzone und der Ostzone miteinander und suggeriert aufgrund der Formel „Ostzone = Arbeit – Westzone = Arbeitslosigkeit" einen vermeintlichen Vorsprung der SBZ vor dem westlichen Besatzungsgebiet.

3. Der Marshall-Plan – Ein Interview auswerten

a) Nach Ansicht Abelshausers habe der wirtschaftliche Aufschwung in Deutschland bereits vor dem Beginn des Hilfsprogramms begonnen. Die amerikanischen Hilfsgüter seien auf die eigenen industriellen Bedürfnisse abgestimmt gewesen, Deutschland habe hingegen nur indirekt aufgrund der Bestimmungen profitiert, dass seine Reparationsgläubiger keine weiteren Produktionsmittel aus Deutschland beziehen durften, sofern sie Hilfen aus dem Marshall-Plan beanspruchten. Abelshauser zufolge stehe der Marshall-Plan hauptsächlich für die Stabilisierung

Westeuropas gegen den Ostblock und für den „Richtungswechsel" Amerikas in der Deutschlandpolitik.

b) Die wesentlichen Unterschiede der beiden Ausführungen bestehen in den genannten Zielen des Marshall-Plans: Betonte der amerikanische Außenminister Marshall, die amerikanische Politik richte sich nicht „gegen irgendein Land oder eine Doktrin", so ist Abelshauser überzeugt, dass das ERP dem Zweck diene, Westeuropa gegen die Sowjetunion zu stärken. Das hohe Motiv des wirtschaftlichen Wiederaufbaus und der humanitären Hilfe relativiert der Historiker damit, dass die USA in erster Linie den eigenen Profit anstrebten.

c) Individuelle Schülerlösung. Zur Recherche von Zusatzinformationen hat die Bundeszentrale für politische Bildung auf ihrer Website ein Dossier veröffentlicht, das den Marshall-Plan aus unterschiedlichen Blickwinkeln beleuchtet (www.bpb.de/geschichte/deutsche-geschichte/marshall plan). Bei der Darstellung der Bedeutung des Programms sollten wissenschaftliche Forschungsergebnisse, die sich, wie die Arbeit Abelshausers, kritisch mit dem Marshall-Plan auseinandersetzen, Verwendung finden.

Die doppelte Staatsgründung

Lösungen der Aufgaben auf Seite 177

1. Die Gründung zweier deutscher Staaten

a) Zunächst vereinigen sich die britische und amerikanische Zone zur Bi-Zone, dieser tritt dann auch der französische Bereich bei. In den westlichen Zonen werden wichtige wirtschaftliche und finanz-politische Entscheidungen (u. a. Einführung der Marktwirtschaft, Währungsreform) getroffen, während in der SBZ u. a. die Bodenreform und die Verstaatlichung von Industrie und Handel eingeleitet wurden. Die Gegensätze der vier alliierten Siegermächte wurden immer gravierender, sodass die drei westlichen Siegermächte und die Benelux-Staaten auf einer Konferenz in London (1948) auf eine eigene Weststaatsgründung drängten. In den sog. „Frankfurter Dokumenten", welche die westdeutschen Ministerpräsidenten von den drei westlichen Siegermächten erhielten, wurden u. a. auch Leitlinien einer zukünftigen deutschen Verfassung aufgeführt (u. a. Ausarbeitung einer demokratischen Verfassung, Wahl einer verfassungsgebenden Versammlung, Verankerung von Grund- und Menschenrechten, föderativer Regierungstyp, aber eine angemessene Zentralinstanz, Plebiszite in allen Bundesländern über die Verfassung). Die westdeutschen Ministerpräsidenten einigten sich, aufgrund massiver Bedenken, eine eigene Weststaatsgründung könnte die deutsche Einheit zunichtemachen, mit den Westalliierten auf eine Kompromisslösung (u. a. statt „verfassungsgebender Versammlung" – „parlamentarischer Rat"; statt „Verfassung" – „Grundgesetz"; statt Plebiszite – Abstimmung in den jeweiligen westdeutschen Landtagen). Mit Verkündung des Grundgesetzes am 23. Mai 1949 wurde ein westdeutscher, provisorischer Staat mit Regierungssitz in Bonn gegründet, der allerdings noch nicht volle Souveränität erlangt hatte. Die erste Bundestagswahl fand am 14. August 1949 statt, es bildete sich eine bürgerliche Koalition aus CDU/CSU, FDP und DP. Adenauer wurde zum ersten Bundeskanzler, Heuss zum ersten Bundespräsidenten gewählt.
In der SBZ gab es drei „Volkskongresse", der erste Volkskongress (1947) sollte die Funktion eines gesamtdeutschen Vorparlamentes haben. Der zweite Volkskongress erarbeitete dann eine

„Verfassung für die Deutsche Demokratische Republik". Allerdings waren hier nicht Vertreter aller politischen und gesellschaftlichen Strömungen vorhanden, sondern die SED bestimmte alle Kandidaten der Parteien und Massenorganisationen. Der dritte Volkskongress billigte anschließend die DDR-Verfassung am 29. Mai 1949. Die ersten Volkskammerwahlen fanden am 15. Oktober statt, nachdem sich die DDR am 7. Oktober 1949 als eigenständiger Staat proklamiert hatte. Erster Präsident wurde Wilhelm Pieck, erster Ministerpräsident der DDR wurde Otto Grotewohl.

b) Folgende Aspekte sollten unter anderem angesprochen werden:
   - Die Potsdamer Konferenz geht von der wirtschaftlichen und politischen Einheit Deutschlands aus.
   - Starke Differenzen der ehemaligen Verbündeten UdSSR und den drei Westmächten, u. a. bezüglich der Neuordnung der Welt, zudem unterschiedliche Auffassungen von Demokratie und der jeweiligen außenpolitischen Zielsetzungen.
   - Truman-Doktrin zielt auf Eindämmung der sowjetischen Expansion ab, u. a. auch mit Hilfe des Marshall-Plans. Dieser wird aber nur von westeuropäischen Staaten angenommen. Insofern ist hier auch schon eine Spaltung Deutschlands ersichtlich, da die DDR von diesen Hilfen nicht partizipieren konnte.
   - Beide Seiten versuchen ihre jeweilige Hemisphäre nach ihren jeweiligen Vorstellungen zu formen. Dies fördert die Spaltung des geteilten Deutschlands nochmals.

2. „Männer und Frauen sind gleichberechtigt"
   a) Unterschiede im Artikel 3 GG:
      - „Männer und Frauen haben dieselben staatsbürgerlichen Rechte und Pflichten":
        Diese Formulierung zielt darauf ab, dass beide Geschlechter dieselben staatsbürgerlichen Rechte und Pflichten haben, z. B. das Wahlrecht, Steuerpflicht etc., aber es gibt demnach nicht die vollständige Gleichberechtigung beider Geschlechter, z. B. im Bereich der Ehe, des Berufes etc.
      - „Der Gesetzgeber muss Gleiches gleich, Verschiedenes in seiner Eigenart behandeln":
        Hier wird verlangt, dass der Gesetzgeber Mann und Frau unterschiedlich behandelt, da beide Geschlechter logischerweise nicht gleich sind. Eine unterschiedliche Behandlung wird durch den zweiten Teil des Satzes implizit gefordert. Ein Beispiel könnte die Einschränkung der Berufswahl sein (Frauen dürfen männerdominierte Berufe (z. B. Soldat), Männer dürfen frauendominierte Berufe (z. B. Hebamme) nicht ausüben.
      - „Männer und Frauen sind gleichberechtigt":
        Dieser im GG verankerte Grundsatz garantiert nun beiden Geschlechtern formal die absolute Gleichberechtigung. Weder Frauen noch Männer dürfen aufgrund ihres Geschlechtes diskriminiert werden, sie haben alle die gleichen Rechte und Pflichten, alle Menschen- und Bürgerrechte gelten für sie in gleicher Weise.
   b) Selbert hält es für selbstverständlich, dass es eine „Gleichberechtigung auf allen Gebieten geben muss". Dies gilt für alle Rechtsgebiete und darf nicht auf staatsbürgerliche Rechte reduziert werden. Die Frau habe, so Selbert, im Kriege bewiesen, dass sie durchaus in der Lage ist, z. B. auch körperlich anstrengende Tätigkeiten zu bewältigen. Sie droht damit, dass im Falle einer Ablehnung ihres Vorschlags, die Frauen für ihre legitimen Rechte kämpfen werden. Zudem verweist sie auch darauf, dass zum damaligen Zeitpunkt die Frauen den eindeutig größeren Teil der Wählerschaft ausgemacht haben und dies würde sich dementsprechend auch bei Wahlen

bemerkbar machen, sollte man den Frauen nun nicht die völlige Gleichberechtigung zugestehen.

c) Tatsächlich besaßen die Frauen ein gewisses „Drohpotenzial“ bezüglich der Wahlentscheidungen (auf 100 männliche Wähler kamen 170 weibliche Wählerinnen). Zudem nahm die Öffentlichkeit zur Kenntnis, dass Frauen während des Krieges und auch im Nachkriegsdeutschland zeigten, dass sie durchaus fähig sind, auch in männerdominierten Berufsbereichen erfolgreich tätig zu sein. Es scheint, zumindest was die Eingabe des Betriebsrats der Firma Henschel anbelangt, hier ein Umdenken bezüglich Gleichberechtigung stattgefunden zu haben.
Dennoch sollten die Schülerinnen und Schüler darauf hingewiesen werden, dass die formelle Gleichstellung von Frau und Mann noch lange nicht die vollkommene Gleichberechtigung mit sich brachte, sondern dies ein langwieriger, bis heute andauernder Prozess ist (vgl. u.a. unterschiedliche Gehaltsgefüge).

3. Regierungserklärungen – Arbeiten mit Textquellen
a) Beide versuchen jeweils den Staat, den sie repräsentieren, als die alleinige, legitime Vertretung des deutschen Volkes darzustellen.

Adenauer:	**Grotewohl:**
UdSSR beginnt schon 1945 mit der Errichtung zentraler Strukturen = deutet auf eigene Staatsgründung hin	DDR-Regierung handelt auf der Grundlage der DDR-Verfassung
wirtschaftliche und politische Trennung wird vom Osten forciert	Regierung geht aus einer „unabhängigen deutschen Volksbewegung hervor“
es gibt aber keine freien Wahlen im sowjetischen Bereich = es ist nicht der freie Wille der Menschen in der DDR, sondern der Wille der sowjetischen Besatzungsmacht	Bonner Regierung ist nur ausführendes Organ der westlichen Siegermächte
im Gegensatz dazu gründet die Bundesrepublik auf dem freien Willen der Bürger und ist somit – bis zur Erreichung der deutschen Einheit – der legitime Vertreter des gesamten deutschen Volkes	der Westen hat es versäumt, gemeinsam für Gesamtdeutschland zu agieren
	westdeutscher Staat wird demnach scheitern

b) Adenauer: z.B. detaillierte Aufzählung der Volkskongresse = er will den Zuhörern sein detailliertes Wissen vermitteln und somit letztlich den Wählern zeigen, dass er kompetent und auf der Höhe des Geschehens ist. (Z. 6–30)
   - Anapher: „Bundesrepublik Deutschland“ (Z. 38ff.): Adenauer betont den seiner Meinung nach legitimen Anspruch auf den Alleinvertretungsanspruch für das gesamte deutsche Volk.

   Aber: insgesamt – gerade für Hörer – schwierig zu verstehender Text, da ein sehr stark hypotaktischer Satzbau verwendet wird.
   Grotewohl: spricht zeitweilig antithetisch, um die Gegensätze der beiden Regierungen und deren Systeme zu verdeutlichen (Z. 1 ff).
- Verwendung von negativ konnotierten Begriffen bezüglich des Westens und der Bundesrepublik Deutschland, um – im Umkehrschluss – das eigene System als das bedeutend bessere darzustellen (z.B. „Hetze, Verleumdung“ (Z. 30)).

Die Gründung der UNO

Lösungen der Aufgaben auf Seite 189

1. Die UNO und ihre Aufgaben
   a) Ab 1941 berieten die späteren Siegermächte USA und Großbritannien über eine Nachkriegsordnung, in welcher die Grundsätze weltweiten Friedens oberstes Gebot waren. Auf dem gedanklichen Fundament des an seinen eigenen Strukturen gescheiterten Völkerbundes unterzeichneten 1945 in San Francisco 51 Staaten die Charta der Vereinten Nationen.
   b) Im Zentrum der Organisation steht die Generalversammlung, der die Delegierten aller 193 Mitgliedsstaaten angehören und an deren Spitze ein gewählter Präsident steht. Die Generalversammlung wählt folgende Gremien:
      - das Sekretariat, das aus dem Generalsekretär und den Untersekretären besteht (gewählt für 5 Jahre),
      - den Wirtschafts- und Sozialrat,
      - den Internationalen Gerichtshof in Den Haag,
      - die zehn nichtständigen Mitglieder des Sicherheitsrates (gewählt für zwei Jahre).

      Der UN-Sicherheitsrat ist ebenfalls an der Wahl des Internationalen Gerichtshofes beteiligt und beschließt die Mandate für UN-Friedensmissionen.

      Neben den zentralen Organen bestehen zahlreiche Sonderorganisationen, die sich einzelnen Schwerpunkten zuordnen (z. B. UNICEF, UNESCO, IWF).
   c) Die Grundsätze und Ziele der UN-Charta waren und sind: friedliche Schlichtung von Streitfällen, der Verzicht auf Gewaltanwendung, die Achtung des Selbstbestimmungsrechts der Völker, die Sicherung des Weltfriedens, die internationale Zusammenarbeit auf wirtschaftlichem, sozialem und kulturellem Gebiet.
   d) Wichtig bei der Beurteilung der Handlungsmöglichkeiten der UNO sind die Grundsätze und Ziele, zu denen sich die Organisation verpflichtet hat. So sind der Verzicht der Gewaltanwendung sowie die Achtung des Selbstbestimmungsrechts der Völker die entscheidenden Maßstäbe, an denen etwa Friedensmissionen ausgerichtet sind. Weder sind die „Blauhelme" befugt, aktiv und mit Waffengewalt in einen Konflikt einzugreifen, noch steht es den Vereinten Nationen gemäß Charta zu, in Konflikten zu intervenieren, geschweige denn sich auf die Seite von Konfliktparteien zu schlagen.

      Im Wesentlichen sind es aber die bürokratischen Zwänge, die die Eingreifmöglichkeiten der Vereinten Nationen enorm einschränken. Zum einen müssen zahlreiche Voraussetzungen erfüllt sein, die sich dem direkten Einfluss der Organisation entziehen, zum anderen hängt der Beschluss eines Mandates von der Einstimmigkeit des Sicherheitsrates ab.
   e) Das Veto-System ist ein Resultat des Zweiten Weltkrieges und diente dazu, die Interessen der Siegerstaaten zu schützen. Insofern betrachten Kritiker dieses System als veraltet.

2. Die UNO – Arbeit mit dem Internet
   a) Der offizielle Internetauftritt der UNO (www.un.org) steht in den Sprachen Englisch, Französisch, Spanisch, Russisch, Chinesisch und Arabisch zur Verfügung. Auf den Seiten der Bundeszentrale für politische Bildung (www.bpb.de/internationales/weltweit/vereinte-nationen) können Informationen auf Deutsch abgerufen werden.

b) Informationen zu den aktuellen Friedensmissionen der Vereinten Nationen sind unter www.un.org/en/peacekeeping/resources/statistics/factsheet.shtml abrufbar.
c) Das womöglich verheerendste Beispiel ist derzeit (06/2015) der Bürgerkrieg in Syrien, bei dem die Vetomächte Russland und China eine Friedensmission ablehnen. Beide Länder unterhalten intensive diplomatische und wirtschaftliche Beziehungen zur syrischen Regierung.

Der Kalte Krieg in den 1950er-Jahren

Lösungen der Aufgaben auf Seite 195

1. Der Koreakrieg
   a) Anhand der Karte lassen sich vier Phasen erkennen, und zwar:
      - Nach der Besetzung und Befreiung Koreas durch die Sowjetunion und die Vereinigten Staaten wird Korea in einen südlichen Teilstaat (August 1948) und eine nördliche Volksrepublik (September 1948) geteilt, wobei beide Regierungen Anspruch auf ganz Korea erheben. Anschließend werden die Siegermächte abgezogen.
      - Nordkorea überfällt Südkorea, woraufhin Südkorea die USA um militärische Hilfe bittet. Es landet eine UN-Armee aus 15 Nationen unter der Führung der USA. Jedoch werden die amerikanischen Truppen auf den Brückenkopf Pusan zurückgedrängt.
      - Die UN-Verbände rücken bis zur chinesischen Grenze vor.
      - Chinesische Verbände greifen ein und drängen die UN-Truppen zurück: Stellungskämpfe am 38. Breitengrad führen zum Waffenstillstand von Pammunjom: Da die UN keine einvernehmliche Lösung für Gesamtkorea findet, bestehen Teilung sowie ideologische und militärische Spannungen zwischen Nord- und Südkorea bis heute fort.
   b) Bedeutung des Koreakriegs:
      Die Bedeutung des Koreakriegs liegt in der Perzeption oder Wahrnehmung der jeweilig anderen Seite im Kalten Krieg als Aggressor.
      In M6 und M7 wird die Wahrnehmung von westlicher Seite aus formuliert, und zwar mit folgenden Zielen:
      - Herstellung der Freiheit aller Nationen
      - Zurückdrängung der Aggressions- und Expansionspolitik der Sowjetunion
      - Erreichung individueller Freiheit und persönlichen Wohlergehens
      - Abschreckung von Expansionsgelüsten der UdSSR auch in Europa

      In Quelle M7 wiederholt der amerikanische Präsident Bill Clinton diese Position, indem er auch auf die Zielvorstellungen der USA im Zweiten Weltkrieg abhebt, wobei er Hitler und Stalin letztlich gleichsetzt.

2. Der Ungarnaufstand 1956
   a) Vor allem anhand der Quelle M10 lässt sich der Ablauf des Aufstandes rekonstruieren:
      - Aufstand unbewaffneter ungarischer Studenten
      - Ausweitung des Aufstands zu einer Militärrevolte
      - Beginn der militärischen Niederschlagung des Aufstands durch die Truppen der UdSSR im Oktober

- Anfang November Vermittlungsangebot von Imre Nagy (ungarischer Ministerpräsident), fußend auf dem Versprechen der UdSSR, die Truppen abzuziehen und zu verhandeln
- Hilfeersuchen der ungarischen Regierung und Aufständischer an den Westen, die allerdings nicht unterstützt werden
- Endgültige Niederschlagung des Aufstands und Einsetzen einer neuen Regierung unter János Kádar
- Darstellung der Unterdrückung vonseiten der sowjetisch gesteuerten neuen Regierung als zweite Befreiung nach der deutschen Besetzung

b) Der geforderte Kommentar kann sich als Meinungsartikel nicht auf die Wiedergabe der bloßen Fakten beschränken. Aus diesem Grund sollte eine mit dem Thema verbundene Internetrecherche geschehen, die auch mithilfe von Einzelschicksalen eine tiefere Auseinandersetzung mit der Thematik ermöglicht.

Kuba-Krise, Vietnamkrieg und „Prager Frühling“

Lösungen der Aufgaben auf Seite 201

1. Die Kuba-Krise

a) Der Verlauf der Kubakrise lässt sich mit folgenden Aspekten darstellen:
- Sturz des kubanischen Diktators Batista aufgrund der sozialistischen Revolution, angeführt von Fidel Castro
- Als Folge: Handelsembargo der USA gegen Kuba
- Als weitere Folge: Bündnis zwischen der Sowjetunion und Kuba
- Stationierung von sowjetischen Mittelstreckenraketen auf Kuba
- Entdeckung der Raketenbasen durch die USA: Alarmbereitschaft der Truppen der USA und Ultimatum an die Sowjetunion, die Raketen zu entfernen
- Verhängung einer Seeblockade gegen Kuba durch die USA
- Planung einer amerikanischen Invasion in Kuba
- Direkte Konfrontation zwischen den USA und der Sowjetunion mit der Gefahr eines Atomkriegs, aber Nachgeben der Sowjetunion: Abzug der sowjetischen Raketen aus Kuba
- Abbau von auf die Sowjetunion gerichteten amerikanischen Raketen als Kompensation für den Abzug der Raketen auf Kuba

b) Als Argumente für die These, dass die Kubakrise ein Ergebnis der unnachgiebigen Haltung der Supermächte war, lassen sich kontroverse Argumente finden.
Für die These spricht:
- Streben der USA, geopolitische Vorteile zu wahren
- Versuch der SU, mit der Raketenstationierung militärisch mit den USA gleichzuziehen
- Bereitschaft beider Parteien, den politisch-ideologischen Konflikt militärisch auszutragen

Gegen die These spricht:
- Tradition der USA bleibt unberücksichtigt, dass sich kein europäischer Staat in politische Fragen auf dem amerikanischen Kontinent einmischen darf (Monroe-Doktrin 1823)
- Bestreben der Kubaner, sich aus kolonialer Bevormundung durch USA zu lösen

2. Der „Prager-Frühling“
   a) Für den Einmarsch des Warschauer Pakts in die Tschechoslowakei lassen sich folgende Ursachen aufführen:
      - Einsetzung einer reformbereiten kommunistischen Regierung unter Alexander Dubcek infolge einer wirtschaftlichen und gesellschaftlichen Krise in der Tschechoslowakei
      - Zugeständnisse der Regierung Dubcek führen zum Dissens mit der Sowjetunion als Führungsmacht des Warschauer Pakt; zu diesen Zugeständnissen gehören:
        - o Abschaffung der Presszensur
        - o Garantie der Meinungsfreiheit
        - o Erlaubnis für Auslandsreisen
        - o Wirtschaftsreformen
        - o Neudefinition der Rolle der kommunistischen Partei in der Tschechoslowakei.
      - Infolgedessen mögliche Infragestellung der sowjetischen Vorherrschaft in Osteuropa und drohende Auflösung des Ostblocks
   b) Die Karikatur lässt sich folgendermaßen deuten:
      - M7 (gezeichnet von P. Leger; 1968) zeigt eine große Katze, die vor einer kleinen Maus sitzt und ihr erklärt, dass jene sie gerufen habe. Der weitere Ablauf legt nahe, dass die Katze die Maus auffressen wird und die Katze in ihrem – aus der Sicht der Maus fragwürdigen – Tun gerechtfertigt ist. Die Katze ist aufgrund ihrer Größe und aufgrund der Uniformmütze mit dem (roten) Stern als Allegorie der Sowjetunion zu verstehen, Die Maus lässt sich aufgrund ihrer Kappe, die an „den armen Soldaten Schweijk“ erinnert, und aufgrund der Aufschrift CSSR („CSSR“ ist allerdings kaum zu erkennen) als Versinnbildlichung der Tschechoslowakei deuten.
      - M8 zeigt einen mit einer Gerte bewaffneten Militärangehörigen, der aufgrund der Uniformmütze mit Stern und der Orden als ranghoher Sowjet gekennzeichnet ist, wie er ein ängstlich nach oben blickendes Männchen am Kragen so führt, dass es genau auf der vorgezeichneten Linie mit der Aufschrift „Breschnew Doktrin“ entlanggeht. Der Militärangehörige steht für die Sowjetunion und das Männchen für die Tschechoslowakei, wie diese durch den Einsatz von Truppen des Warschauer Pakts auf den Tugendpfad, d. h. die Breschnew Doktrin mit Gewalt zurückgebracht wird.
   c) Die Breschnew Doktrin lässt sich als verbindlicher Regierungsgrundsatz beschreiben, der folgende Aspekte aufweist:
      - Einsatz der sozialistischen Staaten für die Beachtung der Souveränität
      - besonderer Einsatz dieser Staaten für diejenigen Staaten, die sich für den Aufbau des Sozialismus entschieden haben
      - besondere Sorge der Sowjetunion für die Entwicklung der sozialistischen Staaten entsprechend ihrer Tradition
      - allerdings Beachtung der Gesetzmäßigkeit der Entwicklung des Sozialismus
      - Gefährdung der sozialistischen Gemeinschaft durch von dieser Gesetzmäßigkeit abweichende Staaten
      - militärische Hilfe für ein „Bruderland“ als außerordentliche Maßnahme zur Wahrung des Sozialismus
      - Abweichung eines Staates nur aufgrund der Tätigkeit von Feinden im Inneren oder von außen erklärbar

3. Der Vietnamkrieg
   a) Der Verlauf des Vietnamkriegs lässt sich folgendermaßen skizzieren:
      - Ausgangssituation: Teilung Vietnams nach dem Scheitern des Versuchs, die französische Kolonialherrschaft wiederherzustellen, entlang des 17. Breitengrades (vgl. die Situation in Korea, Deutschland bzw. Berlin) mit einer Volksrepublik im Norden und einer antikommunistischen Diktatur im Süden
      - Entstehung einer Opposition in Südvietnam mit der Forderung nach nationaler Einheit
      - Unterstützung der Opposition durch Nordvietnam
      - Landung amerikanischer Truppen aufgrund der Befürchtung der Sozialisierung Südvietnams
      - Bombardierung Nordvietnams durch die USA und deren massiver militärischer Einsatz
      - Angesichts u. a. der langen Westgrenze Südvietnams Vergeblichkeit, die nordvietnamesische Infiltration zu stoppen
      - Aufgrund der militärischen Wirkungslosigkeit und eigener hoher Verluste 1973 Waffenstillstand der USA mit Nordvietnam
      - 1975 Einmarsch nordvietnamesischer Truppen in Saigon, der Hauptstadt des Südens
   b) Folgende Aspekte können für die Beurteilung der Rede Präsident Johnsons herangezogen werden:
      - Darstellung des Krieges als problematisches Mittel
      - Herausstellen des brutalen Vorgehens des Nordens
      - Vorwurf des entscheidenden Einflusses Chinas in diesem Konflikt
      - Deutung der nordvietnamesischen Infiltration als Ergebnis dieses Einflusses
      - Herausstellen der vertraglichen Verpflichtung der USA gegenüber Südvietnam (die USA waren seit 1954 Garantiemacht für den damals ausgehandelten Frieden)
   c) Während der Präsident Johnson vor allem auf das Handeln Nordvietnams als von China gesteuerte Aggression versteht, betont der vietnamesische Politiker Ho Chi Minh folgende Aspekte:
      - Herausstellen von Frieden, Unabhängigkeit und Freiheit als Ziele des vietnamesischen Volks
      - Betonung der Unrechtmäßigkeit und Gewaltsamkeit des amerikanischen Eingreifens
      - Forderung nach Selbstbestimmung durch das Volk von Vietnam
   d) Josef Riedmüller trifft folgende zentrale Aussagen zum Vietnamkrieg:
      - Der Vietnamkrieg ist eine Folge des Zweiten Weltkriegs.
      - Er ist eine Vorentscheidung in Hinblick auf die Führungsrolle in der Welt zwischen Amerika, Russland und China.
      - Er bewirkt weltweit neues politisches und soziales Engagement.
      - Ursache des Kriegs sind die Selbstüberschätzung der USA als stärkste Weltmacht und das Sendungsbewusstsein für die amerikanische Lebensart als weltweites Modell.
      - Der Krieg hat die Sowjetunion wirtschaftlich sehr belastet, allerdings gelingt es ihr, militärisch ein Gleichgewicht mit den USA herzustellen.
   e) Die Karikatur zeigt, wie ein mit Strohhut und der Aufschrift „Hanoi“ (Hauptstadt Vietnams) als Symbolfigur für Nordvietnam gekennzeichnetes Männchen bewaffnet mit Pinsel und Farbeimer gerade von einer hohen Leiter herabgestiegen ist. Es hat die Bezeichnung auf dem Umriss Nordamerikas verändert, sodass das „Land der unbegrenzten Möglichkeiten“ nun als „Land der begrenzten Möglichkeiten“ firmiert. Die Karikatur verweist darauf, dass sich die Supermacht USA im Falle Vietnams nicht durchsetzen konnte, also in ihren politischen und militärischen Möglichkeiten begrenzt ist.

Zwischen Entspannung und Konfrontation

Lösungen der Aufgaben auf Seite 205

1. Abrüstungsgespräche und NATO-Strategie
   a) Die ersten bilateralen Abrüstungsgespräche zwischen den USA und der Sowjetunion wurden als Reaktion auf die Kuba-Krise geführt, die offenbarte, dass bei anhaltender Aufrüstung und fortdauerndem atomaren Wettrennen ein Dritter Weltkrieg keineswegs ausgeschlossen wäre. Darüber hinaus forderten die Rüstungsprojekte auf beiden Seiten enorme finanzielle Opfer auf beiden Seiten.
   b) Der sogenannte NATO-Doppelbeschluss beinhaltete einerseits die Bereitschaft zur Aufnahme von erneuten Abrüstungsverhandlungen mit der Sowjetunion (bzw. dem Warschauer Pakt), behielt der NATO aber andererseits im Falle des Scheiterns der Verhandlungen das Recht vor, rüstungspolitische Gegenmaßnahmen zu ergreifen, um das Kräftegleichgewicht zu wahren. Folgt man dem offiziellen Kurs der NATO, so diente die Aufstellung von Nuklearwaffen vordergründig der Abschreckung, nicht aber der Entfesselung eines Atomkrieges.
   c) Die „Strategische Verteidigungsinitiative“ (SDI) war als satellitengestütztes Rüstungsprojekt angelegt, dem zufolge ein möglicher sowjetischer Raketenangriff mithilfe von Satelliten- und Lasertechnik abgewehrt werden sollte.
   Der amerikanische Präsident Reagan begründete dieses Projekt mit der Absicht, Schaden von der eigenen Nation sowie ihren Verbündeten abzuwenden und den Weltfrieden gefährdende Nuklearwaffen unschädlich und unbrauchbar zu machen.

2. Die KSZE-Schlussakte
   a) Im Wesentlichen ging es um die Einhaltung der Menschrechte, die Unverletzbarkeit der europäischen Nachkriegsgrenzen und den Verzicht auf militärische Gewaltanwendung. Des Weiteren verpflichteten sich die unterzeichnenden Staaten zur Achtung der Souveränität anderer Staaten und deren territorialer Integrität, zur friedlichen Regelung von Streitfällen sowie zur grenzüberschreitenden Zusammenarbeit in humanitären Fragen.
   b) Viele Menschen in den sozialistischen Staaten litten unter Menschenrechtsverletzungen und den Beschränkungen ihrer Bewegungsfreiheit. Infolge der KSZE-Schlussakte beriefen sich Bürgerrechtler in diesen Staaten auf die entscheidenden Regelungen in dem Schlussdokument.

Der Zerfall der Sowjetunion

Lösungen der Aufgaben auf Seite 211

1. Der Zerfall der Sowjetunion
   a) Michail Gorbatschows ab 1985 unternommener Versuch, das in der Krise befindliche sowjetische System zu reformieren, zielte darauf ab, den Sozialismus wieder in die Offensive zu bringen. Die vielfältigen neuen Politikansätze wurden unter zwei Schlagworten gruppiert, „Perestroika“ und „Glasnost“. Anstatt die sozialistische Gesellschaft aus der Krise zu führen und sie

zu stärken, trugen die Reformen jedoch zu ihrem beschleunigten Untergang bei. Dabei waren folgende Zusammenhänge wirksam:

- Das *Glasnost*-Konzept führte Transparenz der politischen Entscheidungswege und Pressefreiheit ein. Die damit einhergehende Demokratisierung wirkte auch zersetzend auf das politische Herrschaftssystem der KPdSU zurück. Freie Wahlen und zunehmende Gewaltenteilung stärkten zugleich auch zentrifugale Kräfte und zuvor nur unterschwellige Autonomiebestrebungen, die schließlich das Zerbrechen der Union herbeiführten.
- Die *Perestroika* wollte durch die Einführung marktwirtschaftlicher Elemente und durch eine Revision des zentralistischen Führungssystems einen Wirtschaftsaufschwung generieren. Die Modernisierung der Wirtschaft erfolgte durch einen schrittweisen Rückzug des Staates und durch Zulassung westlicher Investoren („Joint Ventures“). Im Ergebnis entstand dabei aber eine wirtschaftliche Instabilität, die wesentlich zum Zusammenbruch der Sowjetunion mit beitrug.

Mögliches Fazit mit Zusatzinformationen: Perestroika und Glasnost kamen zu spät, um das Fortbestehen der UdSSR zu gewährleisten, sie beschleunigten eher ihr Ende. „Die Reforminitiative mit Glasnost (Transparenz) und Perestroika (Umgestaltung), eingeleitet durch Michail Gorbatschow, konnte das Ende der Sowjetunion nicht mehr aufhalten. Im Gegenteil, Gorbatschow wirkte letztendlich als Wegbereiter der Auflösung der Sowjetunion.“ (www.bpb.de/apuz/59638/von-der-sowjetunion-in-die-unabhaengigkeit?p=all)

b) Der Zerfall der Sowjetunion ist nur multikausal zu erklären. Die wichtigsten Punkte sind:
   - wirtschaftliche Schwierigkeiten, insbesondere durch das ruinöse Wettrüsten mit den USA, Defizite der traditionellen Planwirtschaft und die Technologie-Embargopolitik des Westens (CoCom)
   - gesellschaftliche Probleme, insbesondere Korruption, Amtsmissbrauch, Schlamperei, Verantwortungslosigkeit, Alkoholismus
   - zentrifugale Kräfte, insbesondere zunehmende Autonomiebestrebungen der Teilrepubliken, aufbrechende Nationalitätenkonflikte und die Entlassung der Satellitenstaaten aus der Breschnew-Doktrin
   - verheerender Afghanistan-Krieg gegen US-amerikanisch finanzierte, ausgebildete und ausgerüstete Mudschahedin
   - Glasnost- und Perestroika-Politik Gorbatschows

c) Die Zuschreibung „Sozialismus stalinscher Prägung“ müsste zunächst inhaltlich gefüllt und zeitlich spezifiziert werden. Es wird davon ausgegangen, dass damit die Zeit des „Stalinismus“ gemeint ist, also die der Politik der UdSSR, in der J. W. Stalin das Land in totalitärer Weise regierte. Kennzeichen dieser Periode waren – neben dem historischen Sieg über den Nationalsozialismus und einem immensen Wirtschaftswachstum – insbesondere Phasen der verschärften innenpolitischen Unterdrückung (Säuberungen, Repressionen, Gulag-System) sowie eine gewaltsame Kollektivierungs-, Industrialisierungs- und Umsiedlungspolitik. Versteht man unter „Sozialismus stalinscher Prägung“ also das politische System der Sowjetunion unter Stalin, insbesondere die aus der zentralistischen Machtkonzentration erwachsende Willkür (Personenkult), so musste dieses System in der Tat mit Stalins Tod zugleich untergehen. Der „Stalinismus“ wurde in der sogenannten Geheimrede Chruschtschows auf dem XX. Parteitag der KPdSU (1956, drei Jahre nach Stalins Tod) verurteilt. Eine Reihe von politischen, wirtschaftlichen und gesellschaftlichen Reformen beendete die Phase des „Sozialismus stalinscher Prägung“. Dieses „Tauwetter“ hatte auch Signalwirkung für die Satellitenstaaten, deren – in unterschiedlicher Stärke und Ausprägung vorhandene – stalinistische Auswüchse ebenfalls abgelöst wurden.

d) Die Karte M7 zeigt Konflikte, die *zeitgleich* zur Auflösung der Sowjetunion passierten (Rumänien); Konflikte, die *infolge* der Auflösung der bipolaren Weltordnung entstanden (Jugoslawien); ethnische Konflikte auf dem Gebiet der GUS (Georgien); den Ersten Irak-Krieg und den seit 1978 andauernden Afghanistan-Konflikt. Die große Anzahl an kriegerischen Auseinandersetzungen sowie die nach dem Ende des Kalten Krieges erhoffte aber keinesfalls erfolgte Abrüstung der Atomwaffenarsenale belegen, dass die Welt durch das Ende der Sowjetunion keinesfalls sicherer geworden ist.
Wurde Anfang der 1990er-Jahre noch blauäugig-optimistisch ein „Ende der Geschichte" (F. Fukuyama) postuliert, ein Zeitalter der Abrüstung und der „Friedensdividende", so zeigte sich bald, dass die Auflösung der bipolaren Weltordnung neue und keinesfalls geringere Probleme mit sich brachte. Alte, längst vergangen geglaubte „Bruchlinien" zwischen Ethnien, Kulturen, Traditionen und Religionen wurden wieder sichtbar. In Europa selbst betraf dies insbesondere das Territorium der vormaligen Sozialistischen Föderativen Republik Jugoslawien, wo es zu einem Krieg kam. Die zwischen Unipolarität (USA) und Multipolarität schwankende Welt ist seit 1991 noch weniger vorhersehbaren Krisen und neuen Gefahren (Terrorismus) ausgesetzt als zu Zeiten des Kalten Krieges. Ob der Welt nach dem Untergang der Sowjetunion jedoch tatsächlich ein „Kampf der Kulturen" (Samuel P. Huntington) droht, ob die USA als „wohlwollender Hegemon" maßgeblich das Weltgeschehen bestimmen oder ob – insbesondere durch den Aufstieg der BRIC-Staaten (Brasilien, Russland, Indien, China) – eine multipolare, friedliche Weltordnung gewährleistet werden kann, ist derzeit noch nicht abzusehen.

2. Reagan und Gorbatschow – Perspektiven erfassen

a) Reagans Rede ist vor allem wegen der Worte „Mr. Gorbachev, open this gate! Mr. Gorbachev, tear down this wall!" in Erinnerung geblieben. Der kurze Textauszug in M5 präsentiert zwei wichtige Aussagen:
   1) Die sogenannte Deutsche Frage, also die Frage der Wiedervereinigung, ist nur ein Aspekt der „Freiheit der gesamten Menschheit" (Z. 5–7). Damit wird die Berliner Mauer bzw. die Teilung Deutschlands zum Pars pro Toto für die bipolare Weltordnung.
   2) Unabdingbare Grundvoraussetzung für Frieden, Wohlstand und Liberalisierung für die Sowjetunion und für Osteuropa ist die Maueröffnung (Z. 8–13).

b) Reagan fordert Gorbatschow als Generalsekretär der KPdSU auf, die Mauer „niederzureißen" und damit die deutsche Teilung zu beenden. Seiner Ansicht nach könne nur auf diesem Wege Frieden und Wohlstand für den Ostblock gewährleistet werden.
Gorbatschow hingegen sieht 1988 die Reformen in der Sowjetunion auf einem guten Weg. Seine Worte sind von Optimismus getragen, dass sich das Land aus eigener Kraft wandelt. Die seit mittlerweile drei Jahren voranschreitende Perestroika habe ein „Abrutschen des Landes in eine wirtschaftliche, soziale und intellektuelle Krise" (Z. 4–6) gestoppt. Die Demokratisierung (Z. 26) sei für die Menschen bereits spürbar, das Ziel sei ein „humanitärer Sozialismus" (Z. 21).

c) Mögliche individuelle Lösung:
Ronald Reagan, der die UdSSR zuvor noch als „Reich des Bösen" bezeichnet und das umstrittene SDI-Rüstungsprogramm aufgelegt hatte, konnte zum Zeitpunkt seiner „Tear-down-this-wall"-Rede noch keineswegs von einem so baldigen Ende der Deutschen Teilung ausgehen. So prophetisch seine Worte im Nachhinein also klingen mögen, standen sie doch in der Tradition der Kalten-Kriegs-Rhetorik: Die Forderung der Maueröffnung stellte nichts anderes dar als eine

Aufforderung an Gorbatschow zur Kapitulation, denn Reagan war sich sehr wohl der unumgänglichen Folgen einer Maueröffnung bewusst. Die Gründe, die zur Errichtung der Mauer geführt hatten (Massenabwanderung qualifizierter Arbeitskräfte; systemisches Gefälle subventionierter Grundnahrungsmittel, Wohnung, Gesundheitsleistungen etc.; Inflation der Ostdeutschen Währung), hätten die DDR innerhalb kürzester Zeit erodiert.
Aus heutiger Sicht ist jedoch zu bemerken, dass Reagan die Situation des sozialistischen Lagers realistischer einschätzte als Gorbatschow. Dessen optimistische Rede von 1988 muss entweder als Fehleinschätzung aufgrund einer Unkenntnis der tatsächlichen Lage beurteilt werden, oder aber als Zweckoptimismus, der die Anstrengungen von Glasnost und Perestroika unterstützen sollte. Die ökonomischen Kennziffern des Jahres 1988 sollten bereits darauf hingedeutet haben, dass das System nicht mehr zu retten war.

Zusatzinformationen:
Die Website des Bundestages nennt Reagans Rede einen „umstrittenen Appell an die Freiheit“: „Ihre historische Bedeutung erhielt die Rede jedoch erst zwei Jahre später mit dem Fall der Mauer am 9. November 1989. Im Juni 1987 wurde sie nicht überall begeistert aufgenommen. In Teilen der europäischen Öffentlichkeit befürchtete man, die Kalter-Krieg-Rhetorik könne die Entspannungspolitik und die Abrüstungsverhandlungen mit Moskau gefährden. [...] Die Kritik richtete sich gegen die Rüstungspolitik der Vereinigten Staaten, das Wettrüsten mit der Sowjetunion, vor allem aber gegen den Nato-Doppelbeschluss aus dem Jahr 1979.“
(www.bundestag.de/dokumente/textarchiv/2012/39330642_kw24_kalender_reagan/208768)

Russland und die USA nach dem Kalten Krieg

Lösungen der Aufgaben auf Seite 217

1. Russland und die USA nach dem Kalten Krieg
   a) Nach der Auflösung der Sowjetunion zum Ende des Jahres 1991 bildete sich die Gemeinschaft Unabhängiger Staaten, der mit Ausnahme des Baltikums alle ehemaligen Sowjetrepubliken beitraten und die letztlich von der neuen Russischen Föderation angeführt wurde. Um ein weiteres Auseinanderbrechen Russlands zu verhindern, unternahm die Regierung Boris Jelzins große Anstrengungen zur Förderung und Festigung der russisch-nationalen Einheit. In diesem Zusammenhang stehen auch die massiven Militäreinsätze in der abtrünnigen Kaukasusrepublik Tschetschenien. Im „Tschetschenienkrieg“ zwischen 1994 und 1996 kamen über 100 000 Menschen ums Leben, bevor das Gebiet im Jahr 1999 beinahe vollständig zerstört worden ist.
   Das Verhältnis Russlands zur NATO blieb insofern angespannt, als dass zahlreiche ehemalige Sowjetrepubliken den Anschluss an den Westen und den Beitritt zum westlichen Militärbündnis suchten, um sich von Russland abzuwenden. Um einer möglichen Isolation zu entgehen, nahm Russland schließlich diplomatische Beziehungen zur NATO auf.
   Russland verfügt über immense Rohstoffvorkommen, was das Land zu einem der weltweit bedeutendsten Erdöl und -gasexporteure macht. Von dem Reichtum profitiert jedoch nur ein geringer Teil der Bevölkerung. Viele Russen leben nach wie vor an und unter der Armutsgrenze.

b) Die zunehmende Schwächung Russlands und dessen vorläufige Beschränkung auf die schweren Aufgaben der Innenpolitik ermöglichten den USA den Ausbau ihrer Weltmachtstellung. Gleichzeitig führten aber die damit einhergehende internationale Verantwortung und die eigenen weltpolitischen Interessen immer wieder dazu, dass die amerikanische Supermacht in den zahlreichen kleineren Konfliktgebieten, etwa im Mittleren Osten, militärisch intervenieren musste. Die Beendigung des Krieges in Bosnien durch amerikanische Streitkräfte zeigte schließlich, welch große Bedeutung die Vereinigten Staaten für die internationale Sicherheit hatte.
In den 1990er-Jahren erlebte die US-amerikanische Wirtschaft dank neuer Wirtschaftszweige und weiterer Absatzmärkte in Europa einen enormen Aufschwung. Dies hatte jedoch auch zur Folge, dass die Klimabelastung durch die wachsende Industrie erheblich zunahm. Des Weiteren wuchsen angesichts der Milliardengewinne US-amerikanischer Unternehmen die sozialen Unterschiede innerhalb der Bevölkerung.
Nach einem Jahrzehnt des Aufschwungs mussten die USA am 11. September 2001 jedoch erstmals in ihrer Geschichte einen Angriff auf ihr eigenes Territorium erfahren, der nicht nur tausenden Menschen das Leben kostete, sondern auch das amerikanische Selbstverständnis und die nationale Identität in ihren Grundfesten erschütterte. Der Kampf gegen den internationalen Terrorismus stellte die USA vor neue Herausforderungen, besonders militärisch.

c) Weltpolitische Rollen der USA und Russlands nach dem Ende des Kalten Krieges

Vereinigte Staaten Amerikas	**Russland**
Aufstieg zur alleinigen Supermacht	Einbüßen des Weltmachtstatus
Eingreifen in internationale Konflikte und Wahrung eigener außenpolitischer Interessen	Kampf im Inneren: militärisches Vorgehen gegen separatistische Bestrebungen
wirtschaftlicher Aufschwung, Aufbau von Wachstumsbranchen	Ausbau der Rohstoffförderung und Entwicklung zu wichtigem Exportland für fossile Rohstoffe
Anstieg der sozialen Ungleichheit in beiden Ländern	

d) Mögliche individuelle Lösung:
Rückblickend erscheint das duale Mächteverhältnis des Kalten Krieges (bipolares Weltsystem) gegenüber der neuen Situation als relativ eindeutig und weniger komplex. Nunmehr brächen alte Ordnungen und Strukturen auf und hinterließen eine schier unüberschaubare Diversität an diplomatischen Einzelverstrickungen, nationalen Bewegungen und Krisenherden, die wiederum Nährboden für fundamentalistische Bestrebungen böten.
Bei einer solchen Betrachtung sollte jedoch keineswegs die ständige Gefahr eines weltweiten Atomkrieges vergessen werden, die faktisch über die gesamte Zeit des Kalten Krieges bestand. Zudem sind die zahlreichen von den USA geführten „Stellvertreterkriege“ (Korea, Vietnam) oder der Sowjetisch-Afghanische Krieg deutliche Indizien für die andauernde Labilität und Fragilität des weltweiten Friedens. Nicht zuletzt zeugen die internationalen und innenpolitischen Wirren der „68er-Revolution“ oder der RAF-Zeit sowie die Niederschlagungen mehrerer Volkserhebungen in den Ostblockstaaten und der DDR in den 50er- und 60er-Jahren, dass Konflikte keineswegs eine Seltenheit darstellten.

2. Karikaturen historisch einordnen
   a) M7: Der Wiederaufbau des vom Zweiten Weltkrieg zerstörten Europa findet im Schatten der bilateralen Auseinandersetzungen der beiden Supermächte USA und UdSSR statt. Das „zarte Pflänzchen“ Europa ist schlechten Wachstumsbedingungen ausgesetzt.

M8: Der Ost-West-Konflikt wird mit dem Aufeinandertreffen zweier Schwergewichtsboxer verglichen. Bei den Boxern handelt es sich um die Regierungschefs der USA, Dwight D. Eisenhower, und der UdSSR, Nikita Chruschtschow. Beide tragen als Handschuhe Nuklearraketen und beanspruchen jeder für sich den Sieg in diesem Duell (empor gereckte Arme).
M9: Das Schicksal der nunmehr durch die Mauer geteilte Stadt Berlin liegt in den Händen der USA (Kennedy, links) und der Sowjetunion (Chruschtschow, rechts) und ist abhängig von deren Geduld im gegenseitigen Kräftemessen.
M10: Die Karikatur verweist auf das brüchige Konstrukt der Sowjetunion gegen Ende des Kalten Krieges: Während an der einen Stelle der Versuch einer „Reparatur“ unternommen wird (Bergkarabachkonflikt 1988), bröckeln an anderer Stelle bereits weitere Teile ab (Revolutionsbewegungen in den baltischen Staaten seit 1987). Zudem sind bereits weitere „Risse“, also bevorstehende Probleme erkennbar.
M11: Die NATO-Osterweiterung schreitet rasch voran. Der starke aber bewegungsunfähige „russische Bär“ kann angesichts einer vollständigen Einkreisung durch die NATO nur mittellos zuschauen.

b) Individuelle Schülerlösung.
c) Individuelle Schülerlösung.

Der Zerfall Jugoslawiens

Lösungen der Aufgaben auf Seite 221

1. Der Zerfall Jugoslawiens – Mit Karten arbeiten
   a) In Jugoslawien lebten Slowenen, Kroaten, Serben, Montenegriner, Bosniaken, Mazedonier, Albaner, Ungarn und Rumänen.
   b) Erläuterung möglicher Probleme in einem Vielvölkerstaat:
      - Streben nach eigenem Nationalstaat
      - unterschiedliche Interessen aufgrund verschiedener Religionen und Kulturen, sodass die Akzeptanz einer gemeinsamen Regierung schwindet
      - Gefühl der Unterlegenheit kleinerer Völker in einem Vielvölkerstaat gegenüber größeren
      - Ungleichheiten in der Wirtschaftsleistung der unterschiedlichen ethnischen Regionen können sich zu Konflikten zwischen den Völkern entwickeln.
   c) Moderne Staaten auf dem Gebiet des früheren Jugoslawiens: Slowenien, Kroatien, Serbien, Bosnien-Herzegowina, Montenegro, Kosovo, Mazedonien

2. Der Zerfall Jugoslawiens
   a) Zusammenfassung der Gründe für den Zerfall Jugoslawiens nach Marie-Janine Calic:
      - fehlende Aufarbeitung des Bürgerkrieges (1941 – 1944)
      - starke Ablehnung anderer Völker im Vielvölkerstaat trotz kommunistischer Propaganda von der Einheit Jugoslawiens
      - Förderung der Abneigung unter den Völkern durch zum Teil deutlich unterschiedliche wirtschaftliche Lebensbedingungen

- Verschlechterung der wirtschaftlichen Situation seit den 1980er-Jahren führt zur Idee, diese Probleme national und nicht mehr gemeinschaftlich zu lösen.
- Durch den Zusammenbruch des Ostblocks verlor der Sozialismus als einigendes Band der Völker Jugoslawiens seine Legitimation. Ebenso machte die Existenz Jugoslawiens als blockfreies Land und als Möglichkeit eines „dritten Weges" zwischen Kapitalismus und Sozialismus mit dem Ende des Ost-West-Konflikts keinen Sinn mehr. Somit wurden die einzelnen Völker als Identifikationsquelle wichtig.

b) Gründe für den Zerfall Jugoslawiens

Vorurteile und Feindbilder durch:	**wirtschaftliche Probleme:**	**Zusammenbruch des Ostblocks:**
• fehlende Aufarbeitung des Bürgerkrieges • unterschiedliche Mentalitäten	• verschiedener Wohlstand der Völker • Wirtschaftskrise seit den 80er-Jahren	• Sozialismus kein einigendes Band mehr • keine Legitimation Jugoslawiens als blockfreies Land als Beispiel für einen dritten Weg

⇩

Unabhängigkeitserklärungen Sloweniens (1991), Kroatiens (1991), Bosnien-Herzegowinas (1992) und des Kosovos (2008), verbunden mit internationaler Anerkennung dieser Staaten

⇩

Angriffe der von Serbien dominierten Jugoslawischen Volksarmee bzw. der Armee der Bundesrepublik Jugoslawien (bestehend aus Serbien und Montenegro zwischen 1992–2006) auf Slowenien (1991), Kroatien (1992–1995) und Bosnien-Herzegowina (1992–1995) sowie Unterdrückung der Albaner in der autonomen serbischen Provinz Kosovo und anschließendem Krieg (1998–1999)

c) Politische Reaktionen auf den Zerfall Jugoslawiens:

- NATO-Luftangriffe unter Führung der USA auf serbische Truppen in Bosnien-Herzegowina zum Schutz der Bosniaken und NATO-Luftangriffe ohne UN-Mandat auf Serbien zum Schutz der Kosovaren; Eingreifen der NATO trotz fehlendem Bündnisfall
- Einrichtung von UN-Schutzzonen in Bosnien-Herzegowina für Bosniaken und Einsatz von UN-Soldaten
- Friedensabkommen von Dayton für Bosnien-Herzegowina auf Druck der USA
- Sicherung des Friedens in Bosnien-Herzegowina und Suche nach Kriegsverbrechern durch NATO-Truppen im Auftrag der UNO
- erstmals militärisches Eingreifen von EU-Staaten
- Einrichtung des Internationalen Strafgerichtshofes für das ehemalige Jugoslawien in Den Haag zur Aburteilung von Kriegsverbrechern

d) Mögliche individuelle Lösung:

Zustimmung:

Verhinderung von Kriegsverbrechen, Schutz von Demokratien, Schutz von Minderheiten. Hierbei wäre aber zu diskutieren, welcher Art das Engagement von außen sein sollte, ob in Form einer Aufforderung zu Friedensgesprächen oder in Gestalt eines militärischen Eingreifens. Sollte das militärische Engagement von der UNO gebilligt sein oder nicht?

Ablehnung:
Keine Einmischung in Angelegenheiten souveräner Staaten; Gefahr, in den Konflikt zu stark hineingezogen zu werden (z. B. Stellung von immer mehr Truppen).

Die europäische Einigung

Lösungen der Aufgaben auf Seite 227

1. Die europäische Einigung
   a) Etappen auf dem Weg zur europäischen Integration
      1945 Ende des Zweiten Weltkriegs
      1949 Gründung des Europarats
      1949 Gründung der NATO und des Warschauer Pakts
      1950 Verabschiedung der europäischen Menschenrechtskonvention
      1951 Montanunion
      1955 Beitritt der BRD zur NATO
      1957 Römische Verträge (Gründung der EWG und EURATOM)
      1967 Bildung der EG
      1973 Beitritte Großbritanniens, Irlands und Dänemarks zur EG
      1979 erstmals Direktwahlen zum Europaparlament
      1981 Beitritt Griechenlands zur EG
      1986 Beitritt Portugals und Spaniens zur EG
      1990 Deutsche Einheit
      1992 Vertrag von Maastricht (Umbildung der EG zur EU) – weitere Beitritte 2004, 2007 und 2013
      2002 Umsetzung einer europäischen Währungsunion (Einführung des Euro in elf Staaten, später führten weitere acht Länder den Euro ein)
      2009 Inkrafttreten des Vertrags von Lissabon
   b) Nach dem Ende des Ost-West-Konflikts und im Zuge des Zerfalls der Sowjetunion suchten viele der ehemaligen Ostblockstaaten Anschluss an die Europäische Union und wandten sich von ihrem GUS-Partner Russland ab. Allein zwischen 1995 und 2004 wuchs die Zahl der EU-Mitgliedsstaaten um fast das Doppelte an. Einzelne Länder wie Schweden und die Schweiz traten dem Bündnis nicht bei.
   c) Als zentrales Gremium trifft der Europäische Rat, bestehend aus den Staats- und Regierungschefs aller Mitgliedsstaaten, dem Ratspräsidenten und dem Kommissionspräsidenten, die Entscheidungen, die von der Europäischen Kommission umgesetzt werden. Das EU-Parlament, dessen Abgeordnete von den Wahlberechtigten der einzelnen Mitgliedsstaaten gewählt werden, wählt wiederum den Präsidenten der Kommission. Er bestimmt die Kommissare, denen einzelne Ressorts zugeteilt sind.
   d) Individuelle Schülerlösung.

2. Osterweiterung der EU
   a) Nach Ansicht der Süddeutschen Zeitung (M5) vergrößere sich mit jedem zusätzlichen Beitritt eine bereits erkennbare Ineffizienz in der Arbeit der EU, wie die Stagnation in einigen aktuellen Verhandlungen (2006) nahelege. Der Kommentar der Frankfurter Rundschau (M6) will einen Rückgang der Akzeptanz für die fortschreitende Erweiterung der EU unter den EU-Bürgern und gewählten EU-Politikern erkannt haben. So sei festzustellen, dass für eine Erweiterung inzwischen nur noch solche Länder in Frage kämen, deren Bruttoinlandsprodukte und demokratische Rechtsstaatlichkeit jedoch nicht die Auflagen für einen EU-Beitritt erfüllten. Allerdings könne, so der Kommentar, ausschließlich die EU diesen Ländern eine Perspektive bieten, wozu ernsthafte EU-interne Reformen notwendig seien. Diese träten jedoch in ihrer Relevanz hinter Diskussionen über Beitrittskriterien einzelner Kandidaten zurück. Perspektivisch manövriere sich die EU mit dieser Haltung in eine Handlungsunfähigkeit hinein.
   b) Individuelle Schülerlösung. Gemessen an der historischen Idealvorstellung, alle Völker Europas unter einem Dach zu vereinen und die Europäische Union als Alternative zum Nationalstaat zu entwickeln, scheint die gegenwärtige EU noch weit von der Umsetzung dieser Idee entfernt. Folgt man den Meinungsumfragen, sind beträchtliche Unterschiede in der Haltung zwischen den einzelnen Nationen erkennbar. Auch zwischen den Staatsregierungen bestehen fortwährend Meinungsunterschiede über Form und Status der EU in Bezug auf die Rolle der Souveränität der einzelnen Staaten.

3. Außenpolitik der EU – Karikaturen analysieren
   a) In der Karikatur (M7) kommt die ambivalente Haltung der EU am Beispiel der gemeinsamen Außenpolitik zum Ausdruck. Die Idealvorstellung eines gemeinsamen Kurses wird von einzelnen, führenden Mitgliedsstaaten aufgrund ihrer teilweise gegenläufigen nationalstaatlichen Interessen unterwandert, verkompliziert und letztlich gar unmöglich gemacht. Die restlichen Mitgliedsstaaten schließen sich den unterschiedlichen Tendenzen an und verleihen dem Prozess des Auseinanderdriftens eine zusätzliche Dynamik.
   M8 thematisiert die teilweise unüberwindbaren Hürden des EU-Beitrittsverfahrens am Beispiel der Türkei: Zwar wird seitens der EU eine grundsätzliche Bereitschaft zur Aufnahme dieses Beitrittskandidaten signalisiert, jedoch sind die Bedingungen auf der Grundlage der türkischen Strukturen schlichtweg nicht zu erfüllen. Die Karikatur unterstellt der EU somit eine bewusst unflexible Beitrittspolitik, die zu hohe Maßstäbe ansetzt, sodass etwa Ländern, deren Verfassung auf anderen Werten basiert, aber auch Schwellen- und Entwicklungsländern der Zutritt verwehrt bleibe.
   b) Kritiker bemängeln nach wie vor, dass es aufgrund fehlender Koordination und Strategie de facto keine gemeinsame Außen- und Sicherheitspolitik der EU gebe. Die Gründe dafür lägen etwa in den unterschiedlichen Traditionen, Werten und historischen Wurzeln der einzelnen Mitgliedsstaaten, die etwa den gemeinsamen Beschluss über eine militärische Intervention in den vom sogenannten Islamischen Staat bedrohten Regionen hemmten. In Deutschland, dem wirtschaftlich gewichtigsten EU-Mitglied, wurde vonseiten der Öffentlichkeit lange Zeit die unentschlossene Haltung der deutschen Regierung zu gemeinsamen außenpolitischen Fragen (Libyen 2012, Irak 2014) kritisiert und als Grund für das Scheitern der EU-Außenpolitik gesehen; seit der Ukraine-Krise und der diplomatischen Praxis einer „kompromisslosen Vermittlung" scheine Deutschland in der öffentlichen Wahrnehmung jedoch die erwartete Verantwortung wahrzunehmen. In der gemeinsamen Außenpolitik ist vor dem Hintergrund der Sanktionspolitik gegenüber Russland derzeit einheitliches Handeln zu beobachten.

In der Frage des Beitritts der Türkei zur EU bestehen nach wie vor Zweifel und die Verhandlungen sind im Zuge der restriktiven Innenpolitik der türkischen Regierung zunehmend ins Stocken geraten und zurückgeworfen worden.

Die Welt nach dem 11. September 2001

Lösungen der Aufgaben auf Seite 233

1. Die Welt nach dem 11. September 2001
   a) Entwicklungen infolge des 11. Septembers 2001:
      2001 September: Terroranschläge „9/11"
      2001 Errichtung des US-Gefangenenlagers Guantanamo auf Kuba
      2001 Oktober bis Dezember: Einmarsch US-amerikanischer Streitkräfte in Afghanistan und Sturz des Taliban-Regimes
      2002 Resolutionen gegen Saddam Hussein (Massenvernichtungswaffen)
      2003 März: Einmarsch US-amerikanischer Truppen in den Irak
      2003 Mai: vorzeitiges Ende des Krieges
      → Andauern des Afghanistan-Krieges bis heute
   b) George W. Bush argumentiert zunächst mit dem Topos des gerechten Friedens. Ihn zu erstreiten sei Ziel und Verantwortung der USA und er fördere die Freiheit der Menschen. Den Angriffskrieg an sich rechtfertigt Bush in seiner Rede damit, dass Verteidigung des Friedens und der Verbündeten nicht durch Untätigkeit und Abwarten möglich sei. Es sei vielmehr zwingend notwendig, aus der Defensive heraus den Feind auf dem eigenen Boden zu schlagen, damit sich die Gefahr nicht entfalten könne. Moralischen Zweifeln begegnet Bush schließlich mit der Feststellung, es handle sich bei diesem Krieg um eine Auseinandersetzung zwischen Gut und Böse – sich dem Bösen zu widersetzen, bedeute in der Konsequenz für eine Nation, die Führung in der Welt zu übernehmen.

2. Die neuen Weltmächte
   a) Anhand der Statistik M8 lässt sich zum einen die über zwanzig Jahre andauernde und Ende der 1990er-Jahre am Höhepunkt angelangte Unangefochtenheit der US-amerikanischen Wirtschaft in der Welt ablesen. Gleichzeitig ist aber das beinahe exponentielle Wachstum Chinas zu erkennen, während hingegen die USA und auch Deutschland spätestens seit 2000 sinkende Kaufkraftparitäten aufweisen. Auch Russland, Indien und Brasilien konnten zwischen 1992 und 2010 an Kaufkraft zulegen.
      M9 gibt einen Eindruck von der massiven Wirkung der Wirtschaftskrise 2008/2009, von der alle Industrienationen betroffen waren, besonders hart allerdings Russland, Deutschland und die USA. Die geringsten Auswirkungen hatte die Krise auf China.
      Die zunehmende Bedeutung Chinas für den Welthandel zeigt indes M10 an: Hatte sich Deutschland gemessen an den Welthandelsanteilen stets vor China gesehen, so musste es diese Stellung ab 2008 einbüßen. Auch die USA musste langfristig steigende Verluste hinnehmen.

M11 veranschaulicht die Bemühungen insbesondere der BRIC-Länder, Arbeitskräfte zu schaffen und so langfristig das BIP zu erhöhen. Die Folgen der Wirtschaftskrise sind insbesondere für Russland und die USA auch an den Arbeitslosenquoten abzusehen.

b) Individuelle Schülerlösung:
Die Tatsache, dass die BRIC-Staaten heute etwa zwei Fünftel der Weltbevölkerung stellen und ihr gemeinsamer Anteil am weltweiten Bruttoinlandsprodukt bei 22 Prozent liegt, spricht vor dem Hintergrund der überwiegend positiven Entwicklung in den vergangenen 15 Jahren für eine einflussreiche Zukunft dieser Länder. Zudem ist zu beobachten, dass sich der weltweite Finanzmarkt inzwischen auf diese Staaten fokussiert hat.

3. Der „Arabische Frühling"

a) Perthes sieht neben vielen Unterschieden einen entscheidenden gemeinsamen Faktor, der alle betroffenen Gesellschaften eint: Die Protestler gehören überwiegend der Generation der 20- bis 35-jährigen an und klagen über Perspektivlosigkeit. Davon abgeleitet schließt sich der Politikwissenschaftler dem Vergleich des „Arabischen Frühlings" mit der 68er-Bewegung an. Zur Frage, welche Rolle Europa einnehmen könne, stellt er fest, dass Europa den Transformationsgesellschaften vor allem mit Offenheit begegnet und so die spätere Sicht dieser Gesellschaften auf Europa begünstigt. Mittelfristig schlägt Perthes Wahlbeobachtungen sowie Unterstützung beim Aufbau einer Rechtsstaatlichkeit und einer Marktwirtschaft vor. Vor allem solle Europa die verbreitete Skepsis gegenüber den Entwicklungen ablegen und stattdessen begrüßen und fördern, dass die „eigenen" Werte andernorts eingefordert und geteilt werden.

b) Individuelle Schülerlösung. Unter anderem informiert die Bundeszentrale für politische Bildung über den Arabischen Frühling unter:
www.bpb.de/internationales/afrika/arabischer-fruehling.

c) Individuelle Schülerlösung.

Die Bundesrepublik in den Fünfzigerjahren

Lösungen der Aufgaben auf Seite 247

1. Parteien und Ergebnisse der Bundestagswahlen
   a) Hier sollen die Schülerinnen und Schüler, evtl. in Zusammenarbeit mit dem Mathematiklehrer, eine Grafik anfertigen, die die jeweiligen Entwicklungen der verschiedenen Parteien aufzeigen. Evtl. ergibt es Sinn, sich auf die größeren Parteien, die für den weiteren Verlauf der Bundesrepublik von Wichtigkeit waren, zu beschränken.
   b) Es muss deutlich werden, dass es zunächst eine Entwicklung zu einem Drei-Parteien-System gab (bis 1983), mit jeweils zwei Volksparteien (CDU/CSU und SPD) und einem Koalitionspartner (FDP).
   Hierbei sollten u. a. die beiden großen Parteien näher betrachtet werden, in den 1950er-Jahren schafft es die Union bis 1972 jeweils die stärkste Partei zu werden.
   Der SPD gelingt dies bis 2013 nur zweimal (1972, 1998). 1957 erringt die Union zudem – bis heute einmalig – auf Bundesebene eine absolute Mehrheit. Der SPD gelingt eine annähernd an die 40 %-Marke heranreichende Stimmenanzahl erst in den 1960er-Jahren, wobei sie in den letzten zwei Bundestagswahlen sogar deutlich unter die 30 %-Marke gefallen ist.
   Die FDP spielte bis 1998 den sog. „Königsmacher“. Mit einem Stimmenanteil im zumeist einstelligen Bereich war sie für beide großen Parteien wechselweise der Koalitionspartner, wenn diese nicht eine „Große Koalition“ (1966–1969; 2005–2009; 2013 ff.) bildeten oder bilden. Dies änderte sich mit der Regierungsbeteiligung der Grünen.
   Mittlerweile ist das Parteiensystem nicht mehr ein Drei-Parteien-System, sondern nach der Wiedervereinigung haben sich neben den Grünen auch die Linken im Bundestag etabliert.
   Die in den 1950er-Jahren eingeführte 5 %-Hürde schützt den Bundestag vor einer zu großen Zersplitterung und ermöglicht deshalb relativ stabile Regierungsmehrheiten.

2. Die „Kanzlerdemokratie“
   a) Aufgrund des Art. 65 GG besitzt der Bundeskanzler die sog. „Richtlinienkompetenz“, das heißt, er bestimmt die Richtlinien der Politik und trägt dafür die Verantwortung. Dies zeigt sich u. a. daran, dass der Bundeskanzler – im Gegensatz zu den Bundesministern – aufgrund Art. 63 GG vom Bundestag gewählt wird und nur – neben den regulären Wahlen – während einer Legislaturperiode vom Bundestag über ein „konstruktives Misstrauensvotum“ (Art. 67 GG) gestürzt werden kann. Auch kann nur der Bundeskanzler aufgrund Art. 68 GG die sog. „Vertrauensfrage“ stellen, die, sollte sie negativ vom Bundestag beantwortet werden, mit der Auflösung des Bundestages durch den Bundespräsidenten bei gleichzeitigen Neuwahlen enden kann. Insofern spielt der Bundeskanzler eine herausragende Rolle im bundesdeutschen System.
   b) Adenauer war der erste Bundeskanzler und regierte 14 Jahre lang die Bundesrepublik Deutschland. Insofern war seine Kanzlerschaft für nachfolgende Bundeskanzler durchaus prägend. Sein Regierungsstil war eher autoritär geprägt, er legte weniger Wert auf einen kollegialen, teamorientierten Umgang mit den Ministern und Mitarbeitern. Er interpretierte also die Richtlinienkompetenz zumeist zu Gunsten des Bundeskanzlers. In der Bevölkerung kam dieser Politikstil durchaus gut an, immerhin gewann die Union im Jahre 1957 mit Konrad Adenauer sogar die absolute Mehrheit.

3. Soziale Marktwirtschaft/Wirtschaftswunder
   a) Folgende Aspekte müssen aufgeführt werden:
      - die nun konzipierte Wirtschaftsordnung muss sozial ausgerichtet sein
      - dies zeigt sich u. a. daran, dass dieses System in der Lage ist, große Gütermengen zu Preisen zur Verfügung zu stellen, die der Konsument aufgrund der Nachfrage selbst mitbestimmen kann
      - aufgrund der niedrigen Preise erhöht sich der Realwert des Lohnes
      - dies führt zur besseren Befriedung der menschlichen Bedürfnisse
      - der Unternehmer wird gezwungen, da der Kunde in der Auswahl vollkommen frei ist, auf Qualität, Preise etc. zu achten, somit herrscht eine „Marktdemokratie"
      - soziale Ausrichtung muss im Vordergrund stehen:
        deshalb: Schaffung einer „sozialen Betriebsordnung", welche den Arbeitnehmer als Menschen anerkennt und ihm Mitgestaltungsmöglichkeiten seines beruflichen Umfelds schafft
      - Etablierung einer Wettbewerbsordnung
      - Anti-Monopol-Politik
      - konjunkturpolitische Beschäftigungspolitik
      - Beseitigung von allzu großen Einkommens- und Besitzverhältnissen durch staatliche Steuerpolitik
   b) Hier sollten u. a. folgende Aspekte genannt werden:
      Nach der staatlichen wirtschaftlichen Lenkung des Dritten Reiches war es ökonomisch ersichtlich, dass lediglich ein marktwirtschaftlich ausgerichtetes System breiten Bevölkerungsschichten zu Wohlstand verhelfen kann. Zudem waren alle drei westlichen Siegermächte marktwirtschaftlich ausgerichtet. Des Weiteren führte die Etablierung der sozialen Marktwirtschaft in der Bundesrepublik, natürlich auch bedingt durch Währungsreform und finanzielle Hilfen (Marshall-Plan), dazu, dass ein Großteil der Bevölkerung am wirtschaftlichen Aufschwung der 1950er-Jahre partizipieren konnte. Zusätzlich förderte die Einführung der betrieblichen Mitbestimmung die Zustimmung in der Bevölkerung und dies alles führte zu einer relativ schnellen Etablierung der sozialen Marktwirtschaft in der Bundesrepublik.
   c) Analyse der Statistiken:
      - die Industrieproduktion stieg allein zwischen 1950 und 1960 rasant an, und zwar um das Anderthalbfache innerhalb eines Jahrzehnts, bedingt durch die enorme Nachfrage nach Gütern im Inland, aber auch durch den nun einsetzenden Export bundesdeutscher Waren
      - die Erwerbslosigkeit fiel von 10,7 % im Jahre 1950 auf 3 % gegen Ende der 1950er-Jahre, wobei 3 % Erwerbslosigkeit volkswirtschaftlich gesehen als fast ideal angesehen werden, da nun nahezu eine Vollbeschäftigung herrscht, es aber immer noch eine gewisse Reserve an Arbeitskräften auf dem Arbeitsmarkt gibt
      - der Bruttostundenlohn stieg zwischen 1950 und 1960 um das Doppelte, dies bedeutete dementsprechend ein besseres Konsumklima, da der Großteil der Bevölkerung sich nun mehr leisten konnte
   d) Zunächst müssen die Faktoren, welche zu dem enormen wirtschaftlichen Aufschwung der Bundesrepublik in den 1950er-Jahren führten, genannt werden:
      - Wirtschaftswachstum u. a. aufgrund der Binnennachfrage, bald aber auch aufgrund des Exports
      - Vollbeschäftigung gegen Ende der 1950er-Jahre
      - Londoner Schuldenabkommen (1953) = Bundesrepublik wird wieder international kreditfähig

- niedriges Lohnniveau, aber qualifizierte Arbeitskräfte, u. a. Vertriebene
- Aufbau neuer Industrieanlagen
- Strukturwandel: moderne Industriegesellschaft mit stark ausgeprägtem Dienstleistungssektor
- soziale Mobilität, breite Mittelschicht, Konsumgesellschaft

Ein kritisches Hinterfragen, ob es sich hier tatsächlich um ein „Wunder" oder doch eher um eine wirtschafts- und gesellschaftspolitische Gesetzmäßigkeit gehandelt hat, ist auf jeden Fall erforderlich.

e) Bildbeschreibung:
Erkennbar ist der damalige Bundeswirtschaftsminister Ludwig Erhard, der allgemein als „Vater des Wirtschaftswunders" bezeichnet wird. Er trägt einen Smoking, raucht eine Zigarre mit einer Banderole „DM", seine Figur „entsteigt" einer zerstörten Stadt. Sein Körper, welcher das gesamte Bild von der Größe her dominiert, wird von Sonnenstrahlen umhüllt.
Interpretation:
Erhard wird als wohlhabender Mann dargestellt (Anzug, Zigarre, Wohlstandsbauch), der mit sich zufrieden zu sein scheint (vgl. Gesichtsausdruck). Er ist somit die Personifizierung des wirtschaftlichen Aufschwungs der Bundesrepublik in den 1950er-Jahren, mit ihm scheint es eine „sonnige", also eine wirtschaftlich prosperierende Zukunft zu geben.

4. Wirtschaftswunder – Arbeiten mit Werbung

a) M9: „4711 – Mein liebstes Geschenk":
Beschreibung:
Ein zumeist schwarz-weiß konzipiertes Plakat zeigt ein festlich gekleidetes Paar, wobei der Mann, der sich freuenden Frau ein Parfüm überreicht. Im Kontrast dazu wird das Produkt selber in zwei Versionen im Vordergrund farbig dargestellt, ebenso der Markenname und der Werbespruch.
Hauptaussage:
Zu besonderen Anlässen soll der Mann seiner Frau ein besonderes Geschenk machen, 4711 ist also ein Produkt, welches etwas Besonderes und somit nichts Alltägliches darstellt.
M10: Werbung für Edelstahl-Kochtöpfe:
Beschreibung:
Die vollkommen farbig konzipierte Abbildung zeigt eine für die 1950er-Jahre typische Hausfrau (Schürze), welche strahlend hinter (!) ihrem Herd steht, der sich in der Mitte der Küche befindet. Sie ist umgeben von Kochtöpfen und hält auch einen Topf in ihren Händen, um den Kunden die Unterseite des Edelstahl-Kochtopfs zu präsentieren.
Hauptaussage:
Edelstahl-Kochtöpfe gehören in jeden Haushalt. Die gut organisierte Hausfrau wird sich dementsprechend schnell auf die neuen Töpfe umstellen.

b) Vergleich der damaligen Werbung mit heutiger Werbung:
- die jeweiligen Hintergründe sind heutzutage anders gestaltet (meistens in der Natur oder bezüglich Küche zumeist mit Fenster und Blick in die Natur)
- eine Frau trägt heute in der Werbung sicherlich nicht mehr Arbeitskleidung

c) Stelle Gemeinsamkeiten und Unterschiede gegenüber:
Gemeinsamkeiten: Parfüm: nach wie vor wirbt ein Parfumhersteller damit, dass sein Produkt etwas ganz Besonderes darstellt und zu besonderen Anlässen verschenkt werden soll; Töpfe: der strahlende Gesichtsausdruck der Frau findet sich auch in der heutigen Werbung wieder

Unterschiede: zumeist werden die Anzeigen heute farbig gestaltet; die Figur der Hausfrau ist sehr statisch und mit zu vielen Produkten umgeben, so wird heute sicherlich nicht mehr geworben.

d) Die Schülerinnen und Schüler sollen zum Beispiel im Internet alte Werbeplakate und Werbespots recherchieren und sie dann vergleichen.

Außenpolitik der BRD in den 1950er-Jahren

Lösungen der Aufgaben auf Seite 251

1. Die Außenpolitik der BRD in den 1950er-Jahren
   a) Ein Staat ist souverän, wenn er selbstständig und somit autonom seine inneren und äußeren Angelegenheiten regelt. Er kann also selbstbestimmt handeln.
   b) Die Erlangung der Souveränität, bis auf wenige Ausnahmen, war insofern von Bedeutung, als dass die Bundesrepublik nun nicht mehr im In- und Ausland als ein „Konstrukt“ der Westalliierten angesehen wurde, sondern als ein selbstständig agierender Staat. Dies war auch für die bundesdeutsche Bevölkerung aus psychologischen Gründen wichtig („Wir sind wieder wer“). Zudem untermauerte es auch den Alleinvertretungsanspruch der Bundesrepublik.
   c) Folgende Aspekte müssen genannt werden:
      - mit Ausbruch des Koreakrieges wird auch über einen Wehrbeitrag der Bundesrepublik diskutiert, um den Kommunismus einzudämmen
      - Adenauer sieht nun die Chance, als Gegenleistung die Souveränität der Bundesrepublik zu erlangen
      - Frankreich schlägt eine „Europäische Verteidigungsgemeinschaft“ unter seiner Führung vor, die Bundesrepublik stimmt dem nach kontroverser Debatte im Bundestag zu, letztlich scheitert dieser Plan aber an der französischen Nationalversammlung
      - Stalin versucht vergebens die militärische Integration der Bundesrepublik durch die sog. „Stalin-Note“ zu verhindern
      - die Bundesrepublik wird 1955 in die NATO aufgenommen
      - somit muss die Bundesrepublik eine Armee aufbauen, welche aber – im Gegensatz zur Wehrmacht des Dritten Reiches – nicht auf blinden Gehorsam ausgerichtet ist, sondern demokratischen Grundsätzen verpflichtet ist („Staatsbürger in Uniform“).
      - dennoch war die Wiederbewaffnung der Bundesrepublik in der Öffentlichkeit heftig umstritten
   d) Die Bundesrepublik sieht sich als alleiniger Vertreter des gesamten deutschen Volkes und nimmt deshalb zu keinem Staat diplomatische Beziehungen auf, der die DDR diplomatisch als Staat anerkennt (Hallstein-Doktrin). Eine Ausnahme bildete die UdSSR als Siegermacht. Zur Sowjetunion nahm die Bundesrepublik in den 1950er-Jahren diplomatische Beziehungen auf. Später – im Zuge der Ostpolitik – nahm die Bundesrepublik auch zu anderen Ostblockstaaten diplomatische Beziehungen auf.

2. Die Pariser Verträge in der Kontroverse
   a) Adenauer:
      - Wiederherstellung der Souveränität der Bundesrepublik wird durch die Verträge gesichert
      - diese Wiederherstellung ist keine von fremden Mächten übertragene, sondern eine eigenständige deutsche Souveränität
      - durch Herstellung dieser Souveränität wird die deutsche Spaltung nicht vertieft
      - die Bewahrung der staatlichen Einheit und die Wiedervereinigung bleiben das oberste Ziel. Dies kann aber nur auf Grundlage dieser Verträge geschehen

      Ollenhauer:
      - die Integration der BRD in den Westen hat für die Bundesregierung unter Adenauer Vorrang vor der Wiedervereinigung
      - Pariser Verträge verhindern die deutsche Wiedervereinigung, aber die Sicherheit Deutschlands wird durch die Verträge auch nicht erhöht
      - deswegen ist dieses Vertragswerk abzulehnen
      - es ist nicht nachzuvollziehen, warum die militärische Integration Westdeutschlands in ein westliches System zur Wiedervereinigung beitragen soll
      - die von Adenauer propagierte Souveränität ist so nicht vorhanden
   b) Adenauer und Ollenhauer schätzten die Auswirkungen der Pariser Verträge auf die deutsche Teilung unterschiedlich ein. Erläutere die beiden Positionen und nimm dazu Stellung.

      Adenauer:
      Adenauer vertritt die Meinung, mit der Ratifizierung der Verträge erhalte die BRD einen großen Teil der Souveränität zurück, dies sei für die Sicherheit von enormer Bedeutung und ermögliche auf Dauer die Wiedervereinigung, da man nun aus der Position der Stärke verhandeln könne.

      Ollenhauer:
      Ollenhauer argumentiert, dass die Ratifizierung dieser Verträge nicht die Sicherheit der BRD erhöhen würde und zudem die Souveränität, wie sie Adenauer dargestellt hat, so nicht existieren würde. Die Teilung Deutschlands würde somit nur weiter zementiert.

      Stellungnahme:
      Als mögliche Aspekte könnten genannt werden:
      - Adenauer hat – auf lange Sicht gesehen – mit der These, erst ein starkes Westdeutschland könne die Wiedervereinigung angehen, Recht gehabt (vgl. Wiedervereinigung im Jahre 1990).
      - Ollenhauers Bedenken waren aber auch gerechtfertigt, da die Wiedervereinigung bis Ende der 1980er-Jahre nicht auf der Tagesordnung der Weltpolitik stand und Deutschland knapp vierzig Jahre geteilt war. Zudem war die Sicherheit in Europa während dieses Zeitraums auch nicht immer gewährleistet.

3. Wiederbewaffnung der Bundesrepublik
   a) Beide Plakate stammen aus dem Jahre 1953, dem Jahr der zweiten Bundestagswahl, in der es auch um die Frage einer eventuellen Wiederbewaffnung der Bundesrepublik ging. Das erste Plakat („Er ist bewaffnet“) stammt von der CDU, das andere Plakat („Nie wieder“) von der SPD.

      „Er ist bewaffnet“: Zu sehen ist im Vordergrund ein Rotarmist mit Kalaschnikow im Anschlag (farblich dunkel gehalten), im Hintergrund – farblich durch eine hellere, freundlichere Farbe abgegrenzt – der Kölner Dom. Quasi als Titel des Plakates steht die Feststellung: „Er ist be-

waffnet", wobei das Wort „er" durch einen roten Stern noch hervorgehoben wird. Dieser rote Stern taucht nochmals auf der Mütze des Soldaten auf. Pfeilförmig auf den sowjetischen Soldaten gerichtet wird die Frage – ebenfalls in roter Farbe – gestellt: „Wollt ihr ihn hier haben?"
Dem Betrachter soll suggeriert werden, dass der Osten (in diesem Fall u.a. die UdSSR) stark bewaffnet sei und die Eroberung des Westens zum Ziel habe. Der Kölner Dom steht hier für die Einbindung der Bundesrepublik in ein westliches Wertesystem, welches durch die Sowjetunion stark gefährdet ist. Letztlich soll der Betrachter davon überzeugt werden, dass man dieser militärischen Bedrohung nur durch ein militärisches Gegengewicht des Westens Einhalt gebieten kann.

„Nie wieder": Dieser Aufruf steht quasi als Titel des Plakates über einem Kriegsfeld, welches mit Kreuzen und Stacheldraht übersät ist. Ein Gewehr steckt in der Erde, ein Soldatenhelm wurde auf dem Gewehr befestigt. Das gesamte Plakat wurde nur in schwarz-weiß gestaltet, wobei schwarz für die kriegerische Szenerie benutzt wird, weiß für die Kreuze und die Schrift („Nie wieder! Noch ist es Zeit! Wählt SPD Liste 2" (hierbei gibt es allerdings eine farbliche Abstufung)).
Dem Betrachter soll suggeriert werden, dass es noch an der Zeit sei, eine Wiederbewaffnung zu verhindern. „Nie wieder" steht dafür, dass es niemals mehr zu kriegerischen Auseinandersetzungen auf deutschem Boden kommen darf. Dies geht – gemäß des Plakates – allerdings nur mit einer SPD-geführten Bundesregierung.

b) „Er ist bewaffnet": Der Betrachter wird sicherlich ein Angstgefühl gehabt haben, da er bildlich vor Augen geführt bekommt, was sowjetische Aggression bedeutet: ein Rotarmist u. a. vor dem Kölner Dom. Menschenrechte und Grundfreiheiten, hier dargestellt mit der Religionsfreiheit, wären nicht mehr vorhanden.
„Nie wieder": Auch hier wird der Betrachter sicherlich ein Angstgefühl gehabt haben, da der damalige Betrachter den Zweiten Weltkrieg – entweder als Zivilist oder als Soldat – bewusst miterlebt hat. Also wird er sich gedacht haben, es muss alles Erdenkliche unternommen werden, dass es niemals mehr zu einem Krieg kommen wird.
Daraus folgt: beide Plakate lösen, obwohl sie die genau gegensätzlichen Positionen vertreten, die gleiche Reaktion aus: Angst.

c) Befürworter:
- Der Beitritt zu einem westlichen Verteidigungssystem bedeutete für die Bundesrepublik Deutschland zunächst eine militärische Sicherheit gegenüber der UdSSR und deren Verbündeten.
- Zudem wurde die Bundesrepublik nun als gleichwertiges Mitglied der westlichen Staatengemeinschaft angesehen.
- Dies führt zu einer wirtschaftlichen und politischen Integration der Bundesrepublik in die (west-)europäische Staatengemeinschaft, deren Aufbau die Bundesrepublik von Anfang an maßgeblich mitgestalten konnte (Montan-Union, EGKS, EWG, Euratom etc.).
- Dies führte wiederum zu einem wirtschaftlichen Aufschwung in der Bundesrepublik in den 1950er-Jahren.
- Mit dem Aufbau der Bundeswehr gingen auch Großaufträge an die bundesdeutsche Industrie (u.a. Luft- und Raumfahrtindustrie als High-Tech-Bereich) einher.

Gegner:
- Die Wiederbewaffnung bedeutete, dass die Bundesrepublik wieder eine Armee erhielt (knapp zehn Jahre nach dem Zweiten Weltkrieg!). Somit muss die Bundesrepublik auch wieder Soldaten für einen eventuellen Kriegsfall zur Verfügung stellen.

- Die Lehre aus dem Dritten Reich und dem Zweiten Weltkrieg lautete aber: Nie wieder Krieg!
- Die Wiederbewaffnung war ein Zeichen des immer stärker werdenden Kalten Krieges, welcher zu einer permanenten unsicheren Lage in Europa führte.
- Hohe Rüstungskosten verhinderten staatliche Investitionen in anderen Bereichen.
- Der Beitritt in ein westliches Bündnissystem verhinderte zudem jegliche Möglichkeit einer schnellen Wiedervereinigung.

Leben in der Bundesrepublik in den 1950er-Jahren

Lösungen der Aufgaben auf Seite 255

1. Mit Filmplakaten arbeiten
   a) Informationen über beide Filme erhalten die Schüler im Internet. Beide Filme sind u. a. in „Wikipedia“ aufgeführt. Anhand der Recherchearbeiten der Schüler soll diesen zugleich bewusst gemacht werden, dass die jeweiligen Quellen äußerst kritisch zu hinterfragen sind. Zudem könnten zeitgenössische Filmkritiken herangezogen werden (u. a. „Die Zeit“).
   b) „Die Halbstarken“:
   - eher in dunkleren Brauntönen gehalten
   - der junge Mann wirkt dynamisch und ist im Vordergrund vollständig abgebildet
   - die Figur der jungen Frau im Hintergrund ist zwar – im Vergleich zum Mann gesehen – größer, aber man sieht lediglich ihr Gesicht
   - die Frau schaut skeptisch, nachdenklich, möglicherweise sogar wütend

   „Grün ist die Heide“:
   - bunt gestaltet
   - im Vordergrund sitzt eine junge Frau in einem – für die 1950er-Jahre – typischen rot-weiß gestreiften Sommerkleid
   - im Hintergrund sieht man einen Jäger mit Jagdhund in typischer Jäger-Uniform und den entsprechenden Gerätschaften
   - beide Figuren befinden sich in der Natur (Birkenstämme und ein Wald im Hintergrund sind zu sehen)
   - der Mann steht im Bild über der Frau

   c) Frauenbild:
   - die Frau bleibt im Hintergrund („Halbstarke“),
   - die Frau sitzt (zwar im Vordergrund), wird aber vom Mann beschützt („Heide“)

   Männerbild:
   - der Mann ist dynamisch und tatkräftig („Halbstarke“)
   - der Mann ist der Beschützer der Frau, er steht auch über ihr („Heide“)

   d) Tatsächlich gab es in den 1950er-Jahren eine sich neu formierende Jugendkultur:
   Musik: der Rock'n'Roll wird von Jugendlichen favorisiert, trifft auf große Resonanz bei den jungen Menschen (Vorbilder u. a. Elvis Presley; deutsche Interpreten: u. a. Peter Kraus), daraus entwickeln sich auch neue Tanzstile
   - man trifft sich abends in Cafés und eigenen Lokalitäten, Clubs

Mode: Lederjacken, Jeans sind nun angesagt, eigene Frisuren (Männer: Haartolle)
- alle diese Aspekte waren eher auf die junge Generation bezogen, die ältere Generation lehnte dies ab

e) Zunächst einmal sollten die Schüler und Schülerinnen den Begriff „Halbstarke“ definieren. Hierzu sollten die Schüler ebenfalls Internet-Recherchen anstellen, um herauszufinden, dass dieser Begriff nicht erst in den 1950er-Jahren kreiert wurde, sondern schon in den Jahrzehnten zuvor für Jugendliche benutzt wurde. Anschließend sollten synonyme Begriffe wie z. B. „Rowdy“, „Krawallmacher“ oder „Kerl“ erkannt und erklärt werden.

f) Zumeist geht es um Abgrenzung anderen Personengruppen gegenüber, dies sind oft Eltern bzw. die älteren Generationen, aber teilweise auch Gleichaltrige. Andere Verhaltensmuster (z. B. Begrüßung), aber auch anderes Aussehen spielen eine große Rolle. Teilweise wollen diese Gruppen provokant wirken und den älteren Mitmenschen zeigen, dass die Jugendlichen alles besser machen werden. Insofern ist auch einhergehend eine Kritik an der älteren Generation immer vorhanden. Eine Abgrenzung zu anderen Personen(-gruppen) ist zumeist stark ausgeprägt.

2. Die „BRAVO“ – eine Zeitschrift analysieren

a) Im BRAVO-Beitrag wird die Frage erörtert, ob junge Frauen und Männer gemeinsam einen Campingurlaub verbringen dürfen, obwohl sie noch nicht verheiratet sind.
Die Frage, ob dieses Thema noch aktuell ist, wird aller Wahrscheinlichkeit nach in der heutigen Zeit eher auf Unverständnis stoßen. Heutzutage herrschen zumeist andere Moralvorstellungen, Sex vor der Ehe ist in der Gesellschaft mittlerweile akzeptiert. Allerdings wenden sich die Religionen dagegen, wobei die meisten Jugendlichen keinen allzu starken Bezug zu Fragen der Sexualmoral, wie es die Religionen sehen, mehr haben.

b) Christian Titze: Er vertritt die Auffassung, mit seiner Verlobten niemals vor der Hochzeit einen gemeinsamen Campingplatz-Urlaub machen zu wollen, da seine zukünftige Frau bei der Hochzeit „unberührt“ sein soll. Er kann nicht dafür garantieren, dass es während eines gemeinsamen Urlaubs zum Geschlechtsverkehr kommen könnte. Allerdings wäre er durchaus bereit, mit einem anderen Mädchen diese Art von Urlaub zu erleben und würde diesen „mit allen Konsequenzen genießen“, wobei er dann dieses Mädchen aber nicht heiraten würde.
Gisela Neuhaus: Sie fordert junge Menschen auf, gemeinsam Urlaub zu machen. Man habe, ihrer Meinung nach, mit 18 Jahren bereits Rechte und solle dementsprechend den Urlaub genießen. Die ältere Generation hätte es früher sicher auch so gehandhabt.
William Steinborn: Er meint als Vater mit zweierlei Maß messen zu müssen: der Sohn sei alt genug zu wissen, was dieser wolle, insofern hätte er nichts dagegen. Hingegen verbietet er der Tochter, vor Vollendung des 21. Lebensjahres (damals: rechtliche Grenze bezüglich des Erwachsenenalters, Anm. d. Verf.), diese Art von Urlaub, wobei er sich dessen bewusst sei, dass die Tochter auch anderweitig ihre „Erlebnisse“ sammeln kann. Er will dem aber keinen „Vorschub“ leisten.
Ilse Collignon: Sie ist als Mutter ebenfalls dagegen, dass zwei junge Menschen eine „Hochzeitsreise auf Vorschuß“ unternehmen, da beide noch zu jung seien, um die Konsequenzen einer möglichen Schwangerschaft abzuschätzen (z. B. überstürzte Heirat). Allerdings ist sie der Meinung, mit den Kindern darüber nicht moralisierend, sondern recht offen zu reden.

c) Hier sollten in einer dialektischen Erörterung beide Seiten mit entsprechenden Argumenten aufgeführt werden. Am Ende muss in einer Synthese dann die eigene Meinung – kurz begründend – vorgetragen werden.

Pro:
- junge Menschen sollen und müssen ihre sexuellen Erfahrungen sammeln
- vorhergehende Generationen hatten auch schon vorehelichen Geschlechtsverkehr, nur eben heimlich
- heutzutage haben wir bereits ganz andere Moralvorstellungen, Sex vor der Ehe ist gesellschaftlich akzeptiert (Ausnahme: Religionen)
- junge Menschen sind heute bereits viel stärker in der Gesellschaft integriert (z. B. Berufsleben oder Jobs während der Schul- und Studienzeit)

Contra:
- gewisse Moralvorstellungen verbieten einen vorehelichen Geschlechtsverkehr
- Frage, ob es aus wirklich freien Stücken passiert oder ob junge Menschen mittlerweile evtl. sogar einem gewissen Druck ausgesetzt sind
- sicherlich ist ein zeitlich befristeter Verzicht durchaus auch denkbar, z. B. auch als Zeichen der Verbundenheit

3. Geschlechterrollen analysieren

a) Geschlechterverständnis der vorliegenden Quelle:

	Mann	Frau
Das Platznehmen	• hat die persönlichen Wünsche der Frau zu respektieren • rückt ihr den Stuhl zurecht • setzt sich erst, wenn alle Damen sitzen • fragt bereits am Tisch sitzende Gäste, ob man sich dazusetzen dürfe	• sie erhält den besten Platz bezüglich Bequemlichkeit und Aussicht
Speisen- und Weinkarte	• er erhält vom Kellner nach der Frau die Speisenkarte, allerdings erhält er die Weinkarte • er sucht die Getränke aus, hat sich aber an den Wünschen der Frau zu orientieren • hat sich um die Frau und weniger um die Karte zu kümmern	• sie erhält zuerst die Speisenkarte • liegt die Speisenkarte bereits auf dem Tisch, so hat der Mann ihr diese zu reichen, wenn sie selbst bezahlt • wird sie eingeladen, so wartet sie Vorschläge des Mannes ab
Speisenkarte	• lädt er ein, so macht er Vorschläge • er soll ungefähr Essen in der gleichen Preiskategorie bestellen	• sie hat den „goldenen Mittelweg“ einzuhalten, nicht zu teuer, aber auch nicht zu billig zu bestellen

b) Mögliche individuelle Schülerlösung:

Im Zeitalter der Emanzipation ist es nicht mehr adäquat, dass Männer Frauen Speisevorschläge unterbreiten. Frauen haben mittlerweile vollkommen die gleichen Rechte und Pflichten, dies war früher nicht der Fall. Die Frau ist durchaus in der Lage, selbstständig ihre Speise- und Getränkewünsche zu äußern. Es gibt keinen geschlechtsspezifischen Unterschied bezüglich der Benimmregeln mehr. So kann durchaus auch eine Frau dem Mann die Türe aufhalten etc.

c) Individuelle Schülerlösung:
Hier sollten natürlich die oben genannten Aspekte mit einbezogen werden. Hinzu kommen nun andere Höflichkeits- und Anstandsregeln, z. B. Frage des permanenten Handygebrauchs während des Essens und des Zusammenseins, Lautstärke etc.

Die DDR von der Gründung bis zum Mauerbau

Lösungen der Aufgaben auf Seite 261

1. Wirtschaft und Politik in der frühen DDR
   a) Das Gemälde „Eisenhüttenkombinat Ost“ stammt von dem Meißener Künstler Herbert Aschmann (1913–1975). Vom Stil her ist es dem Realismus zuzuordnen, wobei starke impressionistische Züge zu erkennen sind. Die Farbgebung ist reduziert, erdige Töne dominieren, Grün fehlt im Spektrum. Dargestellt ist eine Industrielandschaft vor einem Fluss. Die Horizontlinie teilt das hochformatige Bild mittig, wobei die obere Hälfte von Industriegebäuden dominiert wird. Die untere Hälfte ist wiederum mittig in eine aufgewühlte, aber kahle Erdfläche sowie einen Fluss geteilt. Ein vertäuter Schleppkahn und ein fahrender Dampfer verweisen auf Mobilität und Verbundenheit der Szenerie mit der Welt, ebenso eine kleine Lokomotive. Menschen sind auf dem Schlepper sowie in der Industriebrache zu erkennen, jedoch sind sie nur Staffage: Das eigentliche Thema ist das Industriewerk als solches, welches durch große Rauchfahnen dynamisiert ist. Natur ist im Bild vollständig abwesend. Dennoch stehen Industrielandschaft und Rauch hier nicht als Zeichen für Umweltzerstörung, sondern vielmehr als Sinnbild für Fortschritt, Arbeit und Aufbau. Das 1952 entstandene Gemälde fügt sich damit in die deutlich ältere Tradition der Industriemalerei aus den Zeiten der Industrialisierung ein, deren Darstellung von Dampfmaschinen, Eisenbahnen, Qualm, Hochöfen etc. keine Kritik bedeutete, sondern vielmehr Fortschritt, Aufbruchsstimmung und Optimismus ausdrücken wollte. In diesem Sinne präsentiert das Gemälde sehr gut das Selbstverständnis der Aufbruchsgeneration der frühen DDR, wie es auch in der Literatur zum Ausdruck kam (vgl. u. a. die Figuren in Brigitte Reimanns Roman „Franziska Linkerhand“). Für den Aufbau des Sozialismus wurde vor allem auf den Aufbau einer Schwerindustrie gesetzt. Dies war unter zweierlei Gesichtspunkten von Bedeutung: Zum einen war die DDR vom bisherigen Industriezentrum Ruhrgebiet abgeschnitten, zum anderen hatte sie unter starken Demontagen zu leiden, die die UdSSR aus ihrer Besatzungszone als Reparation vorgenommen hatte: „Unmittelbar nach dem Einmarsch begann die sowjetische Besatzungsmacht mit der Demontage von wertvollen Industrieunternehmen […] In den folgenden Jahren wurden 3400 Betriebe abgebaut. Insgesamt fiel die russische [sic] Demontage zehnmal so hoch aus wie [sic] im Westen, sodass sie pro Kopf […] den 60fachen Betrag wie [sic] im Westen […] erreichte.“ (H.-U. Wehler, Deutsche Gesellschaftsgeschichte 1949–1990, Bonn 2010, S. 90)
   b) Lösung der Aufgabe mit Zusatzinformationen.
   17. Juni 1953
   Auslöser der Ereignisse des 17. Juni 1953 war der Beschluss der II. Parteikonferenz der SED vom Juli 1952, fortan beschleunigt zum „planmäßigen Aufbau des Sozialismus“ überzugehen. Da diese neue Politik ohne das Vorliegen objektiver Voraussetzungen durchgesetzt wurde, kam

es „zu einer schweren Ernährungskrise, zum Absinken des Lebensstandards und zum Rückgang der industriellen Produktion. Viele Menschen flüchten in den Westen". (1) Ab Februar 1953 verschlechtert sich auch die Versorgung mit rationierten Lebensmitteln. Unter den besonders betroffenen Arbeitern kommt es zunehmend zu spontanen Streiks und Demonstrationen. In Berlin protestieren insbesondere die Bauarbeiter der Großbaustelle Stalinallee. Ihre Hauptforderungen richten sich gegen die Normerhöhungen, welche eine faktische Lohnkürzung bedeuteten, und gegen die staatliche Versorgungspolitik, insbesondere die HO (Handelsorganisation). Die Regierung lenkt ein: „Am 11. Juni 1953 bekennen Politbüro und Ministerrat öffentlich, in den zurückliegenden Monaten eine Reihe von Fehlern begangen zu haben. [...] Dies werde umgehend korrigiert [...]:

- die im April verkündeten Fahrpreiserhöhungen und Preiserhöhungen für Waren des alltäglichen Bedarfs werden zurückgenommen
- der Mittelstand erhält wieder Lebensmittelkarten
- zwangsenteignete Privatbetriebe und Bauernhöfe sollen auf Antrag zurückgegeben werden
- dem privaten Handwerk und dem Handel sowie der privaten Industrie sollen Kredite und Steuererleichterungen gewährt werden, um die Versorgung mit Konsumgütern zu verbessern
- alle Verhaftungen, Strafverfahren und Urteile im Zusammenhang mit Wirtschaftsverbrechen sollen überprüft und Haftentlassungen vorgenommen werden
- der Kampf gegen die Kirche wird eingestellt; von Schulen und Universitäten verwiesene Schüler und Studenten sollen von ihren Ausbildungsstätten wieder aufgenommen werden." (2)

An der Normerhöhung hält man jedoch weiterhin fest. Am 16. Juni gehen schließlich Zehntausende Demonstranten in Berlin auf die Straße. Dass die Regierung die Normerhöhung daraufhin doch noch zurücknimmt, reicht jedoch nicht mehr aus, um die Proteste zu beenden, über die der Westberliner Rundfunksender RIAS kontinuierlich berichtet (3): „Der ehemalige Chefredakteur des RIAS, Egon Bahr, hat den Einfluss des Senders beim Aufstand des 17. Juni 1953 in der sowjetisch besetzten Zone hervorgehoben. Weil der RIAS die Forderungen der Streikenden über den Äther schickte, habe sich der Aufstand überall im Land ausgebreitet, sagte Bahr anlässlich der RIAS-Gründung vor 60 Jahren. [...] Egon Bahr: ‚Am 16. Juni kamen am Nachmittag ein paar Leute in mein Büro, eine Abordnung der Streikleitung aus der Stalinallee, und haben exakt das von uns verlangt und erwartet, wovon Sie gerade gesprochen haben, nämlich: Wir sollten aufrufen zum Generalstreik in der Zone. Und natürlich war das für einen amerikanisch verantworteten Sender völlig unmöglich. Das habe ich ihnen aber nicht gesagt, sondern ich habe ihnen gesagt: Gibt es denn irgendwelche Vorbereitungen, irgendwelche Organisationen? [...] Ohne Organisation funktioniert weder ein Generalstreik noch das, was sich da anschließt. [...] Und dann haben wir uns hingesetzt, ich habe gefragt: Nun sagen Sie doch erst mal Ihre Forderungen. Und dann sprudelte eine Reihe von Forderungen. Dann haben wir uns hingesetzt und haben diese Forderungen in ein vernünftiges Deutsch gebracht, in eine Reihenfolge gebracht und dann haben wir das gesendet. [...] So, und dann kam der 17. Juni und mittags wurde der Ausnahmezustand verhängt.'" (4)

Die Demonstranten verbleiben auf den Straßen und stellen neue Forderungen: nach einem Rücktritt der Regierung, nach freien Wahlen und nach einer Wiedervereinigung. Überdies erfolgt ein Aufruf zum Generalstreik. Am Morgen des 17. Juni haben sich die Proteste über das ganze Land ausgebreitet.

(1) www.hdg.de/lemo/kapitel/geteiltes-deutschland-gruenderjahre/weg-nach-osten/17-juni-1953-volksaufstand.html

(2) www.bpb.de/geschichte/deutsche-einheit/der-aufstand-des-17-juni-1953/154325/der-weg-in-die-krise
(3) www.dhm.de/archiv/ausstellungen/kalter_krieg/aet_06.htm
(4) www.deutschlandradiokultur.de/bahr-rias-war-katalysator-des-aufstandes.945.de.html?dram:article_id=132181

13. August 1961
Die Bundeszentrale für politische Bildung (bpb) urteilt: „Die Ursachen des Mauerbaus [...] werden unter Historikern nach wie vor kontrovers diskutiert." (1) Unstrittig ist, dass der Mauerbau in enger Abstimmung mit der UdSSR erfolgte, welche vorab eine eventuelle Reaktion der Westmächte eruiert hatte. Die Gründe für die Abriegelung waren wirtschaftlicher Natur – durch das zunehmende Wohlstandsgefälle zum Westen drohte die DDR ökonomisch „auszubluten", und zwar sowohl hinsichtlich der abwandernden Menschen als auch im Hinblick auf die Geld- und Warenströme: „Im Frühjahr 1961 verschlechterte sich die wirtschaftliche Lage der DDR rapide, die Versorgungsprobleme nahmen zu – und die Zahl der Flüchtlinge wuchs von Tag zu Tag. Zehntausende flüchteten jeden Monat aus der DDR – das Land blutete aus, das Ende der DDR schien nahe. Rund 2,7 Mio. Menschen hatten zwischen 1949 und 1961 die DDR und Ost-Berlin in Richtung Westen verlassen. Darunter waren vor allem gut ausgebildete junge Arbeiter und Akademiker. Allein im Juli 1961 verließen 30.000 Menschen die DDR. [...] Zu dem Arbeitskräftemangel kamen auch der Abfluss von Waren aller Art und der illegale Geldumtausch, der die Währung schwächte. Täglich passierten rund eine halbe Million Menschen in beide Richtungen die Sektorengrenzen in Berlin." (2)
(1) www.bpb.de/geschichte/zeitgeschichte/deutschlandarchiv/177553/sammelrezension-moskaus-werk-und-ulbrichts-beitrag
(2) www.lpb-bw.de/bau_der_mauer.html

2. Der Bau der Mauer
   a) Am 17. August 1962, etwa ein Jahr nach Errichtung der Mauer, durchquerten zwei Ost-Berliner Bauarbeiter gegen Mittag den Grenzstreifen und begannen, die Mauer zu überklettern. Die Grenzposten eröffneten das Feuer auf sie. Ein Flüchtling gelangte unverletzt nach West-Berlin, der andere – Peter Fechter – wurde angeschossen und fiel schwer verletzt auf die Ost-Berliner Seite der Mauer zurück. Hier blieb er liegen und rief um Hilfe. Die Ost-Berliner Grenzposten schritten lange Zeit nicht ein. Auf West-Berliner Seite versammelte sich eine große Anzahl Menschen, darunter mehrere Polizisten. Da man die Grenze jedoch nicht überschreiten durfte, warf man dem Verletzten Verbandszeug zu. Die informierten amerikanischen Militärpolizisten vom Checkpoint Charlie weigerten sich einzugreifen. Schließlich traf von Ost-Berliner Seite aus etwa 50 Minuten nach dem Ereignis ein Krankenwagen ein. Peter Fechter erlag seinen Verwundungen auf dem Weg ins Krankenhaus.
   b) Die Schülerinnen und Schüler beurteilen die Haltung der Beteiligten, indem sie die erst Jahrzehnte später ermittelten Fakten zusätzlich im Internet recherchieren. Die näheren Umstände des Vorfalls wurden im März 1997 in einem Mauerschützenprozess juristisch aufgearbeitet:
   „Der Berliner Prozess gegen die Mauerschützen 1997 räumte mit vielen Legenden auf, die sich um den Tod rankten. [...] Geklärt ist inzwischen, dass Fechter deshalb 50 Minuten liegen blieb, weil erst dann der zuständige Offizier eintraf und seinen Leuten Beine machte. Westliche Kripo-Unterlagen besagen, dass die ganze Aktion auf der Ostseite von Kopflosigkeit und Angst geprägt gewesen sei. Als unzutreffend gelten heute Bewertungen, die DDR habe mit der Ber-

gung so lange gewartet, um dadurch Härte zu zeigen. […] Der international renommierte Forensiker Otto Prokop [bestätigte]: Fechter starb nicht, weil man ihn verbluten ließ, sondern weil er ‚von Anfang an keine Chance' mehr hatte. Ein einziger Treffer habe ihn ‚wie ein Blitz gefällt', sagte der Österreicher. Von den 35 abgegebenen Schüssen habe nämlich nur einer direkt getroffen. Eine Abprallerwunde am Ellbogen wurde als unerheblich eingestuft. Verblutet sei Fechter in der Tat, sagte Prokop. Dies habe der Zustand der Herzinnenhaut, die blasse Farbe von Haut und Niere bewiesen. Auf seinem Weg von rechts nach links in aufsteigender Bahn durch die Hüfte riss das Geschoss laut Prokop Vene und Arterie an ihren dicksten Stellen auf. Allein diese Verletzung habe jegliche Rettung ausgeschlossen. Selbst wenn Fechter unverzüglich und pausenlos mit Blutkonserven versorgt worden wäre, hätte das nichts geändert." (1) „Der Zugführer der DDR-Grenzsoldaten gab an, nicht eingeschritten zu sein, da er befürchtete, die auf der Westseite versammelten Polizisten würden auf die Soldaten schießen. In der Tat war nur drei Tage zuvor der DDR-Grenzsoldat Rudi Arnstadt an der innerdeutschen Grenze von einem westdeutschen Grenzbeamten erschossen worden. Der Tod des durch einen Westberliner Fluchthelfer erschossenen DDR-Grenzers Reinhold Huhn lag erst zwei Monate zurück und auch der Tod des von Westberliner Polizisten am 23. Mai 1962 beim Verhindern eines Grenzdurchbruchs erschossenen Gefreiten Peter Göring war noch gegenwärtig." (2) Die ehemaligen Grenzsoldaten bestätigten 1997 vor Gericht, Schüsse auf Peter Fechter abgegeben zu haben, bestritten jedoch eine Tötungsabsicht. Das Gericht urteilte, dass Fechter aufgrund einer tödlichen Schussverletzung und nicht aufgrund von unterlassener Hilfeleistung gestorben sei. Die angeklagten Schützen wurden zu Haftstrafen von 20 bzw. 21 Monaten auf Bewährung verurteilt (ebd.).

Ausgehend von diesen Fakten, kann das Verhalten der Beteiligten wie folgt eingeschätzt werden:

Die DDR-Grenzposten sind des Totschlags schuldig, wobei eine Berufung auf Befehle die Schuld moralisch und juristisch nicht mindert. Da der durch einen einzelnen Treffer unabwendbare Tod des Opfers zum Zeitpunkt seiner Hilferufe noch nicht absehbar war, trifft sie zugleich die moralische Schuld der unterlassenen Hilfeleistung bis zum Eintreffen des Krankenwagens.

Die auf West-Berliner Seite versammelten Personen sowie die West-Berliner Polizei haben das in ihrer Situation Mögliche getan, um dem Verletzten zu helfen.

Der amerikanische Posten durfte sich aufgrund des Vier-Mächte-Abkommens frei innerhalb Berlins bewegen. Er hätte wahrscheinlich die Möglichkeit gehabt, eine schnellere Erste Hilfe einzuleiten, entweder selbst oder durch Intervention bei den mit der Situation überforderten DDR-Grenzposten. Aus diesem Grund kann auch ihm unterlassene Hilfeleistung vorgeworfen werden.

(1) www.rp-online.de/politik/kraenze-fuer-peter-fechter-aid-1.2243124

(2) http://de.wikipedia.org/wiki/Peter_Fechter

c) Der Tod Peter Fechters „erregte die Berliner und die Deutschen stärker als die über dreißig anderen Toten, die seit dem 13. August 1961 dem Grenzregime der DDR zum Opfer gefallen waren. Willy Brandt, der Regierende Bürgermeister von Berlin, hatte große Mühe, die Empörung zu dämpfen und schwere Zwischenfälle zu verhindern."(1) Egon Bahr urteilte, dass die Umstände des Todes von Peter Fechter in West-Berlin zu einer „psychologischen Krise" geführt haben. Das Nichteingreifen des US-Postens machte sinnfällig, dass die Vier-Mächte-Rechte über Gesamtberlin nur „Sprachhülsen waren. Die Kompetenzen der Westmächte endeten an der Mauer."(2) Da die West-Berliner aber immer noch gesamtberlinisch fühlten und dachten, empörten sie sich über das schein- oder offenbare Desinteresse der Westmächte am Schicksal Ostdeutschlands. Zugleich wurden die seit der Berlin-Blockade vorhandenen Befürchtungen einer östlichen Aggression wieder virulent: „Wir sind eingemauert in einer Festung [...] Wie lange würde sie sich halten können?“ (ebd.)

(1) H. A. Winkler, Der lange Weg nach Westen II, Bonn 2005, S. 207
(2) Egon Bahr, in Quelle M13

Lösungen der Aufgaben auf Seite 263
Methoden: Umgang mit schriftlichen Quellen

1. Entstehung der Quellen
   a) *M1a)* 1998
   M1b) 17. Juni 1953
   M1c) 21. Juni 1953
   b) *M1a)* Der Text erschien im Jahr 1998 zum 45. Jahrestag der Ereignisse. Es handelt sich um eine Broschüre aus der „Schriftenreihe des Berliner Landesbeauftragten für die Unterlagen des Staatssicherheitsdienstes der ehemaligen DDR“. Die Broschüre ist online einsehbar unter: www.berlin.de/imperia/md/content/lstu/schriftenreihe/heft8_07.pdf?start&ts=1200476513&file=heft8_07.pdf
   M1b) Die offizielle Verlautbarung der DDR-Regierung vom 17. Juni diente wohl vor allem der Beeinflussung der laufenden Ereignisse im zweifachen Sinne: An den Demonstrationen Beteiligte sollten durch die vorgenommene Kommentierung und Einordnung von der Sicht der SED überzeugt werden; Unbeteiligte in der ganzen Republik – vor allem die breite Masse auf dem Land und in den kleineren Städten und Ortschaften, in denen keine Demonstrationen stattfanden – sollten beruhigt werden.
   M1c) Der Quellenauszug entstammt einer Rede des damaligen Bundespräsidenten Theodor Heuss, die vier Tage nach den Ereignissen gehalten wurde. Sie stellt eine zeitnahe Kommentierung der Ereignisse des 17. Juni aus bundesdeutscher Sicht dar, die mit Aufrufen verquickt ist.

2. Art der Quellen
   1. *M1a)* Memoiren, Autobiografie, Erinnerungsprotokoll
   M1b) offizielle Verlautbarung, Regierungserklärung, Propaganda
   M1c) politische Rede, Gedenkrede
   2. *M1a)* „Der 17. Juni 1953 – Ein Zeitzeuge erinnert sich“
   M1b) „Provokationen staatsfeindlicher Elemente“
   M1c) „Die Lehren des 17. Juni“

3. Inhalt der Quellen
   a) *M1a)* Siegfried Berger, damals 35-jähriger Ingenieur in Ost-Berlin, erinnert sich 1998 an die Ereignisse des 17. Juni 1953, an denen er als Führer eines Demonstrationszuges teilgenommen hatte. Die Forderungen seines 2000-Mann starken Demonstrationszuges: 1. Rücktritt der Regierung, 2. Freie und geheime Wahlen, 3. Wiedervereinigung. Der Demonstrationszug sei von bewaffneter Polizei gestoppt worden. Obwohl die Demonstranten den Anweisungen der Polizei gefolgt seien, habe diese unerwartet das Feuer eröffnet. Es habe drei bis fünf Verletzte gegeben, mit denen man in den Westsektor gegangen sei. Hier habe man dann erst erfahren, dass im Ostsektor bereits seit 13 Uhr der Ausnahmezustand verhängt war, Demonstrationen also verboten waren. Überdies herrschte generelle Ausgangssperre.

M1b) Die vom Tag der Ereignisse datierende Bekanntmachung der DDR-Regierung besagt, dass im Interesse der Bevölkerung getroffene Maßnahmen von faschistischen und reaktionären Elementen aus West-Berlin mit Provokationen beantwortet worden seien. Drahtzieher der Unruhen seien ausländische und westdeutsche Kräfte, die die Einheit Deutschlands erschweren und die DDR schädigen wollten.

M1c) Der Bundespräsident weist in seiner Rede die Anschuldigung der DDR-Regierung zurück, es habe sich am 17. Juni um ein von Agenten und Provokateuren gesteuertes Ereignis gehandelt. Er appelliert, „dem deutschen Menschen" das „eingeborene Recht zu seiner staatlichen Selbstgestaltung, seiner Freiheit" zurückzugeben. Er fordert freie Wahlen in der DDR, die nach seiner Überzeugung aufgrund des „unzerstörbaren Einheitsbewusstseins" des deutschen Volkes eine „Sicherung der bürgerlichen Freiheiten" mit sich bringen werden. Die Opfer des Tages seien Mahnung und Verheißung zugleich.

b) *M1a)* persönliche Erinnerungen an einen Demonstrationszug aus der Perspektive eines aktiv Beteiligten

M1b) propagandistische Beeinflussung der Situation im Sinne der DDR-Regierung

M1c) Einordnung und Wertung der Ereignisse aus bundesdeutscher Perspektive, Forderung nach freien Wahlen in der DDR und nach Wiedervereinigung

c) *M1a)* Siegfried Berger strebte den Rücktritt der DDR-Regierung, freie Wahlen und die Wiedervereinigung an. Mit diesen Lösungen führte er 2000 Menschen auf die Straße. Da es in seinem Demonstrationszug durch schießende Polizei „etwa 3-5 Verletzte" gegeben hat, ist er auch persönlich als Anführer stark betroffen.

M1b) Die unmittelbar in die Ereignisse fallende Bekanntmachung der DDR-Regierung ist eine pauschale Verunglimpfung der demonstrierenden Menschenmenge als „Provokateure" und „faschistische Agenten", die wohl als Mischung aus Schutzbehauptungen und Selbstbetrug bzw. Verleugnung der offenkundigen Tatsachen gelesen werden muss. Die nicht namentlich gezeichnete Erklärung zeugt von Hilf- und Ratlosigkeit sowie von fehlender Dialogbereitschaft mit der Bevölkerung.

M1c) Die nur wenige Tage nach den Ereignissen gehaltene Rede zeigt schon eine überraschende, in der historischen Einordnung des 17. Juni zum Ausdruck kommende Distanz. Der Bundespräsident sieht die bundesdeutsche Einschätzung bestätigt, dass das Volk in der DDR die SED-Regierung ablehne und freie Wahlen für eine Wiedervereinigung fordere. Diese Beurteilung deckt sich mit der Sicht Siegfried Bergers.

4. Die Aussagekraft der Quellen

a), b) Zur Objektivität der Quellen

M1a) Siegfried Berger schildert den Ablauf der von ihm persönlich miterlebten Ereignisse nüchtern und sachlich. Eine Wertung ist in dem Textauszug nicht zu finden. Seine Darstellung muss als weitgehend objektiv eingeschätzt werden. Gleichwohl ist zu beachten, dass er kein neutraler Beobachter war, sondern parteiisch. Der im Schulbuch nicht wiedergegebene Teil der Publikation (Online-Quelle siehe oben) führt dazu aus: „Bereits 1948 hatte ich mich entschieden, Kontakt zum Ostbüro der SPD aufzunehmen, um einen Beitrag zum Kampf gegen die sich deutlich etablierende SED-Diktatur zu leisten" (Berger, S. 13). Überdies sind die Erinnerungen mit sehr großem zeitlichen Abstand aufgezeichnet worden (1998), was – sollte der Verfasser sich nicht auf Notizen gestützt haben – die Möglichkeit leichter faktischer Ungenauigkeiten nicht ausschließt. Zu beachten ist schließlich, dass es sich bei Bergers Bericht – anders als bei den beiden anderen Quellen – nur um einen Ausschnitt aus den Ereignissen des Tages handelt, keineswegs um eine Gesamtdarstellung oder -wertung.

M1b) Die am Tag der Ereignisse abgegebene Einschätzung der DDR-Regierung ist offenkundig falsch. Sie ist ein Dokument der ihre Absetzung fürchtenden Führung. Der Text leugnet den im Volk herrschenden Unmut und hantiert mit Sprachregelungen, die klar als „Worthülsen" zu erkennen sind.

M1c) Der Bundespräsident ist ebenfalls parteiisch, überdies ist seine Rede keineswegs nüchtern-sachlich gehalten: Er nennt die Erklärung der DDR-Regierung „Geschwätz" und diejenigen DDR-„Regierungsleute", die daran glaubten, „Primitive". Dass der Auslöser der Unruhen in der schlechten Versorgungslage und angekündigten Normerhöhung bestand, die Demonstrationen also zunächst wirtschaftliche Gründe hatten, kommt in Heuss' Rede nicht zum Ausdruck: Heuss nennt „freie Wahlen", „Einheitsbewusstsein" und „bürgerliche Freiheiten" als Demonstrationsgründe. Gleichwohl kommt seiner Einschätzung der Lage Objektivität zu, da er in seiner Rede zwar mit Emotionen, aber nicht mit falschen Fakten operiert.

c)

	Behauptung in M1b)	**Tatsachen**
Ursache der Unruhen	Politik zur Verbesserung der Lage der Bevölkerung	zunehmende Versorgungsprobleme, Normerhöhungen
Akteure	faschistische und reaktionäre Elemente aus West-Berlin	zunächst streikende Arbeiter, dann breite Volksschichten
Einschätzung	von außen gesteuerte, faschistisch-reaktionäre Provokation	Volksaufstand

d) Die hier wiedergegebenen Worte des Bundespräsidenten präsentieren keine faktischen Informationen zu den Ereignissen selbst, sie stellen vielmehr eine Einschätzung und Kontextualisierung der Ereignisse dar, aus denen Theodor Heuss Schlussfolgerungen für die Zukunft zieht. Dabei klingt schon der spätere Gedenktag 17. Juni mit an.

5. Zur Bedeutung der Quellen

a) *M1a)* Es ist die Sicht eines Zeitzeugen, der aktiv an den Ereignissen auf der Seite der Demonstranten beteiligt war.

M1b) Wie Theodor Heuss in der Quelle M1c) sagt, muss offen bleiben, ob die DDR-Führung tatsächlich selbst an die Behauptungen der Bekanntmachung geglaubt hat. Sollte dies so sein, so ist diese Sichtweise angesichts des Massencharakters und der offenkundigen Unzufriedenheit der Bevölkerung nur als naiv und wirklichkeitsfremd zu werten. Es spricht jedoch viel dafür, die hier präsentierte Sichtweise schlichtweg als bewusste Propaganda einzuschätzen.

M1c) Es ist die Sicht des Staatsmannes, der von seiner Position überzeugt ist und sich durch die Ereignisse bestätigt sieht. Überdies kommt der bundesdeutsche Alleinvertretungsanspruch deutlich zum Ausdruck.

b) Da alle drei Quellen Sichtweisen „interessierter Parteien" darstellen, sind natürlich auch andere, vor allem differenziertere Einschätzungen denkbar und auch existent. Alle drei Quellen werten die Ereignisse als rein politisch motiviert; die wirtschaftliche Komponente der Normerhöhung und der sich verschlechternden Versorgungslage der Bevölkerung kommt nicht zur Sprache. Keiner der drei Quellen kommt die Objektivität und der Informationsgehalt einer „interessefreien" wissenschaftlichen Darstellung zu, die mit Berücksichtigung einer möglichst breiten Quellenlage (z. B. zur Sozialstruktur der Demonstranten, zu den gewaltauslösenden Momenten, zum Wandel der ursprünglich sozialen/wirtschaftlichen Forderungen in politische Forderungen, zur

Rolle des RIAS und des Ostbüros der SPD, zur Befehlslage der sowjetischen Streitkräfte, zu den juristischen und politischen Folgen etc.) ein umfassendes Bild der Ereignisse präsentiert.

Leben in der DDR in den Fünfzigerjahren

Lösungen der Aufgaben auf Seite 267

1. Stalinkult – Perspektiven erfassen
   a) Lösung mit Zusatzinformationen:
   Der Begriff „Stalinismus“ bezeichnet die Theorie und Praxis des Herrschaftssystems Stalins, das Mitte der 20er-Jahre begann und mit Stalins Tod 1953 endete. Man kann den Stalinismus sowohl als spezifische Entwicklungsphase und -strategie eines zunächst rückständigen Landes im Zuge des Aufbaus des Sozialismus als auch als Strukturtypus eines nicht kapitalistischen, totalitär geführten Gesellschaftssystems betrachten. Der Begriff dient zur Kennzeichnung eines konservativen, bürokratisch-autoritären und repressiven Herrschaftssystems und seiner Praktiken. (1)
   Theorie und Praxis des Stalinismus wurden von der Sowjetunion nach dem Ende des Zweiten Weltkrieges in unterschiedlich starkem Maße auf die Satellitenstaaten ausgedehnt. Ein wichtiges Merkmal dabei war der Personenkult, welcher sowohl den nationalen kommunistischen Führungspersonen als auch dem „Anführer des Weltproletariats“ Josef Stalin galt.
   Der „Brockhaus“ definiert „Personenkult“ folgendermaßen: „Personenkult ist ein politisches Schlagwort für die Überbewertung der Rolle der Persönlichkeit in Politik, Gesellschaft und Geschichte, gekennzeichnet durch exzessiven Führerkult und die Anhäufung unkontrollierbarer Macht in einer Hand.“ (2)
   b) In den frühen Jahren der DDR wurde ebenfalls ein Stalinkult betrieben. Die Quellen M4 bis M7 veranschaulichen verschiedene Aspekte dieses Kultes.
   M4: Zentral ist die Glorifizierung der Person Stalins, wobei die Befreiung Deutschlands, der Frieden, der Wiederaufbau und der Weg in die glückliche sozialistische Zukunft als persönliche Leistung Stalins erscheinen:
   „Auf dieser Straße ist der Friede in die Stadt gekommen. / Die Stadt war Staub. / Wir waren Staub und Scherben / und sterbensmüde. / Aber sagt, wie soll man sterben? / Hat uns doch Stalin selber bei der Hand genommen / und hieß uns, unsre Köpfe stolz erheben.“
   M5: Eine literarische Analyse des Bildes wird in M7 durch Uwe Johnson geliefert. Das stilisierte und idealisierte Porträt war eine Zeit lang omnipräsent (Schulen, Plätze, öffentliche Gebäude). Diese Präsenz erzeugte im öffentlichen Raum eine gesellschaftliche Atmosphäre der Dominanz, ganz so, wie es zuvor schon von den Nazis praktiziert wurde. Dem überall anzutreffenden, also alles-sehenden und daher auch alles-wissenden Porträt wuchs eine quasi-religiöse Funktion zu, wie sie traditionell dem Kreuzsymbol oder Heiligenbildern zukam: Nicht selten wurden Stalin-Porträts mit Kränzen und Blumen geschmückt oder in altar-ähnlichen Inszenierungen (Traditionskabinette) präsentiert. M5 steht weiterhin als Beispiel für die Praxis der Namensgebungen (Stalinstadt, Stalin-Allee) sowie für Huldigungen und Ergebenheitsadressen von Wissenschaftlern und Künstlern der DDR an Stalin.

M6: Die Quelle M6 thematisiert nicht so sehr Erscheinungsweisen und Auswirkungen des Stalinkultes, als vielmehr ein persönliches Schicksal in der stalinistisch geprägten DDR in den ersten Jahren ihrer Existenz.
Zusatzinformationen:
Achim Beyer führt in seinen 2003 in der „Schriftenreihe des Sächsischen Landesbeauftragten für die Unterlagen des Staatssicherheitsdienstes der ehemaligen DDR" erschienenen Erinnerungen „Ähnlichkeiten zwischen dem NS-Regime und dem Stalinismus von 1950" als Widerstandsmotiv an. Er parallelisiert die SED mit der NSDAP, die FDJ mit der HJ und die Stasi mit der Gestapo. Diese Gleichsetzungen veranlassen den damals 18-Jährigen, sich selbst in der Tradition des Widerstandes der Weißen Rose zu sehen und seinerseits Widerstand gegen die DDR zu leisten. Er sucht Unterstützung (3) bei der West-Berliner „Kampfgruppe gegen Unmenschlichkeit (KgU)" (4) und startet mit Freunden Flugblattaktionen. Beyer und seine Mitschüler werden verhaftet und im Oktober 1951 zu Zuchthausstrafen zwischen 2 und 15 Jahren verurteilt. 1956 werden die Strafen aller noch Inhaftierten zur Bewährung ausgesetzt; Achim Beyer geht in die Bundesrepublik. (5)
M7: Uwe Johnsons detaillierter Bildbeschreibung ist nichts hinzuzufügen. Zu den Auswirkungen des Porträt-Kultes vgl. oben die Antwort zu M5.

(1) nach: Dieter Nohlen, Wörterbuch Staat und Politik, Bonn (bpb) 1993, S. 743.
(2) Bibliographisches Institut & F. A. Brockhaus AG, 2007.
(3) „Achim Beyer: Flugblattaktionen gegen die Volkskammerwahlen 1950 und Kontakte zur KgU", auf: www.jugendopposition.de/index.php?id=3473
(4) vgl. http://de.wikipedia.org/wiki/Kampfgruppe_gegen_Unmenschlichkeit; „Kalter Krieg: CIA finanzierte Sabotage und Anschläge in der DDR": www.spiegel.de/politik/ausland/ddr-cia-finanzierte-sabotage-und-anschlaege-a-1019554.html
(5) http://de.wikipedia.org/wiki/Achim_Beyer

2. „Weltfestspiele der Jugend und Studenten"
   a) Die Quelle M8 wird im Einleitungstext als Bericht bezeichnet, tatsächlich stellt sie jedoch einen lyrisch-pathetischen Kommentar dar. Die Tageszeitung „Neues Deutschland" war das Zentralorgan der SED. Die in dem Textauszug zum Ausdruck kommende politische Position ist mit den Attributen sozialistisch bzw. kommunistisch, internationalistisch und optimistisch zu bezeichnen. Ganz im Sinne des Kommunistischen Manifestes werden die Weltfestspiele als eine weltweite Verbrüderung der Völker beschrieben („schwarze und weiße und gelbe Söhne der Menschheit reichen einander die Hand" Z. 7–9), die sich gegen Ausbeutung, Unterdrückung und Krieg wenden („Massengrab eines dritten Weltkrieges" Z. 16, „Todfeinde ihres glücklichen Lebens" Z. 24, „Mordkumpane" Z. 25–26). Die Gegner werden klar in Washington und in der Bundesrepublik bzw. Westberlin verortet („die Kettenhunde des amerikanischen und deutschen Imperialismus" Z. 13–14), wobei die Bevölkerung des Westens ausgenommen und vereinnahmt wird („die Menschen in den Häusern hoben den stumpfgewordenen Blick, die Frau des Arbeitslosen presste ihr Kind erregt an die Brust, weil das Blau auf der Straße wie Hoffnung leuchtete" Z. 34–39).
   b) Alle Völker der Welt haben ein gemeinsames Interesse – den Weltfrieden. Dieser kann nur durch Freundschaft zwischen den Völkern gewährleistet werden. Der jungen Generation wird es gelingen, die Kräfte des Hasses und des Krieges weltweit endgültig zu besiegen.

c) Der deutsche Text des „Weltjugendliedes“ nimmt – anders als die Quelle M8 – keine direkten Zuschreibungen vor. Er ist durchzogen von einem simplen Gut-Böse-Schema ohne expliziten politischen Bezug – Begriffe aus den Wortfeldern von „Sozialismus“, „Kommunismus“, „Kapitalismus“ oder „Imperialismus“ tauchen nicht auf. Statt sozialistischen und kapitalistischen Staaten stehen sich im Liedtext gegensätzliche Kräfte gegenüber: „Glück, Frieden, Hoffnung, Freundschaft und Licht“ versus „Krieg, Grauen, Hass, Armut, Not und Furcht“. Damit sollte der „Weltjugend“ eine Identifikation mit der „richtigen“ Seite leicht gemacht werden.

Die Bundesrepublik 1963 – 1990

Lösungen der Aufgaben auf Seite 273

1. Die neue Ostpolitik
   a) Um in Deutschland den Frieden zu sichern und später die Wiedervereinigung zu realisieren, darf man nicht eine „Politik des Alles oder Nichts“ betreiben, sondern muss schrittweise vorgehen. Zu beachten ist hierbei auch, dass man die Sorgen der Gegenseite ernst nimmt. Die Wiedervereinigung wird nicht ein einmaliger, historischer Akt sein, sondern ist ein Prozess, der auch lange dauern wird. Indem man immer mit der Gegenseite verhandelt und zu gewissen Erleichterungen kommt, findet ein „Wandel durch Annäherung“ statt.
   b) Oberste Priorität hatte für Bahr der Friede in Europa und damit aber auch einhergehend die Frage der deutschen Wiedervereinigung, die allerdings – seiner Meinung nach – durch viele kleine Schritte erfolgen wird, z. B. „Auflockerung“ der Mauer.
   c) Rechts unten im Bild ist der damalige Bundeskanzler Willy Brandt (SPD) zu sehen, der – quasi mit seiner Unterschrift – die Grenze zwischen der damaligen DDR und Polen (Oder-Neiße-Linie) nachzeichnet.
   Es soll damit zum Ausdruck gebracht werden, dass die Bundesrepublik nun ebenfalls die Grenze zu Polen akzeptiert. Dies wurde ja im „Warschauer Vertrag“ auch dementsprechend festgelegt. Die Bundesrepublik sicherte der Volksrepublik Polen die Westgrenze Polens, so wie sie von den Siegermächten auf der Potsdamer Konferenz (1945) beschlossen worden war, zu. Insofern ist dies die „Unterschrift des Jahres“ (Titel), da nun wieder etwas mehr Stabilität in diese Grenzfrage mitten in Europa der 1970er-Jahre kam.
   d) Zusammenfassung des Grundlagenvertrags:
      - Die Bundesrepublik Deutschland und die DDR entwickeln „gutnachbarschaftliche Beziehungen zueinander auf der Grundlage der Gleichberechtigung“.
      - Folgende Prinzipien der UNO sollen gelten: souveräne Gleichheit aller Staaten, Achtung der Unabhängigkeit, Selbstständigkeit, territoriale Integrität, Selbstbestimmungsrecht, Wahrung der Menschenrechte, Nichtdiskriminierung.
      - Streitfragen werden nur auf friedlichem Wege gelöst, man enthält sich der Drohung und Gewalt wird nicht angewendet.
      - Humanitäre Fragen sollen geklärt werden, die Zusammenarbeit soll u. a. auf folgenden Gebieten entwickelt und gefördert werden: Wirtschaft, Wissenschaft, Technik, Verkehr, Gesundheitswesen, Kultur, Sport sowie Umweltschutz.

e) Letztlich ging es um die Frage, ob dieser Vertrag gegen das Grundgesetz verstößt, da er – nach Meinung der damaligen Opposition (CDU/CSU) – die DDR faktisch als Staat anerkannte. Deshalb gab es in diesen Reihen die Sorge, dass dieser Vertrag letztlich das grundgesetzlich festgeschriebene Gebot der Wiedervereinigung außer Acht lassen und somit eine deutsche Wiedervereinigung nicht mehr realisierbar sein würde. Zudem gab es durchaus auf westlicher Seite Stimmen, die nicht mit kommunistischen Diktaturen verhandeln wollten, um diesen Staaten somit nicht noch eine weitere Aufwertung zukommen zu lassen.

2. Die Ära Kohl:

a) Außenpolitische Entwicklungen:
- Fortsetzung der Ostpolitik der Vorgängerregierungen
- Durchsetzung des NATO-Doppelbeschlusses
- Verhandlungen zur deutschen Einheit mit den alliierten Siegermächten, aber auch mit den anderen (zumeist europäischen) Staaten
- daraus folgend: u. a. Zwei-plus-Vier-Vertrag, der die vollkommene Souveränität Deutschlands beinhaltet
- Auslandseinsätze der Bundeswehr

Innenpolitische Entwicklungen:
- Einzug einer vierten Partei („Die Grünen“) in den deutschen Bundestag (1983)
- weiterhin: Kampf gegen den RAF-Terrorismus
- Milliarden-Kredit an die DDR (1983)
- Empfang des SED-Generalsekretärs Honecker in Bonn (1987)
- Verhandlungen mit der DDR über eine Wiedervereinigung (u. a. Währungs-, Wirtschafts- und Sozialunion; Einigungsvertrag) 1990
- Wiedervereinigung am 3. Oktober 1990
- Schaffung der fünf neuen Bundesländer (1990)
- Aufbauhilfen für die neuen Bundesländer („Aufbau Ost“; Solidaritätsbeitrag).

b) CDU-Plakat:

Helmut Kohl, in die Ferne schauend, dominiert mit seinem Kopf das Plakat. Am oberen rechten Rand: „Bundeskanzler Helmut Kohl“. Darunter zwei Schriftzüge: farblich hervorgehoben: „Dieser Kanzler schafft Vertrauen“, darunter lediglich schwarz-weiß: „Arbeit, Frieden, Zukunft, Miteinander schaffen wir's“, dann wieder farblich: „CDU sicher, sozial und frei“.
Wenige Monate nach dem erfolgreichen konstruktiven Misstrauensvotum stellt sich Helmut Kohl zur Wahl. Er muss noch in der Bevölkerung für Vertrauen werben, anscheinend war sein Bekanntheitsgrad noch nicht bei hundert Prozent, denn ansonsten verzichten Parteien gerne auf Namensnennungen (vgl. Adenauer-Plakate gegen Ende der 1950er-Jahre). Wichtig sind auch die positiv konnotierten Schlagwörter „Arbeit, Friede, Zukunft“, die der Wahlbevölkerung das Gefühl vermitteln sollen, dass eine von Helmut Kohl weiterhin geführte Bundesregierung die Bundesrepublik in eine hoffnungsvolle Zukunft steuern wird.

Grünen-Plakat:

Auf grünem Hintergrund sind mehrere Sonnenblumen (das Parteiemblem der „Grünen“) zu sehen, darunter in weißer Schrift groß „DIE GRÜNEN“, darunter klein „ökologisch-sozial-basisdemokratisch-gewaltfrei“.
DIE GRÜNEN wollen wenige Jahre nach ihrer Parteigründung auf Bundesebene zum ersten Mal in den Deutschen Bundestag einziehen. Dieses Plakat zeigt ganz bewusst keine zur Wahl

stehende Person, sondern lediglich das Parteizeichen. Somit möchte man sich von den etablierten Parteien abheben, da man keinen „Personenkult“ duldet. Im unteren Bereich werden die wichtigsten Prinzipien, für die diese Partei anscheinend steht, genannt. Auch dies sind positiv konnotierte Schlagwörter, die den Wähler davon überzeugen sollen, diese Partei zu wählen.

c) „Es muss was Wunderbares sein ...“ (1982):
Helmut Kohl sitzt – einem Fakir gleich – auf einem mit Nägeln gespickten Thron, welcher wiederum am Ende einer Treppe in luftigen Höhen steht. Er selbst schaut – trotz der unbequemen Sitzgelegenheit – zufrieden und genügsam aus. Am oberen Ende der Rückenlehne befindet sich der Bundesadler, darunter steht „Kanzler“.
„Sonnenkanzler“ (1990):
Helmut Kohl wird als Sonnenkönig (in Anlehnung an Ludwig den XIV.) in dessen Gewändern und mit dessen Perücke dargestellt. Er selbst trägt einen wallenden Mantel, auf dem das deutsche Territorium, welches nun beide deutschen Staaten umfasst, abgebildet ist. Wichtige deutsche Städte werden auf dem Mantel namentlich erwähnt.

d) M11: Am 1. Oktober 1982 wird Helmut Kohl zum ersten Mal in der Geschichte der Bundesrepublik mithilfe des konstruktiven Misstrauensvotums (Art. 67 GG) zum Bundeskanzler gewählt. Ermöglicht wurde dies durch den Koalitionswechsel der FDP, welche zuvor seit 1969 mit der SPD die Bundesregierung stellte.
M12: Am 3. Oktober 1990 wird Deutschland wiedervereinigt, da zuvor die DDR den Beitritt zur Bundesrepublik gemäß (dem damaligen) Artikel 23 GG erklärt hat. Bundeskanzler des wiedervereinigten Deutschlands war zunächst einmal Helmut Kohl, in der ersten gesamtdeutschen Bundestagswahl im Dezember 1990 wird er im Amt bestätigt.

e) „Es muss was Wunderbares sein...“ (1982):
Die Aussage ist, dass Regieren zwar auch Macht bedeutet (Thron), aber auch grundsätzlich ein hartes Geschäft ist (Nägel auf dem Sitz), man ist auch allein (luftige Höhe). In diesem Zusammenhang ist der Titel der Karikatur „Es muss was Wunderbares sein ...“ ironisch gemeint.
„Sonnenkanzler“ (1990):
Der französische Sonnenkönig war ein absolutistischer Herrscher, der alle Macht auf sich vereinte. Die Karikatur will aussagen, dass Helmut Kohl zur Zeit der Wiedervereinigung am absoluten Höhepunkt seiner Kanzlerschaft ist, da er nun Gesamtdeutschland regiert.

Die DDR zwischen Mauerbau und Revolution

Lösungen der Aufgaben auf Seite 279

1. Die Jugendweihe – Mit Textquellen arbeiten
   a) Der Text des Jugendweihe-Gelöbnisses besaß einen offiziell vorgegebenen Wortlaut. Dieser wurde mehrfach verändert, und zwar 1955, 1958, 1968 und 1985. Gemeinsam war allen Varianten ein Bekenntnis zur DDR. Der im Schulbuch wiedergegebene Text formuliert folgende Erwartungen an die Jugendlichen:
      - Treue zur Verfassung der DDR; Einsatz für den Sozialismus; Bewahrung des revolutionären Erbes des Volkes (Z. 2–7).
      - Streben nach breiter Bildung und hoher Kultur; Einsatz für humanistische Ideale (Z. 8–14).

- Kameradschaft, gegenseitige Achtung und Hilfe innerhalb der Gemeinschaft; Verpflichtung, das persönliche Glück nicht gegen, sondern nur mit der Gemeinschaft zu erstreben (Z. 15–20).
- Freundschaft zur Sowjetunion und den sozialistischen Ländern; Internationalismus; Einsatz für Frieden und Verteidigung des Sozialismus (Z. 21–28).

b) Der Textauszug entstammt einem von der Bundesstiftung zur Aufarbeitung der SED-Diktatur geförderten, „biografisch angelegten Erzählband“ (1). Die von der Schriftstellerin dargestellte Einstellung zur Jugendweihe wird unter den Jugendlichen in der DDR weit verbreitet gewesen sein:
Einerseits war die Jugendweihe ein bedeutsames, „heiß erwartetes Ereignis“ im Leben der 14-Jährigen. Ein Grund dafür waren die Änderungen, die nach der Jugendweihe erfolgten, z.B. wurde man fortan von den Lehrern gesiezt. Hauptsächlich aber ging es um das (familiäre) Fest und die – oft großen – Geschenke. Hier spielten auch Äußerlichkeiten wie die Frage der Kleidung eine wichtige Rolle. Schließlich war der in diesem Alter besonders ausgeprägte Wunsch nach Gemeinschaft ebenfalls von Bedeutung: Man wollte nicht ausgeschlossen sein, wollte dazugehören.
Andererseits schildert die Autorin ihre leidenschaftslose bis ablehnende Haltung gegenüber dem im Ritus samt Gelöbnis zum Ausdruck kommenden Sinn der Jugendweihe; sie nennt ihr Nachsprechen des Gelöbnisses sogar eine bewusst und gleichgültig vollzogene „Lüge“ (Z. 19, 30).
Zusammenfassend lässt sich diese Haltung als opportunistisch charakterisieren: Sie stellte ein Lippenbekenntnis dar, das als notwendiges Übel betrachtet und als Preis für die damit verbundenen, angenehmen äußeren Umstande abgegeben wurde.
(1) http://de.wikipedia.org/wiki/Claudia_Rusch

c) In der DDR war die Jugendweihe mit der Absicht verbunden, die Jugend auf die Ziele des Staates zu verpflichten. Auch wenn der im Gelöbnis formulierten Treue und Verbundenheit zu den Prinzipien und Idealen des Staates nur eine rein ideelle Bedeutung zukam – rechtliche Konsequenzen bei Verletzung des Versprechens gab es schließlich keine – sollten sich die Jugendlichen durch ihr Bekenntnis dauerhaft innerlich verpflichtet fühlen. Um eine möglichst breite Anschlussfähigkeit zu erreichen, wurde der offizielle Text sorgsam formuliert und sogar mehrfach angepasst. Im Zusammenhang mit der weitverbreiteten, für die späte DDR-Gesellschaft sogar charakteristischen Erscheinung, öffentlich vertretene und private („wirkliche“) Meinungen voneinander zu trennen, fühlten sich wohl nur wenige Jugendliche durch ihr Gelöbnis verpflichtet. Damit wurde die Jugendweihe für sie zu einer Scheinveranstaltung ohne tieferen Sinn.
Zusatzinformationen:
In allen Kulturen und zu allen Zeiten der Menschheit existierten Initiationsriten, mit denen der Übergang von der Kindheit bzw. Jugend in die Erwachsenenwelt vollzogen wurde. Diese Ereignisse stellten und stellen für den jungen Menschen entweder die schlagartige rechtliche Gleichstellung zur Erwachsenenwelt dar (z.B. Aufnahme in die Reihen der Stammeskrieger), welche zugleich auch mit neuen Pflichten verbunden ist, oder sie sind rein symbolische bzw. religiöse Akte der Zugehörigkeit (z.B. Konfirmation, Firmung). Das Verfahren selbst trägt einen feierlichen, sakralen Charakter. Mit der zunehmenden Säkularisierung der Gesellschaft kam ab etwa 1850 die Tradition der humanistischen bzw. freireligiösen „Jugendweihen“ auf. „Jugendweihe“ ist dabei die „Bezeichnung für eine nur in Deutschland verbreitete, nichtreligiöse oder freireligiöse Jugendfeier, die anstelle der Konfirmation bzw. Firmung stattfindet und mit der Jugendliche feierlich in die Erwachsenen- und Arbeitswelt eingeführt werden. Entstanden in der

Mitte des 19. Jahrhunderts in freireligiösen Gemeinden, wurde die Jugendweihe von verschiedenen anderen Verbänden übernommen, u. a. in der Weimarer Republik von SPD und KPD (proletarische Jugendweihe)."(1) Eine Blütezeit erlebten die Jugendweihen in der Weimarer Republik. Die DDR übernahm als säkularer Staat die Tradition der „proletarischen Jugendweihe" aus der Arbeiterbewegung und gestaltete sie zu einer sozialistischen Feier um. Der Feier ging eine mehrmonatige Vorbereitungsphase mit vielfältigen Veranstaltungen und Exkursionen in die „Erwachsenenwelt" voraus (z. B. Gerichtsbesuch, Vorträge, Diskussionsrunden, Tanzstunden, Klassenfahrten). „Nach der Auflösung der DDR erlebt die Jugendweihe v. a. in den neuen Bundesländern bei vielen konfessionslosen Familien eine Renaissance als Familienfest."(2) Dabei wird heute überwiegend der Begriff „Jugendfeier" verwendet.

(1) Bibliographisches Institut & F. A. Brockhaus AG, 2007

(2) ebd.

2. Alltag in der DDR im Spiegel von Quellen

a) Die familienpolitischen Maßnahmen wurden insbesondere mit dem Übergang zur Politik der „Einheit von Wirtschafts- und Sozialpolitik" ausgebaut, die als sogenannte „Hauptaufgabe" die „Meisterung der wissenschaftlich-technischen Revolution" ablöste. Honeckers Abkehr vom System der NÖSPL trug maßgeblich zu den wirtschaftlichen Schwierigkeiten der DDR bei, fand aber aufgrund der sozialpolitischen Maßnahmen Anklang. Für Familien waren insbesondere folgende Punkte relevant:

- staatliche Geburtenbeihilfe (1000 M pro Kind);
- „Stillgeld" für selbst stillende Mütter;
- Babyjahr (bis zu 18 Monate) für Mütter, Väter oder Großmütter;
- zinsloser Ehekredit mit gemäß Anzahl der Kinder verringerter Tilgung;
- Kindergeld;
- bezahlte Freistellung bei Erkrankung der Kinder;
- monatlicher bezahlter „Haushaltstag" für berufstätige Frauen;
- flächendeckende Versorgung mit Kinderkrippen und Kindergärten;
- Hortbesuch für alle Kinder bis Ende Klasse 4 möglich;
- breites Freizeitangebot für Kinder und Jugendliche (Sport, Kultur, Jugendklubs);
- staatliches Stipendium für Studenten, Studentenwohnheime;
- günstige Ferienplätze für Familien (z. B. Betriebsferienstätten, FDGB-Heime);
- bevorzugte Wohnungsversorgung für Familien.

Überdies wirkten sich auch die folgenden, allgemeinen Umstände günstig auf Familien aus:

- Vollbeschäftigung bedeutete Beschäftigungsgarantie für Wiedereinstieg von Müttern;
- niedrige Lebenshaltungskosten (Miete, Grundnahrungsmittel);
- kostengünstiger öffentlicher Nahverkehr;
- kostenlose medizinische Versorgung;
- kostenlose Bildungseinrichtungen.

Zusatzinformationen:

Das „MDR-Lexikon" (1) führt zum Thema „Familienpolitik in der DDR" aus:

„Vor allem in der Familienpolitik scheute der Staat keine Kosten. Mit sozialen Maßnahmen wie Babyjahr, Ehe-Kredit oder der Krankengeldzahlung bei Erkrankung eines Kindes sollte die Vereinbarkeit von Beruf und Familie erleichtert und die Geburtenrate erhöht werden. [...] materielle Anreize für Frauen [bildeten] Arbeitszeitverkürzung, Verlängerung des bezahlten Mutterschaftsurlaubes und Ausbau von Kindergartenplätzen. [...] zur beratenden Unterstützung

berufstätiger Mütter sowie zur Vorbereitung auf Ehe und Familie [wurden] über 200 Beratungszentren für Haushalt und Familie geschaffen, die sich [...] zu Einrichtungen praxisorientierter Haushalts- und Säuglingspflege sowie zu Eheberatungsstellen entwickelten. [...] Weitere Maßnahmen waren] arbeitszeitliche Sonderregelungen und Kündigungsschutz für Schwangere und stillende Mütter, unter anderem die Verlängerung des Schwangerschaftsurlaubs von sechs auf 20 bzw. 22 Wochen (bei Mehrlingsgeburten oder komplizierten Entbindungen), Arbeitsfreistellung und Zahlung von Mütterunterstützung [...] Kinderreiche Familien wurden von Vater Staat besonders bevorzugt behandelt, denn sie waren ein Garant, den Bevölkerungsrückgang aufzuhalten. So wurde zum Beispiel der zinslose Ehe-Kredit von 7000 Mark, das jedes Ehepaar bis zum 29. Lebensjahr erhielt, beim dritten Kind um 2500 Mark getilgt (beim ersten Kind um 1000 Mark, beim zweiten Kind um nochmals 1500 Mark); Mütter mit zwei oder mehr Kindern arbeiteten ohne Lohneinbußen nur 40 Stunden, sie bekamen auch mehr Urlaub. [...] Vor allem in den 80er-Jahren zeichnete sich ein Trend zu mehreren Kindern ab – ganz anders als in den westlichen Industriestaaten. Dies mag neben der fehlenden Sorge um die Finanzierung der Kinder auch auf den Trend zurückzuführen sein, sich ins private Leben zurückzuziehen. [...] Da meist beide Elternteile berufstätig waren, ließen sie ihre Kinder tagsüber in Krippe und Kindergarten betreuen, von der ersten bis zur vierten Klasse konnten die Kinder ab sechs Uhr früh im Hort abgegeben werden, der auch nach der Schule bis 16 Uhr besucht werden konnte. Die ganztägige Betreuung der Kinder ermöglichte es den Frauen, arbeiten zu gehen."
(1) www.mdr.de/damals/artikel75268.html (Zugriff 23.03.2015)

b) Für die familienpolitischen Maßnahmen der DDR können mindestens zwei Hauptgründe genannt werden:
   1. In direkter Konkurrenz zur Konsumgesellschaft der Bundesrepublik war die DDR ständig bemüht, sich als das „bessere" System zu präsentieren. Da man mit dem westlichen System im Hinblick auf die Breite des Warenangebotes aber nicht Schritt halten konnte, versuchte man die sozialistische Gesellschaft durch eine „fürsorgliche" Sozialpolitik attraktiver zu machen.
   2. Neben dem in allen Industriegesellschaften zu verzeichnenden Geburtenrückgang hatte die DDR auch das Problem einer massenhaften Abwanderung von Menschen. Um die DDR zu verlassen, war die lebensgefährliche Flucht über die Grenzanlagen die Ausnahme; die Regel stellte ein „Antrag zur ständigen Ausreise aus der DDR" dar. Obwohl die Stellung eines solchen Antrages fast immer mit schikanösen Maßnahmen verbunden war, reisten auf diese Weise immer mehr – vor allem qualifizierte – Menschen in die Bundesrepublik aus (vgl. Schulbuchtext S. 276: Allein 1984 gingen 35 000 Menschen aus der DDR in den Westen). Dadurch und aufgrund der unproduktiven planwirtschaftlichen Produktionsweise herrschte in fast allen Bereichen Arbeitskräftemangel. Die Vereinbarkeit von Familie und Beruf stellte also ein ökonomisches Erfordernis dar: Die Frauen wurden dringend als Arbeitskräfte benötigt.

c) Die Mangelerscheinungen der DDR-Ökonomie betrafen nicht die Sphäre der grundlegenden Versorgung mit dem Lebensnotwendigen – dieses war immer gesichert. Es handelte sich vielmehr um diejenigen Dinge und Waren, die das Leben abwechslungsreicher, schöner, bunter und vor allem auch individueller machten und die das „Westfernsehen" als Schaufenster einer unerreichbaren Warenwelt tagtäglich präsentierte. Generell herrschte in Berlin eine deutlich bessere Versorgungslage als im Rest der Republik, aber auch hier waren die „Engpässe" im Grunde dieselben wie überall.

Autos und Autoersatzteile waren ein zentrales Thema. Langjährige Wartezeiten auf einen Neuwagen der Marke „Wartburg" oder „Trabant" ließen auch Gebrauchtfahrzeuge und Ersatzteile zu seltenen und begehrten Gütern werden. Viele Menschen träumten von einem „Westauto".
In der Folge des einsetzenden breiten „Rückzugs ins Private" wurde auch im Privaten der Mangel an Möbeln oder an Baumaterialien (z. B. Fliesen oder Armaturen für die „Datscha") deutlich spürbar.
Dem stetig wachsenden Bedürfnis der Bevölkerung nach höherwertigen Genussmitteln konnte zu keiner Zeit ausreichend entsprochen werden, wobei ein Zusammenhang mit zu geringen oder gar nicht vorhandenen Importen bestand. Kaffee war rar und teuer; an Südfrüchten gab es allenfalls die eher sauren „Kuba-Orangen", Bananen waren äußerst selten im Angebot.
Die voranschreitende technische Entwicklung der westlichen Länder (insbesondere Japans) brachte eine Vielfalt an Haushalts- und Unterhaltungselektronik (Farbfernseher, Kassettenrekorder, Küchengeräte etc.) hervor, denen man mit Eigenentwicklungen begegnete, die – trotz oft horrender Preise – einem direkten Vergleich mit den Westgütern nicht standhalten konnten.
Mangel herrschte zudem auf dem Gebiet der Textilwaren, vor allem bei Kinderkleidung und aktueller Mode (z. B. die begehrte Jeans). Diese wurden zwar produziert, gelangten jedoch nur in zu geringem Umfang in den Inlandshandel, da es sich um Exportgüter „gegen Devisen" handelte. Ebenso verhielt es sich mit zahlreichen Kleingütern, die allenfalls im „Intershop" oder in speziellen „Exquisit"-Läden erhältlich waren.
Erkennbar waren all diese Mangelerscheinungen an den langen Schlangen, die sich bildeten, wenn die Verkaufsstellen derartige Güter kurzzeitig im Angebot hatten. Überdies entwickelte sich eine Schattenwirtschaft, die auf den Prinzipien „Dienstleistung bzw. Ware gegen Ware" oder „Ware gegen D-Mark" beruhte. Einer hohen Kaufkraft stand ein viel zu geringes Warenangebot gegenüber – „Beziehungen" wurden wichtiger als (DDR-)Geld.

d) Da die Systemkonkurrenz in erster Linie auf dem Gebiet der Wirtschaft ausgefochten wurde, spielte der Lebensstandard die zentrale Rolle. Die schwerfällige DDR-Planwirtschaft stellte eine Mangelwirtschaft dar, wobei die auch als „zweite Lohntüte" bezeichnete sozialpolitische Abfederung des Alltags von der Bevölkerung nicht als Kompensation für Konsumbeschränkungen angesehen wurde. Die Menschen verglichen ihr Lebensniveau natürlich nicht mit Portugal, Griechenland oder Indien, sondern immer mit der erfolgreichen Bundesrepublik. Dabei fiel der Systemvergleich „Kapitalismus versus Sozialismus" für die meisten nicht zugunsten der DDR aus. Vor diesem Hintergrund trug eine Klage über die unzureichende Versorgungslage immer auch den Keim zu einer Kritik des Gesellschaftssystems in sich. Der Staatssicherheitsdienst hatte es sich zur Aufgabe gemacht, die Stimmung in der Bevölkerung flächendeckend zu beobachten (Erich Mielke: „Genossen, wir müssen alles wissen!"). Auf der Grundlage der dabei gewonnenen Erkenntnisse konnte man offenkundige Versorgungsmissstände möglicherweise organisatorisch beheben, aber auch Maßnahmen zur Kaschierung bzw. Verschleierung treffen. Allzu offensive Klagen wurden ggf. mit Einträgen in die Akten der Beschwerdeführer vermerkt oder hatten Repressionen zur Folge.

3. Opposition in der DDR
   a) Die zentralen Forderungen der öffentlichen Erklärung der Zionskirchengemeinde vom 25. November 1987:
      1. Freilassung aller in der Nacht vom 24. zum 25. November in den Räumen der Zionskirche festgenommenen Personen;
      2. Offenlegung der Verdachtsgründe, die zur Verhaftung geführt haben;
      3. sofortige und vollständige Wiederherstellung der Arbeitsfähigkeit der Umweltbibliothek.

Die Zionskirche in Berlin stellte Ende der 1980er-Jahre ein wichtiges Zentrum der DDR-Opposition dar, die vielfältige Strömungen in sich vereinte. Die hier angesiedelte sogenannte Umweltbibliothek war keineswegs nur eine auf den Umweltschutz beschränkte Büchersammlung.

Zusatzinformationen:

Zum Hintergrund der Ereignisse, auf welche die Textquelle M12a zurückzuführen ist, informiert die bpb auf ihrer Website „Jugendopposition.de“: „Unter dem Dach der evangelischen Zionskirchengemeinde in Berlin sammeln sich Umwelt- und Bürgerrechtsaktivisten, denen es um die Auseinandersetzung mit den drängenden gesellschaftspolitischen Fragen in der DDR geht. Die Umwelt-Bibliothek sammelt nicht nur schwer zugängliche Literatur, sie organisiert auch zahlreiche Veranstaltungen. Die Mitglieder geben die Zeitschrift Umweltblätter heraus und drucken für sich wie für andere Oppositionsgruppen Flugblätter und Zeitschriften [...] so wird die UB zu einem wichtigen Kommunikations- und Organisationszentrum der DDR-Oppositionsbewegung.“ (1)

„Die wenigen kostbaren Exemplare an verbotenen und unerwünschten Publikationen, die sich in Privatbesitz befinden, sollen möglichst vielen Interessierten zugänglich gemacht werden. Ab September 1986 versucht die Ostberliner Umwelt-Bibliothek (UB), diese Idee umzusetzen und so das staatliche Informationsmonopol zu unterlaufen. [...] bei der Kirche findet die UB den nötigen Freiraum, schwer zugängliche beziehungsweise verbotene Literatur zu sammeln. Die UB-Mitarbeiter nutzen auch die Sonderdruckgenehmigung der Evangelischen Kirche, um unter dem Vermerk „Nur für den innerkirchlichen Gebrauch“ Systemkritisches zu veröffentlichen. [...] Die Bibliothek bietet Veröffentlichungen an, die aus den Umwelt , Friedens-, Frauen-, Dritte-Welt- und Menschenrechtsgruppen der DDR kommen. [...] Zudem erhält die UB Literatur aus der Bundesrepublik, die weit über die Umweltproblematik hinausreicht. Die Publikationen kommen über illegale Wege und beinhalten Themen, die in der DDR unter die Zensur fallen. [...] Daneben drucken die Aktivisten der UB zahlreiche andere Publikationen der Oppositionsbewegung. Es werden auch Flugblätter vervielfältigt.“ (2)

(1) www.jugendopposition.de/index.php?id=3 (Zugriff 22.03.2015)

(2) www.jugendopposition.de/index.php?id=47 (Zugriff 22.03.2015)

b) Der Staatssicherheitsdienst der DDR war ein militärisches Organ, das sowohl als Inlands- als auch als Auslandsdienst arbeitete. Auch der Bereich „Kommerzielle Koordinierung“ unter Alexander Schalck-Golodkowski gehörte zum MfS. Der Inlandsdienst hatte neben der Sicherungsfunktion (z. B. Personenschutz, Absicherung von Verkehr und Technik) und der Aufklärungsfunktion (z. B. bei gemeingefährlichen Straftaten) vor allem die Aufgabe, als Überwachungs- und Repressionsorgan die Herrschaft der SED zu stützen. Die offene Repression der frühen Jahre wandelte sich im Laufe der Zeit zur flächendeckenden Überwachung und Bespitzelung, aus der riesige Aktenberge resultierten. Die Mechanismen wurden dabei zunehmend subtiler (z. B. Einschleusung und „Zersetzung“ als staatsfeindlich eingestufter Gruppen, Rufschädigung etc.). Zum Ende der DDR trat dann wieder ein offensiveres und gewaltsames Vorgehen (willkürliche Verhaftungen, Einschüchterung) zutage. Dies wird durch die Quellen bestätigt:

Die Quelle M12a berichtet von einer überfallartigen Durchsuchung kirchlicher Räume, der Beschlagnahmung von Vervielfältigungsgeräten und Schriftmaterialien und der Verhaftung von sieben Personen. Die Quelle M12b belegt die akribische Informationssammlung durch einen IM (Inoffizieller Mitarbeiter) auf einer Veranstaltung der Opposition.

Zusatzinformationen:

Der 1950 gegründete Staatssicherheitsdienst der DDR (MfS) stellte eines der wichtigsten Herrschaftsinstrumente der SED dar. „In ihm bündelten sich Aufgaben einer politischen Geheimpo-

lizei, einer mit exekutiven Befugnissen ausgestatteten Untersuchungsbehörde für politische Strafsachen und eines geheimen Nachrichtendienstes einschließlich Spionageabwehr [...]" (1)
(1) Bibliographisches Institut & F. A. Brockhaus AG, 2007

Die deutsche Einheit 1990

Lösungen der Aufgaben auf Seite 285

1. Eine Massenkundgebung
   a) Diese Massenkundgebung war der bisherige Höhepunkt einer gewaltigen Welle von friedlichen Demonstrationen in der DDR des Jahres 1989. Hunderttausende von DDR-Bürgern versammelten sich in Ost-Berlin. Es sprachen Repräsentanten sowohl der bisherigen DDR-Staatsordnung als auch Künstler, Intellektuelle und Oppositionelle.
   Chronologie der Ereignisse in der DDR vor dem 4. November 1989:
   - Oppositionsgruppen weisen Wahlfälschungen bei den Kommunalwahlen nach
   - im Sommer fliehen Zehntausende von DDR-Bürgern über die bundesdeutschen Botschaften in Prag, Budapest und Warschau in die Bundesrepublik
   - Ungarn öffnet im September 1989 seine Grenze zu Österreich
   - Demonstrationen in der gesamten DDR (u. a. Leipziger Montagsdemonstrationen)
   - Rücktritt von Erich Honecker als Generalsekretär der SED (18. Oktober 1989), Nachfolger: Egon Krenz
   - Diskussion im SED-Apparat über ein Reisepassgesetz

   b) Liefers:
   - will die Bevölkerung dahingehend sensibilisieren, dass die regierenden Partei- und Staatsfunktionäre, denen er grundsätzlich auch das Rederecht zuspricht, nicht dieses Forum zu ihrer Selbstdarstellung nützen können
   - er stellt den alleinigen SED-Anspruch nach Macht in Frage, da seiner Meinung nach zur Demokratie gehört, dass keine Gruppierung die Macht allein für sich beanspruchen kann
   - fordert die Möglichkeit ein, selber die Repräsentanten bestimmen zu können
   - die vorhandenen staatlichen Strukturen sind nicht reformierbar und müssen dementsprechend zerstört werden
   - Fazit: will einen demokratischen Sozialismus

   Wolf:
   - ist erstaunt darüber, wie frei man nun reden kann und echte Demokratie (Volksherrschaft) einfordern kann
   - nun muss man die Chance, die sich einem gerade bietet, nutzen
   - spricht nicht von Wende, sondern von „revolutionärer Erneuerung"
   - setzt sich mit der Problematik der Flüchtlinge auseinander
   - fordert eine Erneuerung des Systems, dazu gehört vorerst eine Untersuchungskommission, ein Verfassungsgericht und eine Verwaltungsreform
   - das Volk soll nun die Geschicke leiten, diese Demonstration ist der Beginn dazu

c) Liefers sieht keine Chance, dieses System zu reformieren, er will auf demokratischem Weg einen demokratischen Sozialismus schaffen. Wolf äußert sich ebenfalls kritisch über das bestehende System, sieht aber noch eher die Möglichkeit, dieses von innen her zu reformieren.

d) Letztlich konnte sich das DDR-System nicht von innen her reformieren, sondern mit der Zulassung von wirklich frei agierenden Parteien war der Monopolanspruch der SED verloren. Die ersten und einzig freien Wahlen in der DDR (März 1990) führten dann zu einer CDU-geführten DDR-Regierung unter der Führung von de Maizière, welche sehr bald den Anschluss an die Bundesrepublik forcierte. Die Erwartung, z.B. einen demokratischen Sozialismus in einem eigenständigen DDR-Staat zu verwirklichen, wurde somit niemals auch nur ansatzweise versucht.

2. Reaktionen im Ausland

a) Position Michail Gorbatschows gegenüber Helmut Kohl:
   - beide deutschen Staaten sollen selbst – allerdings im „Kontext der Realitäten" – über die deutsche Frage entscheiden können, deshalb gibt es keine Meinungsverschiedenheiten
   - allerdings: deutsche Frage ist nicht nur „die Vereinigung und die Befriedigung nationaler Sehnsüchte", sondern es betrifft auch die anderen europäischen Staaten (inklusive Sowjetunion) und es ist eine globale Frage
   - zu klären sind: Garantie der Unantastbarkeit der Grenzen, Anerkennung der „territorialpolitischen Realitäten der Nachkriegszeit", „militärpolitischer Status des vereinten Deutschlands"
   - diese mögliche Wiedervereinigung soll im Rahmen von Gesprächen der alliierten Siegermächte und den beiden deutschen Staaten vollzogen werden.

b) Kohl erkannte die Gefahr eines neutralen Deutschland, welches sich dann zwischen zwei gewaltigen Militär- und Wirtschaftsblöcken befunden hätte. Dies hätte seiner Meinung nach in militärischer Hinsicht durchaus Unsicherheiten mit sich gebracht, da Deutschland zum Spielball zwischen NATO und Warschauer Pakt geworden wäre. Aber auch wirtschaftlich wären einem neutralen Deutschland Nachteile entstanden, da sämtliche – mit der damaligen Europäischen Gemeinschaft vereinbarten – Abkommen obsolet gewesen wären. Eventuell neu dazukommende Märkte (Ostblockstaaten) hätten bei Weitem nicht die im Westen verlorenen Marktanteile kompensieren können. Deutschland wäre nach Meinung Kohls aufgrund seiner geostrategischen Lage und seiner wirtschaftlichen Potenz für beide Seiten ein jeweils interessantes Territorium geworden.

c) <u>Margaret Thatcher</u>:
   - ein vereintes Deutschland wäre in einem föderativ gestalteten Europa zu groß und zu mächtig
   - Deutschland wäre dann sicher nicht „nur einer von vielen Mitstreitern auf dem europäischen Spielfeld", sondern würde dieses Europa dominieren
   - Deutschland hat sich ihrer Meinung nach schon immer auch nach Osten orientiert
   - Deutschland ist eher eine destabilisierende, denn eine stabilisierende Kraft im europäischen Gefüge
   - nur die US-Präsenz in Europa, gemeinsam mit Großbritannien und Frankreich, verhindern eine deutsche Dominanz, da diese Staaten ein Gegengewicht zu Deutschland bilden

   <u>George Bush sen.</u>:
   - hat keinerlei Sorge bezüglich eines wiedervereinten Deutschlands, da er davon ausgeht, dass ein vereintes Deutschland nicht neutral würde und sich so nicht gegen die Interessen der NATO-Partner stellen würde

- sieht keinen Zeitdruck, will diesen Prozess dementsprechend auch nicht forcieren
- sieht die Notwendigkeit, dass die Deutschen sich mit ihren europäischen Nachbarvölkern darüber verständigen

d) Folgende Aspekte könnten in Frage kommen:
- die deutsche Nation hat ein Recht auf ein vereintes Deutschland
- die deutschen Staaten haben bewiesen, dass von Deutschland aus keine Gefahr mehr ausgeht
- die Teilung Deutschlands ist unnatürlich und spaltet das gesamte Europa
- dementsprechend ist Deutschland auch bereit, sich innerhalb eines europäischen Sicherheitssystems zu integrieren und einen konstruktiven Beitrag für ein politisch und wirtschaftlich stabiles Europa zu leisten

e) „March of the fourth Reich":

Aussage: Zu sehen sind zunächst die beiden Territorien der zwei deutschen Staaten. Daraus entwickelt sich bildhaft in insgesamt sechs Bildsequenzen ein deutscher Soldat, der u. a. mit Wehrmachtshelm und Stechschritt (wieder) marschiert. Hiermit sollen die Ängste – in dem Fall der Briten – zum Ausdruck gebracht werden, dass ein vereintes Deutschland auch wieder militärisch aggressiv werden kann.

Stellungnahme:
- einerseits: die Deutschen haben über viele Jahrzehnte bewiesen, dass sie mit dem Dritten Reich vollkommen gebrochen haben und keinerlei kriegerische Gefahr mehr von Deutschland ausgeht;
- andererseits: die historische Erinnerung ist noch wach an Zeiten, als Deutschland versuchte, kriegerisch Territorien zu erobern.

„Auf dem Weg zur Einheit":

Aussage: Zu sehen ist der damalige Bundeskanzler der Bundesrepublik Deutschland Helmut Kohl, wie er als Skifahrer einen Slalom fährt, hierbei sind die Stangen jeweils die Köpfe der Protagonisten der wichtigsten Staaten und Organisationen, bezogen auf den Vereinigungsprozess (USA: Bush; UdSSR: Gorbatschow, GB: Thatcher; Frankreich: Mitterand; Polen und NATO). Es soll den schwierigen Weg zur Wiedervereinigung aufzeigen, der noch von vielen Unabwägbarkeiten und Schwierigkeiten begleitet sein wird.

Mögliche Stellungnahme:

In der Tat war der Weg bis zur Vereinigung ein sehr harter Weg, da es seitens der deutschen Staaten sehr viel Vorbehalte innerhalb Europas, aber auch global zu beseitigen galt, bis zumindest die Siegermächte und darüber hinaus auch die europäischen Staaten der Vereinigung zustimmten. Hier hatte die deutsche Diplomatie viel Arbeit zu leisten (vergleichbar mit einem Slalom).

3. Die Revolution in der DDR

a) Ursachen für die Revolution:
- jahrzehntelange Unterdrückung durch den Staatsapparat (STASI)
- keine richtigen Reisemöglichkeiten
- permanente Mangelwirtschaft
- sehr starke ökologische Probleme
- DDR-Bevölkerung war aber über das West-Fernsehen sehr gut informiert, war also nicht nur der SED-Propaganda ausgesetzt
- Oppositionsgruppen weisen Wahlfälschungen bei den Kommunalwahlen nach (1989)

- im Sommer fliehen Zehntausende von DDR-Bürgern über die bundesdeutschen Botschaften in Prag, Budapest und Warschau in die Bundesrepublik (1989)
- Ungarn öffnet im September 1989 seine Grenze zu Österreich
- Demonstrationen in der gesamten DDR (u. a. Leipziger Montagsdemonstrationen)
- Diskussion im SED-Apparat über ein Reisepassgesetz

b) Hier bietet sich auf jeden Fall eine Kooperation mit dem Kunstunterricht an.

c) Dies sollte in enger Zusammenarbeit mit dem Deutschunterricht geschehen, hierbei sind den Lernenden gewisse Interviewtechniken zu vermitteln (z. B. Fragen vorher fixieren, aber auch – falls nötig – flexibel reagieren; kurze, präzise Fragestellungen; den Interviewten ruhig länger reden lassen; nicht ins Wort fallen etc.). Man muss auch die Schülerinnen und Schüler darauf hinweisen, dass man den abgetippten Text dem Interviewpartner vorlegt, damit dieser evtl. noch Korrekturen vornehmen kann. Der Zeitzeuge muss sich anschließend möglichst schriftlich damit einverstanden erklären, dass der Text (z. B. nur für schulische Zwecke im Unterricht oder im Jahrbuch etc.) verwendet werden darf.

Das vereinte Deutschland

Lösungen der Aufgaben auf Seite 291

1. Deutsche Einheit – Zwischenbilanzen

a) Nach Meinung des Journalisten liegt ein „Grauschleier" über der Einheit:
- die Wiedervereinigung hat Entwicklungen ausgelöst und Formen angenommen, die niemand erwartet hat
- Beispiel: der Zusammenbruch der gesamten DDR-Industrie und der daraus resultierende Abbau von Arbeitsplätzen
- Einheit hat zwar viele „Lebenschancen eröffnet", aber viele Menschen wurden aus „der Bahn geworfen", da sie zu Zeiten der DDR einen sicheren, vom Staat garantierten Arbeitsplatz innehatten, nun aber arbeitslos sind

b) Aktualität der Aussagen von Herrmann Rudolph:
- mittlerweile haben die neuen Bundesländer von den staatlichen Infrastruktur- und Aufbaumaßnahmen stark profitiert
- es sind in einigen Regionen z. B. neue Technologiebereiche angesiedelt worden
- die Arbeitslosenzahlen und die Wirtschaftsdaten für Gesamt-Deutschland sind momentan sehr gut
- aber: immer noch Unterschiede im Gehaltsgefüge und in der Lebensqualität zwischen Ost und West

c) „Ossi – Wessi"

<u>Aussage</u>: Zu sehen sind zwei Deutsche (erkennbar an den Zipfelmützen), die erneut, diesmal aber Ost und West gemeinsam (!), eine Mauer zwischen sich errichten. Auf den beiden Betonkübeln sind die jeweiligen Vorurteile zu lesen: „Wessis" halten „Ossis" für „faul, naiv und wehleidig", umgekehrt die „Ossis" die „Wessis" für „arrogant, egoistisch und rücksichtslos". Die 1991 angefertigte Karikatur will aufzeigen, dass es nach wie vor eine „mentale Mauer" in

den Köpfen beider Bevölkerungsteile gibt und somit die Trennung noch nicht vollkommen aufgehoben ist.
Rudolph behauptet, dass keiner mehr den Prozess der Wiedervereinigung rückgängig machen möchte und alle für richtig halten, es aber noch viele Irritationen gibt. Deshalb werden eher die Probleme gesehen und nicht die bereits vorhandenen Erfolge.

d) Hier sollte mit dem Deutschunterricht im Bereich der Medienkunde kooperiert werden. So müssen die unterschiedlichen Textsorten (u. a. Bericht, Reportage, Kommentar, Glosse, Essay) den Lernenden klar sein. Die Diskussion kann z. B. in Form einer Podiumsdiskussion innerhalb der Klasse stattfinden.

2. Die Ära Rot-Grün

a) „Rot-Grün an der Macht“:
- Rot-Grün hat viele Reformvorhaben durchgesetzt: Agenda 2010, Atomausstieg, Kulturstaatsministerium, Verbraucherschutz, Zuwanderung, Zwangsarbeiterentschädigung
- „Nachhaltigkeit“ wird zum „Leitbild“ der Politik
- in dieser Ära mussten aufgrund der Globalisierung Reformen in Gang gesetzt werden
- Umweltmaßnahmen der Bundesrepublik setzen weltweit Standards
- trotz gewisser sozialer Verwerfungen sind die Institutionen in Deutschland stabil
- das Land ist „reformfreudiger“ geworden
- auch im Hinblick auf die Aufarbeitung der deutschen Vergangenheit wurde einiges geschafft (u. a. Holocaust-Mahnmal)
- deutsche Position im internationalen Kontext ist aufgewertet

„Zwischenkanzler Schröder?“:
- Schröder ist der widersprüchlichste der drei sozialdemokratischen Kanzler
- aber seine „persönliche Stahlkraft“ hat Rot-Grün erst ermöglicht
- ambivalentes Verhalten: lässt sich als Friedenskanzler feiern, genehmigt aber zugleich den Afghanistan-Einsatz der Bundeswehr
- hat mit der Agenda 2010 sich gegen seine eigene Partei gestellt und ist ein großes persönliches Risiko eingegangen, konnte aber letztlich die SPD nicht völlig davon überzeugen
- er hat auf jeden Fall „verantwortungsvoll“ gehandelt
- Fazit: Rot-Grün ist mehr als eine Episode der deutschen Geschichte, wobei viele der Projekte von den Grünen initiiert worden sind

b) Hier sollte mit dem Deutschunterricht kooperiert werden. Den Schülerinnen und Schülern müssen die elementaren Kriterien eines Kommentars als meinungsbildender Artikel verdeutlicht werden. Anschließend sollen sie anhand eines Beispiels einen fundierten Text verfassen, der deutlich die eigene Meinung des jeweiligen Schülers beinhalten muss.

3. Die Ära Merkel

a) Man sieht einen Boxring, in dem auf der einen Seite Seehofer (CSU), Merkel (CDU) und Gabriel (SPD) als Boxer Gysi (Linke) und Hofreiter (Grüne) gegenüber stehen. Gysi und Hofreiter sind bedeutend kleiner als die drei anderen Personen. In der Ecke sieht man den Bundesadler, im Zuschauerbereich ist der deutsche Michel zu erkennen.
Aussage: Die Opposition (Gysi (Linke) und Hofreiter (Grüne)) hat gegen die Große Koalition (Seehofer (CSU), Merkel (CDU) und Gabriel (SPD)) keine Chance, die Größenverhältnisse sprechen hier eine eindeutige Sprache. Übertragen auf die Sitzverhältnisse im Bundestag bedeu-

tet dies, dass die Opposition relativ klein ist und – im Umkehrschluss – die Koalitionsparteien über eine gewaltige Mehrheit im Bundestag verfügen und dementsprechend mächtig sind.

b)

	2005		2009		2013	
Regierung:	CDU/CSU:	226 Mandate	CDU/CSU:	239 M.	CDU/CSU:	311 M.
	SPD:	222 Mandate	FDP:	93 M.	SPD:	193 M.
Opposition:	FDP	61 Mandate	SPD	146 M.	Linke:	64 M.
	Linke	54 Mandate	Linke	76 M.	Grüne:	63 M.
	Grüne	51 Mandate	Grüne	68 M.		

Quelle: www.bundestag.de

c) Chance: Mit einer Zwei-Drittel-Mehrheit im Bundestag und im Bundesrat kann das Grundgesetz geändert werden, fällige Reformen können/könnten angegangen werden. Insgesamt kann die Regierung schneller und effektiver auf aktuelle und/oder strukturelle Probleme reagieren.
Risiko: Mit einer Zwei-Drittel-Mehrheit im Bundestag und im Bundesrat kann das Grundgesetz geändert werden, dies kann – nach Meinung einiger Bürger – aber auch zum Nachteil z. B. der Freiheitsrechte sein (vgl. Auseinandersetzung bezüglich der Notstandsgesetze).